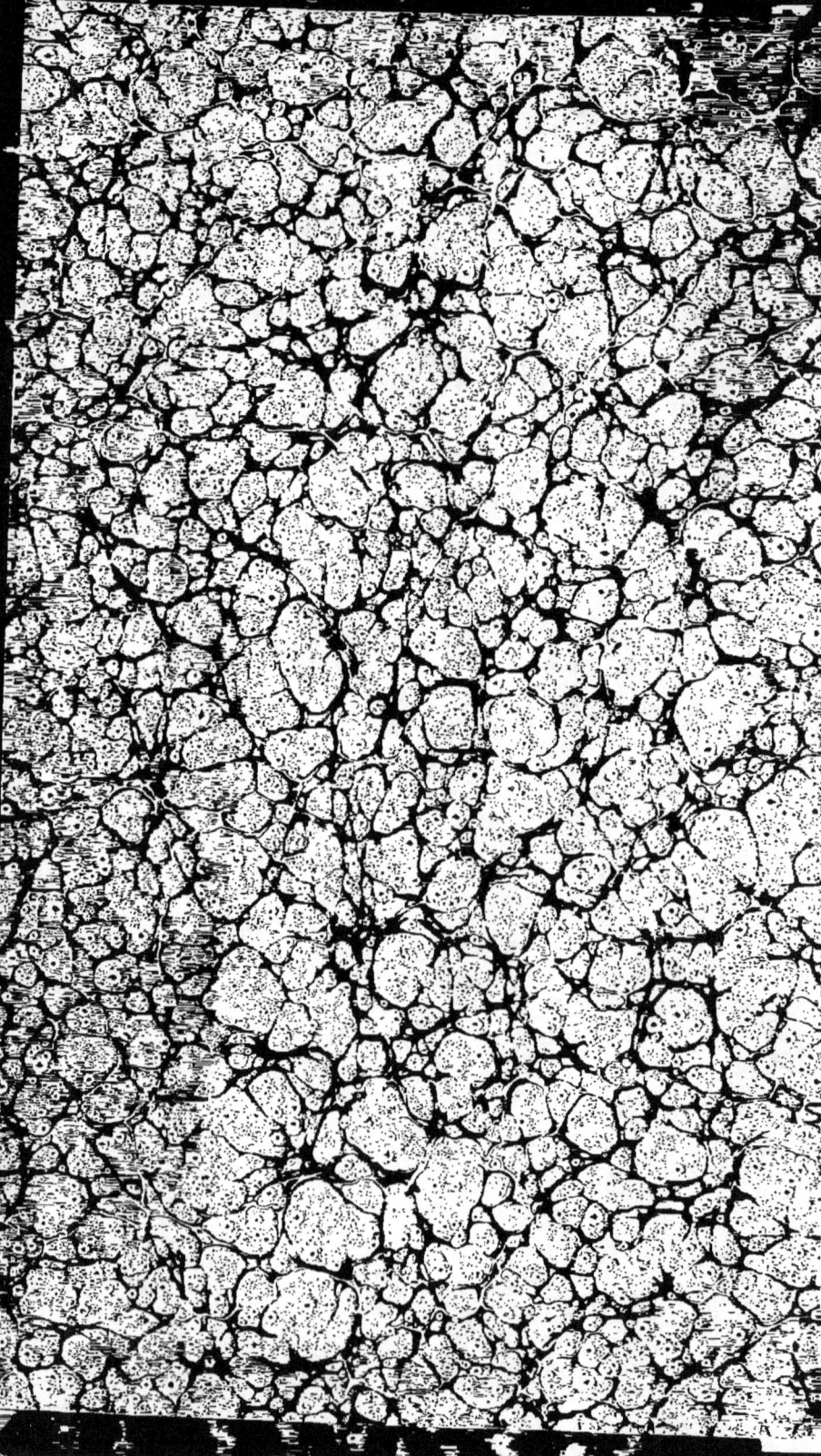

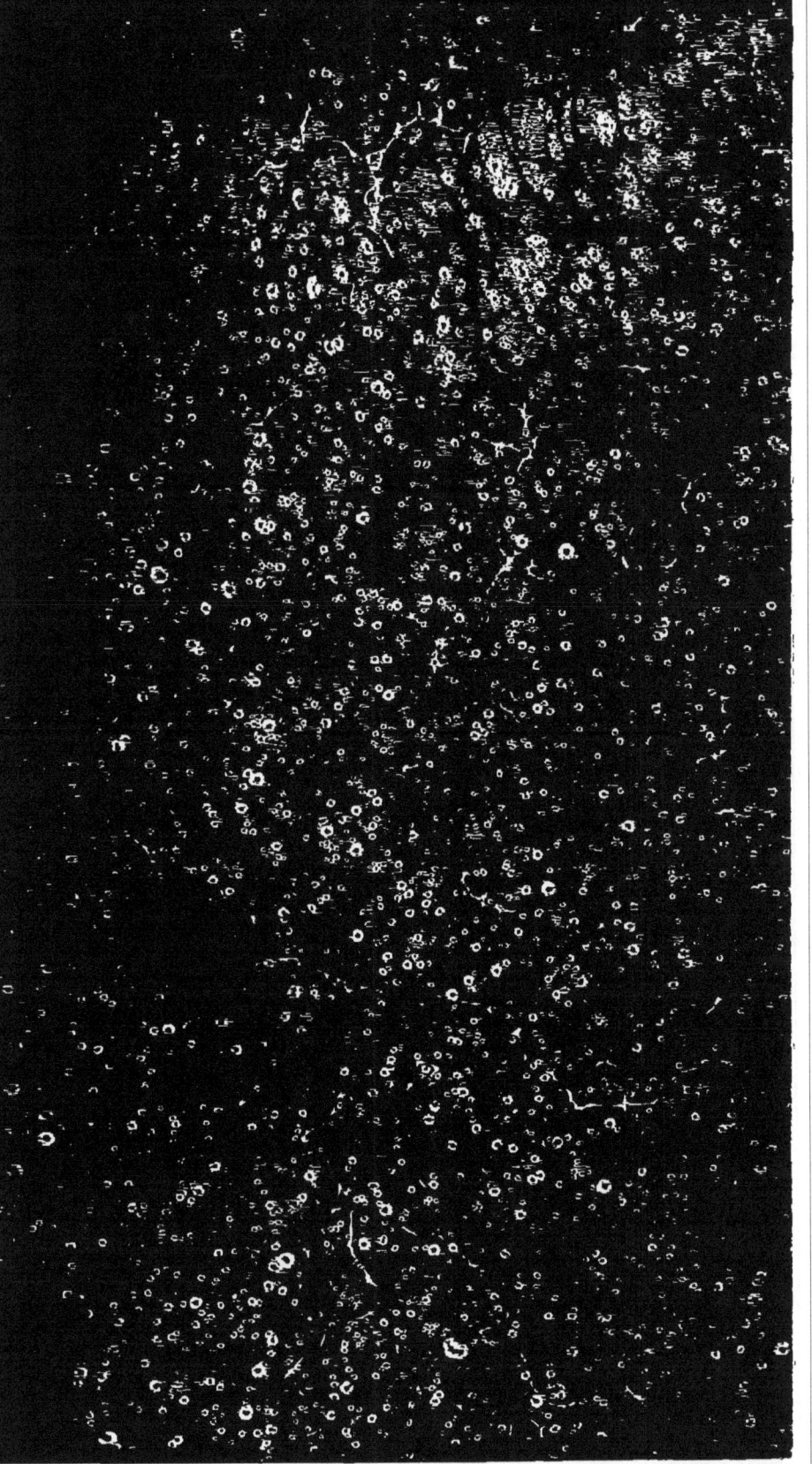

VOYAGE
DANS
LA BASSE ET LA HAUTE
ÉGYPTE.

TOME TROISIEME.

VOYAGE
DANS
LA BASSE ET LA HAUTE ÉGYPTE

PENDANT
LES CAMPAGNES DU GÉNÉRAL BONAPARTE

Par VIVANT DENON,

MEMBRE DE L'INSTITUT NATIONAL DE FRANCE; DE CELUI
DE BOLOGNE; DES ACADÉMIES DES ARTS DE FLORENCE ET
DE VENISE; DIRECTEUR GÉNÉRAL DU MUSÉE CENTRAL DES
ARTS, DE LA MONNOIE, DES MÉDAILLES, etc. etc.

QUATRIEME ÉDITION.

TOME TROISIEME.

A PARIS,

DE L'IMPRIMERIE DE P. DIDOT L'AINÉ,
AUX GALERIES DU LOUVRE, n° 3.
AN XI.== M. DCCCIII.

VOYAGE
DANS LA BASSE ET LA HAUTE
ÉGYPTE.

EXPLICATION
DES PLANCHES.

LES deux premieres planches forment ensemble le portulan de la partie maritime de l'expédition, ou la vue des côtes et isles apperçues par la flotte dans la traversée depuis Toulon jusqu'à Alexandrie.

PLANCHE Ire.

N° 1. La partie nord-ouest de l'isle de Corse. A gauche est le cap corse; dans le centre, le cap de la Cholle, derriere lequel est la baie S.-Florent; à droite, où est un oiseau, la côte, sur laquelle est située Calvi; enfin la partie supérieure des montagnes, toujours couverte de neiges.

Le N° 2 représente le passage de la flotte et du convoi entre le cap corse et l'isle de Capraia; à gauche, où sont trois oiseaux, la partie la plus nord de l'isle de Corse, dont le cap fait la pointe : le convoi serre la côte en doublant le cap; au centre, où il y a deux oiseaux, l'isle d'Elbe; à droite, l'isle de Capraia, et les vaisseaux de guerre.

N° 3. La partie nord de l'isle de Corse. Au centre, où sont deux oiseaux, le cap; à droite, où il n'y en a qu'un, le golfe de S.-Florent; à gauche, où il y en a trois, la partie de l'est où est Bastia.

N° 4. La partie ouest de l'isle d'Elbe, que nous laissions à gauche, ayant vis-à-vis et au centre de l'estampe le cap S.-Pierre. A droite et au revers, où il y a deux oiseaux, Porto-Longone; à gauche, où il y en a un, Porto-Ferraio.

N° 5. La partie sud de l'isle de Capraia, que nous laissions à notre gauche, roc à pic inabordable dans cette partie; les deux petits monuments de droite et de gauche sont des tours d'observation : le rocher dans le lointain est l'isle de la Gorgone.

N° 6. La côte orientale de la Corse. A droite, où il y a un oiseau, le cap corse; au centre, le cap Sagri; à gauche, où il y a deux oiseaux, la rade et le port de Bastia.

N° 7. La partie ouest de Monte-Cristo, que nous laissions à gauche, rocher inculte et inabordable.

N° 8. Une vue générale de la partie est de l'isle de Corse. Le cap corse à droite, où il y a un oiseau; les bouches de Bonifacio à gauche, où il y en a deux; au centre, le cap Mescano, les petites isles de San-

Cipriano; et où il y a trois oiseaux, la partie des montagnes les plus élevées, et toujours couvertes de neiges.

Nº 9. Les bouches de Bonifacio, que nous laissions à notre droite, et qui sont marquées par trois oiseaux; la pointe la plus sud de la Corse, marquée par un; et les côtes de l'est de la Sardaigne, marquées par deux.

Nº 10. Une vue de notre flotte longeant les côtes de l'est de la Sardaigne, laissant cette isle à droite.

PLANCHE II.

Nº 1. La Tolara, isle en avant de la côte de l'est de la Sardaigne.

Nº 2. Côte de l'est de la Sardaigne, le soir, au moment d'un orage, vis-à-vis la rade de la Guilastre.

Nº 3. Partie est de l'isle de la Sardaigne, depuis la petite isle Co jusqu'au cap Serpente, au revers duquel est la rade de Cagliari, que nous abandonnâmes à notre droite.

Nº 4. Vue de Maretimo, que nous reconnûmes par sa partie nord-ouest; sa sommité est presque toujours couverte de nuages : le rocher qu'on apperçoit derriere est la Favayane, et dans le fond les côtes de Sicile.

Nº 5. La partie sud-ouest de Maretimo, marquée par deux oiseaux; la Favayane, marquée par un. Au centre, le rocher de Levenzo; et tout au fond, le Mont-Érix, sur la côte de Sicile, près de Trapani.

Nº 6. Vue de la Favayane, avec les côtes de la Sicile.

N° 7. Vue de la côte ouest de la Sicile, que nous laissions à notre gauche. Marsala dans le centre, Mazzara à droite; Mont-Érix et la pointe de Trapani à gauche.

N° 8. La partie sud de Maretimo.

N° 9. Vue prise à vingt lieues de distance de la partie ouest de l'isle de Candie, que nous laissions à notre gauche.

N° 10. Partie sud de l'isle de Candie, vis-à-vis le grand et le petit Gose. A droite, le grand Gose, au centre, le petit Gose; à gauche, le mont Ida et le cap S.-Jean.

PLANCHE III.

N° 1. Vue de la flotte et du convoi, dessinée au soleil couchant.

N° 2. Vue de la ville de Malte et de l'entrée de ses deux ports, à la partie nord-est de l'isle. Au centre, la Cité-Valette; à gauche, l'entrée du grand port, la Cité-Vieille, et le fort S.-Ange; à droite, le port de Marza-Muchet, le lazaret dans le fond et du même côté de la Cité-Notable.

N° 3. Vue de Malte au moment où la ville et les forts commencèrent à tirer sur la flotte française.

N° 4. L'intérieur du grand port. La Cité-Valette à droite; à gauche, les batteries du fort S.-Ange.

N° 5. L'entrée du grand port. La Cité Valette à droite; à gauche, une partie du fort S.-Ange.

N° 6. Le fort S.-Ange, et la Cité-Vieille.

PLANCHE IV.

Diverses antiquités trouvées au Gose. Les figures 2 et 3 sont deux vues d'un même vase en terre cuite, servant de lampe.

Les n° 1 et 4 sont le profil et la face de l'anse du même vase, que j'ai dessinés avec détail, pour faire connoître plus exactement le caractere du travail de ce vase, et sur lequel il m'a paru difficile de prononcer dans un pays où l'on trouve rassemblés des monuments phéniciens, grecs, puniques, et romains.

Les N° 5 et 7, même planche, sont les deux côtés d'une espece de disque votif en pierre de Malte; quoique le travail n'en soit pas précieux, le style en atteste l'antiquité.

N° 6. Un vase de verre de quinze pouces six lignes.

PLANCHE V.

(Même feuille que planche IV.) Les vues perspectives, les plans, les détails, et les coupes d'un tombeau et d'un sarcophage, trouvés dans l'isle de Malte, près la Cité-Notable, dans un enclos appelé Earbasea. Ce monument, creusé dans le roc à dix-sept pieds de profondeur, est composé de deux chambres (voyez le plan n° 3, lettres A et B.). La porte qui communique d'une piece à l'autre étoit murée et enduite; la piece B contenoit le sarcophage, et trois niches carrées à hauteur d'appui, dans lesquelles étoient trois lampes de terre en forme de coquille, grossièrement travaillées; un petit canal partageoit cette piece.

Il y a trente ans qu'on a déja trouvé une chambre de même forme, partagée aussi par un même canal, dans lequel il se trouva un manuscrit punique.

La figure 1 est la vue prespective du sarcophage, de terre cuite, de six pieds de longueur sur trois de large, et d'un seul morceau, par conséquent une des plus grandes pieces de terre cuite qui aient été exécutées; une feuillure recevoit le couvercle, dont le n° 2 est a figure : les petits trous ronds qu'on peut remarquer à la partie supérieure de la bordure du sarcophage étoient peut-être destinés à sceller ce couvercle.

N° 4. Le fond du sarcophage, sur lequel posoit le corps.

N° 5 et 6. Les coupes de l'un et l'autre côté du monument.

PLANCHE VI.

N° 1. La côte basse de l'Afrique, qui n'offre au-dessus de la surface des eaux qu'une ligne blanche, que l'on n'apperçoit que de très près, et qui disparoit derriere les vagues dès qu'il y a du vent, ou dans la vapeur lorsque le ciel est brumeux. Les fabriques qu'on voit au centre sont ce qu'on appelle la tour et le fort des Arabes (voyez le journal, tome 1, pages 38 et 39).

N° 2. La vue du fort du Marabou, où s'effectua la descente : ce nom de Marabou lui vient de la mosquée sur le minaret de laquelle fut déployé le premier pavillon tricolor en Afrique.

N° 3. Une vue d'Alexandrie, prise dans son développement de l'est à l'ouest. A droite, le vieux port

Eunostiportus, renfermant le petit port de *Kibotos*, et derriere, le Maréotis : ensuite la ville moderne, au-dessus de laquelle on voit la butte Sainte-Catherine ; les vaisseaux contenus dans le port neuf, *magnus portus*, devant lequel s'avance la jetée ; et le château du Pharillon, anciennement le Phare. Dans le lointain, la colonne de Pompée, la mosquée de S.-Athanase, le grand Morne, l'obélisque de Cléopâtre, les ruines du palais des Ptolomées, et enfin le petit Pharillon.

N.º 4. Une autre vue d'Alexandrie, prise à l'est au moment de l'attaque et de la prise de cette ville.

PLANCHE VII.

Carte de l'Égypte inférieure, où sont tracées les marches décrites dans le journal, et les batailles et combats qui se sont donnés lors de la conquête de cette partie de l'Égypte. Cette carte, qui ne peut être comparée à celle qui sera le résultat des opérations des ingénieurs-géographes de l'institut du Caire, a déja l'avantage de présenter la forme réelle du littoral de l'Égypte, des bouches par lesquelles le Nil arrive dans la Méditerranée, des lacs Madier, Brûlos et Menzaléh, d'après les reconnoissances faites par le général Andréossy; elle a encore celui d'être dressée d'après les observations astronomiques du citoyen Nouet, qui ont fixé les hauteurs d'Alexandrie, du Caire, de Rosette, de Damiette, des bouches de Dybeh, et d'Omm-faredje ; opération qui attache l'Afrique à l'Asie, et fixe avec exactitude des points si importants de la géographie. Les noms des villages, écrits le plus souvent sous la dictée des nomenclateurs, dont la prononciation offroit une grande variété, doivent nécessairement présenter des erreurs que le temps et une étude particuliere de ces objets pourront seuls rectifier.

PLANCHE VIII.

N° 1. Vue générale des isles de Malte, du Gose, de Cumino, et de Cuminoto. Cette vue peut donner une idée de la forme générale de ce groupe dans sa partie sud-est, et la mesure de sa surface sur l'horizon maritime; la fumée du coup de canon à gauche part du fort Ste-Catherine, à la pointe orientale de l'isle de Malte; le coup de canon du milieu est tiré du château qui domine la Cité-Valette; ce que l'on apperçoit au revers de la montagne la plus élevée est le sommet des fabriques de la Cité-Notable, l'ancienne capitale, située au centre de l'isle: la partie à droite, marquée d'un oiseau, est le Gose; celles marquées de deux et de trois oiseaux sont le Cumino et le Cuminoto: l'apect de ces isles est aride, et la couleur en est blanche.

N° 2. Un plan figuré des ruines situées sur le bord de la mer, dans l'emplacement de l'ancienne ville de Canope; ces substructions, taillées dans le roc, doivent être les ruines d'un bain pris sur l'emplacement du sol de la mer, et devant lequel des blocs, des débris d'architecture et de sculpture, semblent avoir été placés pour servir de jetée, et défendre cet édifice de l'effort des vagues de la mer. Les parties qui excedent le niveau de l'eau conservent encore des canaux en briques, recouverts en ciment et pouzzolane, qui distribuoient sans doute l'eau douce dans les pieces marquées A, B, C, D, E, F. Voyez le reste de la description dans le journal, t. 1, pag. 120, etc.

N° 3. Une vue du grand port d'Alexandrie, *magnus portus*, depuis le petit Pharillon jusqu'à la place des Francs; à droite, le château du petit Pharillon, où l'on croit qu'étoit bâtie la fameuse bibliotheque. Le soubassement du premier monument que l'on rencontre en suivant la ligne, et revenant à droite, faisoit partie des ruines du palais des Ptolomées: près de là, les deux aiguilles dites de Cléopâtre, dont l'une est debout, et l'autre renversée; derriere est la porte de Rosette, *Porta canopica*. Tout ce qui suit offre les ruines de la circonvallation arabe; la plage où arrive doucement la mer; un bois de palmiers, derriere lequel est le grand Morne, aujourd'hui fortifié: ensuite, d'anciennes constructions arabes, faites du temps des kalifes; un palais arabe, où sont établis aujourd'hui les bains de vapeurs; une mosquée, et une partie de la ville moderne. Sur le premier plan, une espece d'esplanade, qui sert de promenade à la factorerie européenne, et où sont représentées les premieres huttes que nos soldats fabriquerent en arrivant pour se mettre à l'abri du soleil, de l'humidité, et de la fraicheur des nuits, également incommodes à Alexandrie.

La couleur généralement blanche de ce site, les

ruines, qui en sont presque usées, offrent un aspect mélancolique, qui formeroit un tableau étrange et piquant, si on pouvoit le rendre avec sa couleur naturelle : les grands souvenirs d'ailleurs qu'il rappelleroit à l'imagination ajouteroient sans doute un grand intérêt à la singularité unique de ce tableau.

PLANCHE IX.

N° 1. Aboufaquir, mendiant égyptien.

N° 2. Vue d'une principale mosquée d'Alexandrie, connue sous le nom de S.-Athanase : quatre rangs de colonnes antiques de marbres de toute espece portent des arcs qui soutiennent un plancher, et forment un portique couvert, dont les trois murailles et le pavé sont revêtus de mosaïque en marbre, avec une frise où des sentences du Coran en grands caracteres sont exécutées en mosaïque en émail. Ce portique ouvert donne sur une cour carrée, pavée en marbre, entourée d'une galerie soutenue par des colonnes de même nature que celles du portique (voyez le plan N° 3, même planche). Les plus misérables fabriques sont ajoutées par les Turcs aux magnificences sarrasines que je viens de décrire. Dans la cour, les plantes, ensuite les arbres, se sont fait jour, et ont soulevé le pavé de marbre; les éboulements ont remplacé les voûtes à l'endroit où elles se sont crevées, et quelques planches de sycomore qui ne se joignent point réparent les défauts de continuité de la clôture : le petit édifice octogone que l'on voit dans le milieu de cette vue (N° 6) renferme le sarcophage antique dont le N° 2 est le trait. Le N° 4 en est le plan. Voyez sa description dans le journal, tome 1, pag. 64 et 65.

N° 2. La colonne de Pompée. Cette colonne a été mesurée dans tous ses détails par le citoyen Norry, qui a donné au public le résultat de ses opérations; la dissertation qu'il y a jointe ne laisse rien à desirer à la curiosité sur ce monument. Le simple trait que je donne ici pour faire connoître les principales dimensions de cette colonne est emprunté des opérations du citoyen Norry.

N° 3. C'est également un simple trait de l'obélisque de Cléopâtre, d'après les mesures prises postérieurement à la fouille faite à sa base depuis notre séjour en Égypte.

PLANCHE X.

N° 1. La vue de trois colonnes que l'on rencontre près de la mosquée de S.-Athanase: elles sont de granit, et d'un beau travail. Aucun voyageur n'a parlé de cette ruine: il faudroit faire des fouilles pour s'assurer de l'époque à laquelle elle appartient. A en juger par la délicatesse du trait de ces colonnes, on ne peut mettre en doute qu'elles n'aient fait partie de quelques monuments antiques; mais leur espacement exagéré doit faire croire qu'elles ne sont pas placées à leur destination primitive. Quoi qu'il en soit, elles sont les restes d'un grand et magnifique édifice: leur diamètre à l'arasement du sol, qui doit être à-peu-près à la moitié de leur hauteur, est de quatre pieds six pouces; la fabrique qui est derriere est un casin arabe dans un jardin : dans le fond, on apperçoit le sommet de la colonne de Pompée.

N° 2. L'obélisque de Cléopâtre. Le monument qui est derriere est moitié grec, moitié arabe; on distingue encore des chapiteaux de colonnes engagées d'ordre dorique, dont les fûts vont se perdre sous le niveau de la mer. Cette circonstance coïncidant avec ce que Strabon rapporte du palais des Ptolomées battu par les vagues de la mer, a fait croire que cette fabrique étoit une portion de ce palais : ce que les Arabes y ont ajouté n'est pas dénué de goût et de magnificence. Le petit monument qu'on voit à gauche est la porte de Rosette; ce qu'on voit au pied de l'obélisque en est une autre qui est renversée.

N° 3. Le grand Pharillon, bâti au bout d'une jetée; château turk de quelque apparence, plus utile, dans l'état où il est, à loger une garnison, qu'à défendre la ville. Le rocher en avant est appelé le Diamant. On croit que c'étoit là qu'étoit bâti le fameux Phare, une des merveilles du monde : on n'en apperçoit aucun vestige; ce n'est plus maintenant qu'un écueil battu et couvert des vagues de tous les vents.

N° 4. Une vue générale d'Alexandrie, prise des galeries du minaret de la mosquée de S.-Athanase. Elle présente le grand port dans tout son développement, les deux châteaux du grand et du petit Pharillon, qui terminent les deux bouts de demi-cercle : en se rapprochant à droite, les ruines du palais des Ptolomées, le palais des Arabes, où sont les bains, la ville moderne, bâtie sur le remblaiement qui a joint l'isle du Phare à la terre ferme, espace appelé autrefois *Hepta stadium*, et à gauche, une partie du vieux port : sur le devant, les ruines d'une partie de la circonvallation arabe, autrefois le *Serapeum*.

PLANCHE XI.

Plan de la bataille des pyramides.

J'y ai joint ceux de la ville du Caire, de Boulac, de Djyzéh, du vieux Caire, et d'Embabé, des isles de Raoudhah et de Boulac, des pyramides, et du cours du Nil; j'ai marqué le mouvement des troupes par des lignes, pour une plus facile intelligence, et j'ai mis des figures dans tous les points où il y a eu engagement de combats, pour achever de donner une entiere connoissance de cette importante bataille. J'emprunte ici les détails qu'en a donnés le général Berthier dans sa relation des campagnes du général Bonaparte en Égypte, et en Syrie.

Rapport du général Berthier.

« Mille souvenirs se réveillent à la vue de ces
« plaines, où le sort des armes a tant de fois changé
« la destinée des empires. L'armée, impatiente d'en
« venir aux mains, est aussitôt rangée en ordre de
« bataille. Les dispositions sont les mêmes qu'au
« combat de Chebreisse. La ligne formée dans l'ordre
« par échelons et par divisions qui se flanquent refu-
« soit sa droite; Bonaparte ordonne à la ligne de
« s'ébranler : mais les Mamelouks, qui jusqu'alors

« avoient paru indécis, préviennent l'exécution de
« ce mouvement, menacent le centre, et se précipi-
« tent avec impétuosité sur les divisions Desaix et
« Reynier, qui formoient la droite ; ils chargent in-
« trépidement ces colonnes, qui, fermes et immobiles,
« ne font usage de leur feu qu'à demi-portée de la
« mitraille et de la mousqueterie. La valeur téméraire
« des Mamelouks essaie en vain de renverser ces mu-
« railles de feu, ces remparts de baïonnettes : leurs
« rangs sont éclaircis par le grand nombre de morts et
« de blessés qui tombent sur le champ de bataille, et
« bientôt ils s'éloignent en désordre, sans oser entre-
« prendre une nouvelle charge.

« Pendant que les divisions Desaix et Reynier re-
« poussoient avec tant de succès la cavalerie des Ma-
« melouks, les divisions Bon et Menou, soutenues
« par la division Kleber, commandée par le général
« Dugua, marchoient au pas de charge sur le village
« retranché d'Embabé; deux bataillons des divisions
« Bon et Menou, commandés par les généraux Ram-
« pon et Marmont, sont détachés avec ordre de
« tourner ce village, et de profiter d'un fossé pro-
« fond pour se mettre à couvert de la cavalerie de
« l'ennemi, et lui dérober leurs mouvements jus-
« qu'au Nil.

« Les divisions, précédées de leurs flanqueurs,
« continuent de s'avancer au pas de charge : les Ma-
« melouks attaquent sans succès les pelotons de flan-
« queurs; ils font jouer et démasquent quarante

« mauvaises pieces d'artillerie : les divisions se préci-
« pitent alors avec plus d'impétuosité, et ne laissent
« pas à l'ennemi le temps de recharger ses canons.
« Les retranchements sont enlevés à la baïonnette ;
« le camp et le village d'Embabé sont au pouvoir des
« Français. Quinze cents Mamelouks à cheval, et au-
« tant de fellahs, auxquels les généraux Marmont et
« Rampon ont coupé toute retraite en tournant Em-
« babé, et en prenant une position retranchée derriere
« un fossé qui joignoit le Nil, font en vain des prodiges
« de valeur : aucun d'eux ne veut se rendre, aucun
« d'eux n'échappe à la fureur du soldat ; ils sont tous
« passés au fil de l'épée, ou noyés dans le Nil. Qua-
« rante pieces de canon, quatre cents chameaux, les
« bagages et les vivres de l'ennemi tombent entre
« les mains du vainqueur.

« Mourat-bey, voyant le village d'Embabé em-
« porté, ne songe plus qu'aux moyens d'assurer sa
« retraite. Déja les divisions Desaix et Reynier
« avoient forcé sa cavalerie de se replier ; l'armée,
« quoiqu'elle marchât depuis deux heures du matin,
« et qu'il en fût six du soir, le poursuit encore jusqu'à
« Gizeh. Il n'y avoit plus de salut pour lui que dans
« une prompte fuite ; il en donne le signal, et l'armée
« prend position à Gizeh après dix-neuf heures de
« marches ou de combats.

« Jamais victoire aussi importante ne coûta moins
« de sang aux Français : ils n'eurent à regretter dans
« cette journée que dix hommes tués, et environ

« trente blessés ; jamais avantage ne fit mieux sentir
« la supériorité de la tactique moderne des Euro-
« péens sur celle des orientaux, du courage discipliné
« sur la valeur désordonnée. »

PLANCHE XII.

Bataille des pyramides. Ce tableau représente le moment de la double action, où deux corps de Mamelouks font chacun une sortie ; l'un sur les divisions Dugua, Desaix, et Reynier, l'autre sur le bataillon commandé par le général Rampon (voyez dans le journal le récit de la bataille, tome 1, page 76). J'ai tâché de donner l'image d'une charge de Mamelouks, dont j'ai été plusieurs fois témoin, et dont la rapidité, l'abandon, le dévouement, et la bravoure chevaleresque, m'ont toujours frappé ; j'ai voulu rendre aussi l'effet de la mitraille sur cette cavalerie, qui venoit la braver jusqu'à la bouche du canon ; j'ai fait voir les serviteurs à pied à travers les combattants, leur maniere d'emporter les blessés, de les éloigner du combat ; les chameaux portant les cartouches et les instruments guerriers ; les palmiers avec leurs fruits, comme ils étoient à cette époque, et jusqu'à la gerçure produite par l'inondation et l'ardeur du soleil ; enfin tout ce qui caractérise le pays, et contribue à lui donner une physionomie particuliere. Le fond contient tout ce que le vaste horizon offre d'intéressant : à droite de l'estampe, est la route qui conduit à Suez et en Asie, où l'on voit le corps d'Ibrahim-bey ; la ville du Caire, au pied du Mokattam, ou l'extrémité de la chaîne arabique; le grand aqueduc, qui arrive jusqu'au vieux Caire, sur le bord du fleuve Boulac: plus en avant, le Nil, avec les isles de Raoudah, de Boulac, et du Lazaret; le vaisseau amiral de la flotte de Mourat-bey, auquel il fit mettre le feu pendant le combat: de l'autre côté du Nil, Djyzeh, la maison de Mourat-bey, la plaine et les pyramides de Ssackarah; l'espace entre elles et celles de Djyzeh, qui est l'emplacement qu'occupoit Memphis; et en derniere ligne, le Mont-Libyque, dont la chaîne gît du sud au nord jusqu'aux pyramides de Djyzeh, et d'où, changeant tout-à-coup de direction à l'ouest, elle va se perdre dans les déserts de Barca.

PLANCHE XIII.

N° 1. Vue du château de Rachid, à l'ouest du Nil, la premiere construction que l'on rencontre en remontant ce fleuve: fortifié depuis l'invention de la poudre, on peut croire qu'il a été bâti au temps de la conquête de Sélim, et qu'il y laissa une garnison, dont nous avons trouvé les descendants soldés et gardant encore le même château, qui est un grand bastion carré, flanqué de quatre tours; dans le milieu, des casernes, et une mosquée; de beaux jardins, plantés d'orangers et de palmiers, entourent actuellement cette fabrique démantelée, et en rendroient le séjour agréable si l'intérieur en étoit logeable.

N° 2. Une mauvaise batterie en ruines, construite presque vis-à-vis le château de Rachid: il y reste aussi quelques familles de Sorbadgi ou descendants de ces garnisons turques dont j'ai parlé à l'article ci-dessus; le petit dôme qu'on apperçoit à droite est un santon ou tombeau de personnage révéré.

N° 3. L'arrivée à Rosette.

N° 4. Un village du Delta, vis-à-vis Rosette.

N° 5. Le couvent d'Abou-Mandour, à une demi-lieue de Rosette, bâti à un angle du Nil sur les ruines de l'antique Bolbitine, situation aussi agréable que pittoresque, entre un désert aride et brûlant, et tout ce que la nature peut offrir de plus frais et de plus abondant. Un tombeau révéré y amene beaucoup de musulmans atteints de l'ophtalmie, et qui en reviennent la vue rafraichie des ablutions qu'ils font de l'eau claire d'une citerne, que l'on y distribue abondamment pour une très petite rétribution.

PLANCHE XIV.

N° 1. Vue d'une mosquée avec son minaret. Chaque province a son goût particulier dans ces sortes de monuments : l'architecture mauresque n'ayant ni principes ni regles fixes, la légèreté et l'élégance en sont les seules lois, et, par suite, les productions en sont infiniment variées; les ornements surabondants n'y sont jamais incohérents, et conservent entre eux une harmonie qui n'est jamais dépourvue de grace. Ces dômes, construits très rapidement, sont élevés avec régularité par des maçons qui n'ont que quelques outils, et n'emploient à ces constructions que du plâtre, soutenu par quelques petits morceaux de bois. Le minaret n'a d'autre utilité que de faire appercevoir de loin la mosquée à laquelle il tient, et de porter cette galerie d'où les imans, toutes les quatre heures, appellent les fideles musulmans à la priere en chantant des hymnes à l'Éternel et à son prophete. A chaque mosquée, il y a une citerne, un bassin pour les ablutions, et, toutes les fois que cela est possible, un petit enclos planté d'arbres pour faire la priere à l'ombre. Celle qui est représentée ici est située à l'extrémité sud de Rosette; la fumée que l'on voit à droite est produite perpétuellement par une fabrique de charbon, qui est une des denrées rares du pays : l'importation de bois, qui, en temps de paix, se fait de Syrie à Rosette, est un article de commerce particulier à cette ville.

N° 2. Vue d'une portion du port de Rosette. Les fabriques qui y sont représentées, appartenant à des Francs, et la plupart bâties par eux, sont un mélange de constructions qui ressemblent plus à nos maisons du quatorzieme siecle qu'aux fabriques orientales des autres villes de l'Égypte; celle où est le pavillon appartenoit à la maison Varsi, où étoit logé le général Menou. La scene représentée fut celle de la prestation de serment du gouvernement du pays entre les mains de ce général : les coups de bâton distribués, un reste de pratique orientale généralement établie pour écarter la foule, ennoblir la fonction, et avertir le foible de la présence du pouvoir, et de l'éloignement dans lequel il doit l'envisager. Nous n'arrivions jamais dans un village, que le cheikh, pour nous faire honneur, n'en ordonnât une distribution, qui ne cessoit qu'à notre réquisition, et lorsqu'il croyoit que sur cela le témoignage de son respect s'étoit suffisamment manifesté. A droite, le Nil, sur lequel on voit un aviso armé, et dans le fond, l'isle de Varsi.

PLANCHE XV.

N.º 1. Vue d'Aboukir, prise de la mer, avec la flotte française telle qu'elle étoit embossée avant la bataille du 14 fructidor : on apperçoit derriere le fort, la ville, et dans le fond, le monticule où sont les fontaines.

N.º 2. Le passage de la Madié, l'ancienne bouche canopite, dans laquelle entre la mer, et y forme un lac de plus de quatre lieues de profondeur ; ce qui fait que les caravanes d'Alexandrie à Rosette traversent ce lac à son embouchure, au lieu d'en faire le tour, quelque incommode que soit ce passage par les bas-fonds des rives, et l'embarcation qu'il faut faire au milieu de l'eau.

N.º 3. Le fort d'Aboukir tel qu'il étoit à l'arrivée des Français en Égypte, avec son petit port pour les barques.

N.º 4. Carte à vol-d'oiseau de la péninsule d'Aboukir. En avant, les rochers du promontoire ; à gauche, sur cette même ligne, l'islot contre lequel étoit appuyée la flotte embossée ; derriere le château, le village d'Aboukir ; plus loin, le faubourg, entre lequel les retranchements ont été élevés ; au bout de la ligne de palmiers, les monticules où sont situées les trois fontaines ; plus au fond, à gauche, le lac Madié, l'ancienne embouchure de la bouche canopite, la digue, et deux obélisques de construction arabe ; au fond du lac Madié, la chaussée derriere laquelle passe le canal qui porte les eaux du Nil à Alexandrie, celle que les Anglais ont rompue après leur débarquement, en l'an 9 ; ce qui a isolé la presqu'isle d'Aboukir, submergé le territoire d'Alexandrie, et renouvelé le lac *Maréotis :* l'extrémité de l'horizon, à droite, est l'emplacement d'Alexandrie ; en revenant le long de la côte, celui de *Nicopolis*, de *Taposiris*, et de Canope. Ce point, déja si important pour la géographie ancienne, l'est devenu encore davantage pour l'histoire moderne par les évènements qui s'y sont passés depuis notre arrivée en Égypte : le plan et la vue de la bataille gagnée par Bonaparte, le 7 thermidor, acheveront de le faire connoître sous tous ses aspects, et dans tous les détails. Voyez pl. LXXXIX et pl. XC.

N° 5. La tour d'Abou-Mandour, près Rosette, avec la vue à sept lieues de distance des deux flottes anglaise et française, le lendemain de la bataille navale d'Aboukir, du 14 fructidor, à dix heures du matin, à l'instant où le Guillaume-Tell et le Généreux, la Diane et la Justice, leverent l'ancre, et s'éloignerent sans être inquiétés dans leur retraite.

Cette tour, de construction arabe, est bâtie sur un monticule de sable qui couvre les ruines de l'antique Bolbitine ; la situation élevée au milieu d'une grande plaine domine d'un côté un vaste désert, jaune et aride, terminé à l'horizon par la mer. Lorsque l'ame s'est attristée de ces objets, elle peut, en se retournant, être consolée par l'aspect de tout ce que la nature peut déployer de verdure, de richesse, et d'abondance : les plaines du Delta couvertes de rizieres et de plantations de sucre, coupées d'innombrables canaux qui aboutissent au Nil, qui dans cet endroit est toujours couvert de barques en mouvement dans tous les sens ; enfin ces deux tableaux, d'une couleur si différente, offrent le contraste le plus frappant; c'est la jeunesse de la nature, et sa décrépitude : ces tableaux seroient aussi beaux à peindre qu'ils me parurent impossibles à rendre par des dessins.

PLANCHE XVI.

N° 1. Vue de Tfémi, gros village de la province de Bahiré, situé sur le bord du Nil, vis-à-vis *Métabis*.

N° 2. Vue du Nil, d'où on apperçoit tout à la fois, à droite, Sandion, bourg dans le Delta; au centre, Métabis, aussi dans le Delta; et Tfémi, de l'autre côté du fleuve.

N° 3. Métabis, petite ville de la province de Garbié, dans le Delta, connue par ses mœurs dissolues, et le nombre d'almés qui l'habitent.

N° 4. Vue de Sandion dans le Delta, et de Deirut, dans la province de Bahiré; les villages dans le Delta, à l'abri des incursions des Arabes, sont toujours plus peuplés, plus riches, et mieux bâtis.

N° 5. Cafr Schaabas-Ammers, petit village fortifié, situé dans le Delta : cafr veut dire faubourg où hameau séparé, mais dépendant de la ville de Schaabas-Ammers. La fumée que l'on voit est la suite de l'embrasement de cette petite forteresse : sur le devant, la digue rompue, sur laquelle nous fûmes obligés de porter nos blessés. Voyez le journal, tom. 1, pag. 162.

N° 6. Un de nos logements dans le Delta; c'étoit à Deroulh. La maison s'appeloit le Palais : dans la partie intérieure étoit un angar, et une cour dans laquelle il y avoit un sycomore; il faut toujours compter l'abri d'un sycomore en Égypte comme un appartement d'été, ou un logement pour les gens de la suite; un escalier montoit à une galerie ouverte, qui étoit la piece principale; à droite, une grande piece servant de magasin; au bout de la galerie, la chambre d'honneur. La scene ressemble à celle qui auroit pu avoir lieu si c'eût été un bey qui eût été en tournée, et qui eût donné audience par la fenêtre : sous la porte sont les gens qui apportent le déjeûner fourni par le pays.

PLANCHE XVII.

N° 1. Plan des ruines et de la circonvallation d'un temple d'Isis, près Beibeth, dans le Delta : je n'ai pas vu cette ruine, dont je dois la carte au général Dugua, qui commandoit la province de Garbié, dans le Delta, où sont situés les monuments qu'elle contient.

N° 2. Plan des ruines de Sann ou Zoan, l'ancienne Tanis, dans la province de Charkié, près du lac

Menzaléh, ancienne capitale et habitation royale.

Je tiens aussi cette carte du général Dugua; la forme carrée qu'on distingue dans cette carte étoit sans doute l'enceinte d'un temple ou d'un palais. Le travail fini des hiéroglyphes et les riches matieres employées dans ces édifices font foi qu'on avoit conservé dans des temps postérieurs la même magnificence dans la construction des monuments de la basse Égypte que dans ceux de la haute : les fragments de lapis que l'on a trouvés dans celui-ci attestent aussi que l'usage s'étoit introduit d'employer des matieres étrangeres pour les décorer.

Je n'ai point vu les ruines de Sann, mais les détails de son plan ne me laissent aucun doute sur son exactitude; tout ce que je dois observer, c'est que les ruisseaux que l'on a tracés à travers les collines de sable ne peuvent exister que momentanément après quelques pluies d'hiver, toute l'Égypte étant absolument privée de sources jaillissantes, et de tout ce qui peut perpétuer des ruisseaux.

PLANCHE XVIII.

Nº 1. Le village d'Alcan, sur la rive gauche de la branche de Rosette, dans la province de Bahiré. Lorsque je dessinai ce village, les habitants en avoient été chassés pour avoir massacré l'aide de-camp Julien, et le détachement qu'il commandoit : il n'y restoit que des volées innombrables de pigeons. Dans une partie des villages de l'Égypte, tout le dessus des maisons est construit pour y loger des pigeons, et les y laisser se multiplier, pour le seul avantage d'en ramasser la fiente, qui sert principalement à la culture des pastesques et des melons, que l'on plante sur les bords du Nil immédiatement après l'inondation.

Nº 2. Le village de Demichelet, sur la même rive, dans la même province qu'Alcan, et d'un aspect tout-à-fait différent.

Nº 3. Le même village vu de plus près. J'en ai répété les fabriques avec plus de détails, pour faire voir combien ces constructions modernes, faites de terre, tiennent du style des grands monuments de la haute Égypte, et combien, sans projet d'imitation, les traditions se conservent de proche en proche, et, pour ainsi dire, par consentement.

Nº 4. Une vue de la maison de campagne de Mourat-bey, prise du côté du nord. C'étoit dans cette maison qu'il faisoit sa résidence ordinaire ; elle étoit fortifiée : son enceinte contenoit les logements militaires de ses Mamelouks; et ses fortifications l'y mettoient à l'abri d'une surprise, ou d'un mouvement de parti.

PLANCHE XIX.

Nº 1, 2, 3, et 4. Vues des pyramides, d'aussi loin qu'on puisse les appercevoir en remontant le Nil.

Nº 5. Vue de la ville du Caire, Boulac, Forstath, qui ne forment qu'un seul ensemble à l'instant que l'on vient à les découvrir en remontant le Nil ; la montagne que l'on apperçoit derriere est le Mokattam, contre lequel est appuyée cette ville.

PLANCHE XX.

N° 1. Vue de Salmie, sur la rive gauche du Nil, dans le Delta. Voyez le journal, tome I, page 97.

N° 2. Vue des pyramides de Gizeh et de Ssakarah, élevées sans doute aux extrémités nord et sud de Memphis; l'espace qui est entre ces deux groupes de pyramides fixe l'étendue de cette ville dans cette direction, tandis que le Nil et la chaîne libyque bornoient irrévocablement ses côtés est et sud.

N° 3. Coupe de la pyramide ouverte, appelée le Chéops, par laquelle on peut prendre une idée des galeries qui conduisent aux deux chambres sépulcrales, qui paroissent avoir été les seuls objets pour lesquels on avoit construit ces especes d'édifices. G, l'entrée de la premiere galerie, qui étoit recouverte par le parement général, et qui apparemment avoit à cet endroit quelque particularité qui aura pu faire découvrir cette entrée lorsqu'on en a tenté la fouille. La galerie G jusqu'à H se dirige vers le centre et à la base de l'édifice; elle a soixante-cinq pas de longueur, que l'on est obligé de faire d'une maniere si incommode, que l'on ne doit les estimer qu'à cent soixante pieds : arrivé à H, l'incertitude, causée par la rencontre de deux blocs de granit L, a égaré la fouille, et en a fait tenter une dirigée horizontalement dans la masse de la fabrique; cette excavation abandonnée, on est revenu au point I; et, fouillant

autour des deux blocs jusqu'à vingt-deux pieds en
remontant, on a trouvé l'entrée de la rampe ascen-
dante K, qui, jusqu'à M, a cent vingt pieds : on
monte cette galerie étroite et rapide en s'aidant d'entailles faites dans le sol, et de ses bras contre les
côtés de cette galerie étroite ; la fabrique en est de
pierre calcaire, liée avec un ciment de brique. Arrivé au haut de cette rampe, on trouve un nouveau
palier M, d'environ quinze pieds carrés ; à droite
est une ouverture N, qu'on est convenu d'appeler le
Puits, et qu'à l'irrégularité de son orifice on peut
croire être encore une tentative de fouille : il faudroit du temps, de la lumière, et des cordes, pour
s'assurer avec exactitude de sa profondeur et de sa
direction ; on entend qu'elle cesse bientôt d'être perpendiculaire par le bruit qu'y fait la chûte d'une
pierre : ce puits a deux pieds sur 18 pouces de
diametre ; il faudroit faire une fouille pour pouvoir hasarder quelque conjecture sur cette excavation ; à droite de ce trou, est une galerie horizontale O, de 170 pieds, se dirigeant au centre
de l'édifice, au bout de laquelle est l'entrée d'une
chambre dite de la reine, E : sa forme est un
carré long de 18 pieds 2 pouces sur 15 pieds 8
pouces ; sa hauteur est incertaine, parcequ'une
avide curiosité en a fait bousculer le sol, et creuser
une des parties latérales, et que les décombres de
toutes ces violations ont été laissés sur la place.
La partie supérieure a la forme d'un toit d'angle
à-peu-près équilatéral ; aucun ornement, aucun hié-

roglyphe, aucun vestige de sarcophage: une pierre calcaire fine, et liée d'un appareil recherché, fait tout l'ornement de cette piece. Voyez même pl., le plan et la coupe de cette chambre, n° 4 et 5. A quoi cette chambre a-t-elle été destinée? étoit-ce pour mettre un corps? Dans ce cas, la pyramide, bâtie à dessein d'en mettre d'eux, n'a pas été fermée à une seule époque; en cas d'attente, et que cette seconde sépulture fût effectivement celle de la reine, les deux blocs de granit, dont j'ai déja parlé, et qui sont à l'entrée des deux galeries inclinées, étoient donc réservés à clorre définitivement l'ouverture des deux chambres, et des galeries adjacentes.

Revenons sur nos pas jusqu'à la plate-forme du puits M, où, en se hissant de quelques pieds, on se trouve au bas d'une grande et magnifique rampe, P Q, de 180 pieds de longueur, se dirigeant aussi vers le centre de l'édifice; sa largeur est de 6 pieds 6 pouces dans laquelle il faut comprendre deux parapets de 19 pouces de diametre, percés, par espace de 3 pieds 6 pouces, de trous longs de 22, larges de 3. Cette rampe étoit sans doute destinée à monter le sarcophage; les trous avoient servi à assurer par quelque machine le hissement de cette masse sur un plan aussi incliné; la même machine avoit sans doute nécessité des entailles au-dessus de la partie latérale de chacun de ces trous, qui ont été réparés ensuite par un ragréement. Cette galerie se ferme peu-à-peu jusqu'à son plafond par huit retraites de

6 pieds de hauteur; ce qui, joint à 12 qu'il y a du sol jusqu'à la premiere plate-bande, donne 60 pieds de clef à cette étrange voûte (voyez sa coupe n° 6). Arrivé au-dessus, en s'aidant d'entailles assez régulieres, mais modernes, on trouve une petite plateforme, puis une espece de coffre de granit C, dont les parties latérales, soutenues par la masse générale de l'édifice, étoient destinées à recevoir dans le vide qu'elles laissoient des blocs de même matiere, qui, hersés dans des rainures saillantes et rentrantes, devoient masquer et défendre à jamais la porte de la principale sépulture (voyez lettre C, n° 7 et 8). Il a fallu sans doute des travaux immenses pour construire d'abord et détruire ensuite cette partie de l'édifice; ici, l'enthousiasme superstitieux s'est trouvé aux prises avec l'ardente avarice, et la derniere l'a emporté. Après la destruction de treize pieds d'épaisseur de granit, on a découvert une porte carrée F, de 3 pieds 3 pouces, qui est l'entrée de la piece principale D, de forme carrée, longue de 16 pieds sur 32 de large, et de 18 pieds de hauteur; la porte est à l'angle du grand côté, comme à la chambre d'en-bas. Vers le fond, à droite en entrant, est un sarcophage isolé, de 6 pieds 11 pouces de long sur 3 pieds de large, et 3 pieds 1 pouce 6 lignes d'élévation. Quand on aura dit que ce tombeau est d'un seul morceau de granit, que cette chambre n'est qu'un coffre de même matiere, avec un demi-poli d'un appareil assez précieux pour qu'il n'ait point nécessité de ciment dans tout son appareil, on aura

décrit cet étrange monument, et donné l'idée de l'austérité de sa magnificence.

Le tombeau est ouvert et vide, sans qu'il soit resté aucun vestige de son couvercle; la seule dégradation dans toute cette chambre est la tentative d'une fouille à un des angles, et deux petits trous à-peu-près ronds, à hauteur d'appui, auxquels des curieux ont attaché trop d'importance. C'est ici que se termine le voyage, comme c'est là qu'il paroît qu'ait été le but de cette immense entreprise, où les hommes semblent avoir voulu se mesurer avec la nature.

Le citoyen Grosbert, ingénieur, qui a séjourné aux Pyramides, qui en a fait un plan en relief, que l'on voit avec intérêt au Jardin national des plantes, et une explication dans un livre intitulé, Description des pyramides de Djyzéh, de la ville du Caire et de ses environs, donne au Chéops 728 pieds de base, et évalue sa hauteur à 448 pieds, en comptant la base par la moyenne proportionnelle de la longueur des pierres, et la hauteur par l'addition de la mesure de chacune des diverses assises. D'après les calculs du citoyen Grosbert et de M. Maillet, la chambre sépulcrale est à 160 pieds au-dessus du sol de la pyramide.

La base de la pyramide appelée Chefrenes est estimée par le même auteur de 655 pieds, et son élévation de 398 pieds; sa couverte, dont il existe encore quelque chose à sa partie supérieure, est un enduit formé de gypse, de sable, et de cailloux. Le Miserinus, ou troisieme pyramide, dit encore le citoyen Grosbert, a 280 pieds de base, et 162 d'élévation : je renverrai mes lecteurs à cet écrivain pour les plans et les détails que je n'ai pas eu le temps de prendre, et que ses connoissances dans cette partie ont mis dans le cas de donner avec l'exactitude que mérite l'importance de ces édifices, et l'intérêt qu'ils inspirent.

PLANCHE XX (bis).

Nº 1. Profil du Sphinx, qui rend compte de son état de destruction, et du caractere de cette figure dans les parties qui en sont conservées : les personnages vivants servent d'échelle de proportion; celle qui est au-dessus de la tête, et que l'on aide de la main, sort d'une excavation étroite, terminée par des décombres, et qui n'a plus que 9 pieds de profondeur. Des échancrures taillées d'espace en espace dans les parties latérales de cette excavation y servent d'échelons pour monter et descendre dans ce trou, dont l'usage est resté dans la nuit du mystere; le monument que l'on apperçoit derriere est une espece de tombeau dans le genre des petites pyramides; mais si dégradé, qu'il est difficile d'en rendre compte autrement que par la forme existante de sa ruine.

Nº 2. Entrée des galeries de la pyramide de Chéops; chaque pierre dessinée fidèlement peut donner une idée de l'appareil de cette partie de l'édifice, qui étoit recouverte d'un parement semblable à la superficie générale de tout le monument.

C'est au citoyen Rigo, membre de l'institut du Caire, que je dois cette planche intéressante ; de retour de l'expédition, il a bien voulu me permettre de prendre dans son intéressant porte-feuille plusieurs objets, tels que celui-ci, et des costumes que j'annoncerai à leur numéro.

PLANCHE XXI.

N° 1. Une mosquée, avec plusieurs santons ou tombeaux situés au nord de Rosette ; le mur à hauteur d'appui, qui est dans le milieu de l'estampe, sert de chaussée, lors de l'inondation, pour communiquer des habitations au Nil : dans le fond est l'isle Baschi.

N° 2. Le khalydge, ou canal qui conduit l'eau du Nil au Caire, lorsque l'inondation est arrivée à une certaine élévation ; l'ouverture de ce canal est une fête annuelle, d'autant plus gaie qu'elle annonce l'abondance, puisque le manque d'eau est le seul fléau qui puisse amener la disette en Égypte.

Le jour de cette cérémonie, les beys étoient placés dans le kiosque que l'on voit dans cette planche : le canal y est représenté dans le moment où il porte les bateaux du Nil au Caire ; dans le fond est l'isle de Rhaoudah ; à gauche de l'estampe sont des montagnes de décombres, et la prise d'eau du grand aqueduc. Tous les voyageurs ont fait la description de l'ouverture du khalydge, et particulièrement Savari.

N° 3. L'aqueduc qui conduit l'eau du Nil au Caire ; les colonnes que l'on voit en avant renversées et rompues sont les ruines d'un édifice, dont l'institut me demanda un rapport, et dont je vais rendre compte en citant le rapport lui-même.

Ces fûts de colonnes, éloignées d'environ 40 centimetres du minaret d'une mosquée en ruine, qui a été bien bâtié, et dont les arrachements prolongés ont nécessairement englobé ces débris, doivent porter à croire qu'ils en faisoient partie : la richesse de la matiere de ces fragments, la perfection d'une partie de ces colonnes, l'inégalité absolue de leurs dimensions, l'empreinte des mains barbares marquée sur toutes leurs réparations, le style, plus barbare encore, de tous les détails qu'on y a ajoutés, font penser que s'il existoit quelques morceaux antiques dans cet édifice, ils y avoient été employés dans un temps rapproché de ces époques malheureuses, où la gloire des armes ne s'allioit point à la philosophie et à l'amour des arts, où le caprice brutal, la barbare adulation en régloient les déterminations politiques, faisoient bâtir une ville où Amroun avoit dressé sa tente, la faisoient abandonner pour aller la rebâtir où Saladin avoit vaincu le dernier des souverains Mamelouks. Dans ces temps, les beaux restes de la noble antiquité étoient groupés avec de lourdes inepties, et formoient de monstrueuses magnificences, ainsi qu'on peut le remarquer dans cet immense fabrique, appelée le Palais de Joseph, construite, comme celle-ci, de morceaux précieux et inégaux, et raccordés par les mêmes moyens; dans ces constructions, où les chapiteaux et les bases avec toutes sortes de profils vont chercher les colonnes quand les colonnes n'arrivent pas jusqu'à eux. Mais pour assigner un siecle à ces édifices, il faudroit connoître celui où ont régné les princes qui les ont fait construire : peut-être est-il réservé à l'activité française de rendre des annales aux Arabes; plus instruits dans leur langue, de découvrir des manuscrits qui fixent des époques à leur histoire, et de jeter des lumieres sur la ténébreuse antiquité par la lecture des hiéroglyphes, de fixer le temps moyen par des recherches littéraires sur le regne des kalifes, par là laisser la part qui appartient aux siecles d'engourdissement où nous avons trouvé l'Égypte, et de faire une nouvelle époque en ramenant les sciences et les arts dans leur pays natal.

PLANCHE XXII.

N° 1. Tombeaux des kalifes. Ces monuments du neuvieme siecle sont bâtis hors des murs du Caire, à l'est de cette ville. Quoiqu'en ruines, ils sont encore les témoignages de l'irrégularité et de l'élégance de l'architecture arabe : la richesse y est jointe à la légèreté avec un goût très délicat, et forme des groupes qu'aucune autre masse d'édifices de ce genre ne m'a jamais offerts.

Le bâtiment qui occupe le milieu de l'estampe étoit

une caserne de Mamelouks ; l'emplacement sert encore de cimetiere. Tout ce que l'on apperçoit de petit sur le premier plan sont des sépultures modernes : les figures représentent un convoi, que l'on peut voir d'une maniere plus développée dans la planche CIII, n° 1.

N° 2. Une vue du vieux Caire ou Forstah, bâti par Amrou ; à gauche, une maison à l'usage du pays, et bâtie sur la rue : les fenêtres grillées, les auvents qui sont dans la partie supérieure, sont tournés au nord pour en recevoir l'air frais, et le diriger dans un trou qui est au bas, pour être de là distribué dans toutes les parties de la maison.

Dans le fond, l'isle de Rhaoudah, à la pointe de laquelle est le Mekkias ou nilometre ; le petit mur en rond, que l'on voit au premier plan, au milieu de l'estampe, est une bâtisse que l'on éleve autour des jeunes palmiers et des sycomores, pour les soigner et les arroser, jusqu'à ce qu'ils soient venus à un certain degré de force pour se défendre eux-mêmes.

N° 3. Vue prise du vieux Caire, où l'on voit d'une maniere plus détaillée le Mekkias, et le palais qui y est attenant, bâti dans le même temps de l'expédition de S. Louis en Égypte : on apperçoit les pyramides dans le lointain ; sur le devant, deux sycomores avec leurs formes surbaissées. On peut remarquer dans cette estampe l'usage que l'on fait de l'ombre de cet arbre, l'utilité dont il est dans un climat si chaud, et les établissements que l'on fait sous son abri : les vues naïves de ce genre peuvent peut-être suppléer à de longues descriptions.

PLANCHE XXIII.

N° 1. Tombeaux musulmans en briques, en pierres ou en marbre : le corps est introduit par l'ouverture cintrée, et repose sur une terre douce et tamisée : au-dessus du tombeau est figuré un turban, et vis-à-vis est une inscription contenant le nom, les titres, et quelquefois l'éloge du mort. Les figures pleurent et prient; cérémonie qui se renouvelle chaque semaine, et qui devient le jour de fête pour les femmes : tant leur régime est dénué de tout ce qui est agrément, puisque pleurer est compté au nombre des plaisirs de leur vie!

N° 2. Cimetiere des Mamelouks, à l'est du Caire, du côté de la porte d'El-Kerasé. Les monuments les plus considérables sont les tombeaux des beys en marbre, avec des ornements peints et dorés, et d'un goût d'architecture plus agréable que régulier, mais dont les masses offrent un aspect de magnificence et de grace, qui donneroit à qui arriveroit au Caire par ce côté une idée de splendeur de cette ville, qui seroit bien démentie par la réalité : toutes ces richesses sur un sol triste et âpre donnent à ce lieu calme et silencieux un caractere particulier, auquel je n'ai rien vu de comparable. A droite est la mosquée de Cheroiné; suit une partie de l'aqueduc qui porte l'eau du Nil au Caire; tout le reste sont des tombeaux de particuliers : le petit groupe de figures est un enterrement.

Nº 3. Boulac, petite ville séparée du Caire, et que l'on peut regarder comme son port; c'est à ce port que se rendent toutes les embarcations de la basse Égypte et toutes les provisions et marchandises qui viennent de la haute : Boulac, bâtie dans les premiers siecles de l'hégire, a des monuments arabes d'une charmante exécution.

La scene représente le marché aux bleds, que l'on voit exposés en tas, et le marché aux poissons, qui se fait aussi dans ce même lieu.

Sur le dernier plan, derriere les barques, on apperçoit Embabéh, village devenu fameux par la bataille des pyramides.

PLANCHE XXIV.

Nº 1. Une autre vue des tombeaux des kalifes, avec la caravane de Tor et du mont Sinaï, qui apporte au Caire du charbon, de la gomme arabique, et des meules de moulins à bras.

Nº 2. Attaque d'Arabes sous les murs du Caire, au soleil levant, qui est le moment où le plus souvent ils viennent enlever les passagers jusqu'aux portes de la ville. Dans l'estampe, ceux qui leur ont échappé s'enfuient à la nage, pour éviter la poursuite des chevaux; la montagne à gauche, formée de décombres, est maintenant couronnée du fort de l'institut : les jardins que l'on voit dans le fond étoient ceux du palais de Cassim-bey, qui étoient devenus ceux de l'institut.

PLANCHE XXV.

N° 1. Vue du village de Zaouyéh, sur la rive gauche du Nil, prise au sud de ce village; à droite, le fleuve sur lequel deux avisos armés protégeoient le convoi qui suivoit l'armée.

N° 2. Un arbre révéré, auquel on fait des offrandes. Voyez le journal, tome I, page 231.

N° 3. Vue intérieure du jardin de Cassim-bey, devenu le jardin de l'institut du Caire. Je l'ai prise au moment de l'inondation, pendant laquelle on peut également s'y promener à pied et en bateau; les grands arbres qui sont au milieu sont des épines d'Égypte, espece de cassie, de la famille des mimosas, celui qui produit la gomme arabique : le petit monument qui est dessous est un kiosque turc à prendre du café, fumer et reposer sa nullité, faire des calculs d'intérêt personnel, ourdir des trames en silence, prévoir ou concentrer le projet d'une conspiration, et ne s'émouvoir que pour l'exécuter. Quelle différence, depuis qu'il étoit devenu le point de ralliement des membres de l'institut! que de mouvements! que de rapides discussions! que de franches communications! que de projets proposés, avortés, remplacés par de nouvelles conceptions, souvent utiles, et toujours brillantes ! L'étincelle naissoit du choc de la pensée, la plaisanterie terminoit la dispute, et la gaieté nous ramenoit tous au logis.

PLANCHE XXVI.

N° 1. Vue de la pyramide d'Ellahoun, à l'entrée

de la province du Fayoum, à l'extrémité du Bark Jusef; c'étoit peut-être la pyramide de Mendes, si le lac Bathen étoit le Mœris : cette suite de rochers taillés à pic, que l'on voit dans le dernier plan, recevoit peut-être les efforts du Nil, si autrefois, par le fleuve sans eau, il alloit se jeter à la mer par le Maréotis. Cette pyramide est bâtie en briques non cuites; une construction en pierres calcaires lui servoit de noyau.

N° 2. La pyramide de Méidoum, prise du Nil, entre les villages de Rega à droite, et Cafr-èl-Rych à gauche.

N° 3. Autre vue de la même pyramide, à une demi-lieue de distance. Voyez le journal, tom. I, pag. 224.

N° 4. Les pyramides de Ssakarah, comme on les voit du Nil.

PLANCHE XXVII.

N° 1. Ka-van-ray ou karavanseray, établissement bâti sur le bord des chemins par des êtres modestes et bienfaisants, qui n'attachent point leur nom à cet acte charitable : ouverts à tous les passants, ils y trouvent de l'ombre et de l'eau pour eux et pour leurs bêtes de somme. L'édifice consiste en une citerne, le premier motif de l'institution; deux chambres, une galerie ouverte, un abreuvoir, une fontaine, quelques pots, et des nattes. Point de propriétaire, personne qui mette aucune contribution à l'usage qu'on en veut faire : bâti également pour le riche et pour le pauvre, il est au premier occupant, et cette liberté est sans inconvénients dans un pays où les voyageurs sont rares, et les marches isolées se font toujours en troupes nombreuses.

N° 2. Seconde vue de Zaouyéh, prise dans la partie nord de ce village; la maison la plus élevée étoit la plus considérable, et celle du général qui y commandoit. Les constructions terminées en pointe sont des colombiers: tous les cordons qui couronnent les maisons sont formés de mottes à brûler, composées de fiente de bœuf et de chameau, délayée avec un mélange de poussiere et de paille hachée, et séchée au soleil. Ce sont ces mottes, et la canne de dourach qui chauffent les fours, et font bouillir la soupe; les terrasses des maisons en sont les magasins, et de loin elles en paroissent décorées.

N° 3. Nahourah, ou machine à monter l'eau pour arroser les nouvelles plantations, lorsque les eaux du Nil se sont retirées. Ces roues à chaines, à pots, et à caisses, sont d'un usage général dans toute l'Égypte: elles s'établissent d'ordinaire sous un arbre, afin que celui qui mene les chevaux se trouve à l'ombre pendant cet exercice. Dans cet heureux climat, le tranquille propriétaire calcule sa premiere récolte su l'élévation du débordement, et la seconde et troisieme sur le nombre d'arpents que la quantité d'animaux qu'il possede peut arroser.

Le grand arbre à droite est un sycomore avec sa forme surbaissée, qui est celle qui le caractérise: quelquefois l'homme que l'on voit dessous, au lieu de marcher en excitant les bœufs, est assis sur une espece de fauteuil attaché à la barre, et tourne avec la machine. Voyez le plan n° 2, planche XXXVI.

PLANCHE XXVIII.

N° 1. Un bivouac, pour donner une idée de ceux d'Égypte. Des groupes de palmiers, éclairés au-dessous par une multitude de feux, d'autres groupes de personnages encore plus variés par le mouvement de leurs divers besoins, offroient le plus souvent les tableaux les plus brillants, auxquels les formes pompeuses et élégantes du palmier donnoient un air de fête, dont il auroit été délicieux de jouir dans ce beau séjour, si l'excès de lassitude des fatigues de la journée n'avoit fait passer les besoins impérieux avant ces jouissances superflues, et n'avoit ôté jusqu'à la faculté de les appercevoir. Autant le palmier est triste lorsque, dans un pays sec, il n'offre qu'une touffe pauvre au-dessus de son fût sec et grêlé, autant il donne de pompe, d'élégance, et de légèreté, à une masse d'arbres à tige basse et feuillée, ou seulement quand de jeunes plantations du même arbre sont mêlées aux anciennes. Mais un des inconvénients de la végétation d'Égypte, c'est qu'il est difficile de l'habiter, attendu que les neuf dixiemes des arbres et des plantes sont armés d'inexorables épines, qui ne laissent jouir qu'avec une inquiete précaution de l'ombre que l'on desire toujours.

N° 2. L'embrasement de Salmie, dont j'ai parlé dans le voyage de la basse Égypte, et dont on peut voir la vue prise de jour, planche XX, n° 1. Cette vue de nuit se trouve placée ici par analogie d'effet avec le n° 1, et par analogie de facultés dans le talent du graveur; circonstance à laquelle il m'a fallu quelquefois céder lorsque l'inconvénient a pu être réparé par le rappel des numéro.

PLANCHE XXIX.

N° 1. Bataille de Sediman.

J'ai pris l'instant terrible où, obligé d'abandonner les blessés, le bataillon carré traverse la vallée pour aller s'emparer de la batterie qui étoit sur la hauteur; les Arabes courent sur la crête de l'éminence, examinant sur qui ils devoient diriger leur charge, et quelle partie leur offrira un plus sûr butin; sur le devant, les morts, et les blessés, plus malheureux encore. Un d'eux que son camarade veut emporter lui fait voir l'inutilité de ce secours; il lui montre l'ennemi qui approche, il lui observe qu'ils vont être deux victimes, tandis qu'il peut encore échapper à la mort; *Laisse moi*, disoit-il: *tu pourras te sauver, je te ferois périr*. Je tiens l'anecdote de l'ami, qui, en pleurant, se reprochoit d'avoir cédé à l'amour de l'existence. L'autre blessé se couvre la tête pour ne pas voir approcher la mort qui va l'atteindre; il prioit ses camarades de l'achever, et qu'il n'eût pas à périr sous les coups des barbares. La valeur a les mêmes expressions dans tous les siecles, et dans toutes les classes. Antoine expirant disoit à Cléopâtre, Ne pleure pas sur moi; après une glorieuse vie, je n'ai pu être vaincu que par un Ro_ main. Cette générosité du soldat, qui engage son camarade à l'abandonner, n'est-elle pas la même que celle du chevalier de Lorda qui lâche le matelot qui ne peut le reporter jusqu'au rivage? Si nos soldats laissent voir quelques passions brutales dans un moment de pillage, ils déploient toutes les vertus dans un jour de combat.

Dans le second plan sont les Arabes dans un nuage de poussiere, tel qu'on les distingue à l'instant de leur charge: car si le talent m'a manqué pour rendre un moment si terrible, j'ai pour attestation de la vérité de mon tableau le cri de tous les témoins auxquels je l'ai montré. Dans celui-ci, on peut voir rassemblé tout ce que la guerre a de fureur, d'atrocité, de courage, et de générosité: l'aide-de-camp Rapp, à la tête des tirailleurs, s'étant précipité avec une bravoure qui le caractérise sur la batterie des ennemis, l'ayant enlevée et fait tourner les pieces contre eux, trouva les têtes des Français pris la veille, qui étoient encore sur les affûts des canons.

Le n° 2 est le tableau d'un mouvement de la nature moins généreux, et malheureusement tout aussi vrai; celui de l'amour de sa propre conservation, qui est irrésistible dans les moments extrêmes où la foiblesse humaine est tout à côté de l'héroïsme. Le local est à-peu-près le même que dans le précédent, parceque le lieu de la scene n'a changé que de quelques pas. Sur le devant, un soldat, qui emportoit son camarade blessé, entend la cavalerie ennemie qui va l'atteindre; celui qu'il vouloit sauver va le faire périr; il le pose, et veut fuir : le malheureux blessé, qui voit la mort dans cette séparation, a saisi son habit; il le lui abandonne, et s'échappe.

PLANCHE XXX.

N° 1. Vue de la partie sud de Bénisouef, sur la rive gauche du Nil; à la rive opposée on voit l'entrée de la vallée qui conduit à la plaine de Sannur ou du Chat, dans laquelle est la gorge formée par le mont Askar ou très dur, et le mont Culil ou du bien-aimé, au pied duquel sont les ruines d'une ville inconnue; la plaine de l'Araba ou des Chariots, où l'on dit qu'étoient d'antiques carrieres de marbre jaune; et enfin le mont Kolzim, au pied duquel sont bâtis les monasteres de S.-Pierre et S.-Paul hermites, d'où l'on découvre les sommets du mont Horeb et du mont Sinaï.

N° 2. Vue de la partie de la ville de Siuth ou Ossiot, qui est sur le canal d'Abou-Assi, à une dimi-lieue du Nil, et à égale distance de la chaîne libyque. On croit que cette ville est bâtie sur l'emplacement de Lycopolis ou la ville du Loup, la quantité de tombeaux que l'on trouve dans la montagne que l'on voit dans l'estampe, et leur magnificence, attestent irrévocablement qu'il y a eu une grande ville près de là.

N° 3. Tombeaux de gens pauvres, construits en terre, dans la province de Bénisouef. Il y a une grande variété dans la forme des tombeaux en Égypte, ainsi que dans celle des minarets : chaque province a les siens d'un goût qui les caractérise. Les deux figures à droite sont deux santons; nus sans indécence, ils passent la journée au soleil attendant la charité sans la demander : les autres personnages sont des musulmans qui prient aux tombeaux de leurs proches.

PLANCHE XXXI.

N° 1. Vue de Bénécé ou Bhéneséh, sur le canal appelé le Bar-Juseph, l'antique Oxyrynchus, capitale du trente-troisième nome, citée par les premiers catholiques comme une ville considérable; elle a donné son nom à un poisson particulier à l'Égypte, ou en a reçu le sien : ce poisson d'une forme très extraordinaire est un de ceux qui composent la superbe collection des animaux du Nil qu'a peints avec autant de vérité que de talent le citoyen Redouté, membre de l'institut du Caire.

La triste vue de Bénécé a cela de particulier qu'elle offre l'aspect de la marche des sables sur les villes et villages : la partie de droite de l'estampe a été habitée, et a disparu; celle où est la colonne est presque enfouie; celle où est le minaret est déja abandonnée; celle à gauche, où il y a deux oiseaux, est le village moderne, qui semble se retirer et fuir devant le désert qui marche sur lui.

Le n° 2 est la vue d'une ruine, qui paroît être celle de l'angle d'un grand portique d'ordre composite, dont il ne reste qu'une colonne et une partie de l'architrave : je n'avois point de moyens de mesurer la hauteur de la colonne, mais son diametre au quart du fût, à son départ des sables qui l'enfouissent, est de quatre pieds et demi; il en reste sept assises de visibles, de quarante pouces chacune. Cet édifice en pierres étoit d'un travail médiocre; le chapiteau en est lourd, quoique privé de ses feuilles et de ses volutes, ce qui doit le faire juger romain, et postérieur à Dioclétien, c'est-à-dire du temps de la décadence de l'architecture.

PLANCHE XXXII.

N° 1. Deir Beyadh ou le couvent blanc, dont la vue est prise du nord au sud sur le canal d'Abou-Assan.

N° 2. Vue du même couvent, prise du sud au nord; on apperçoit dans le lointain un édifice du même genre, appelé le couvent rouge : ces deux monasteres sont à une demi-lieu de distance l'un de l'autre.

Au plan et à la décoration intérieure on reconnoit facilement le goût de l'architecture du quatrieme siecle, dans lequel la catholicité a commencé à bâtir pour son culte : avec d'assez beaux plans, de mauvais détails, et l'emploi de matériaux antiques mal assortis, l'extérieur est plus simple; la corniche et les portes tiennent plus du style égyptien que de tout autre; les grandes lignes et le talus général de tout l'édifice en sont encore des imitations; c'est un carré long de 250 sur 125 pieds, percé de trois portes, et de deux rangées de vingt-six croisées pour chaque rang des grands côtés, et neuf sur l'autre face. Voyez le plan, planche CXIII, n° 3. L'intérieur consiste en une grande galerie latérale B, par laquelle on entre, et qui pouvoit être le lieu où se tenoient les prosélytes qui n'avoient point été baptisés; cette piece est décorée de portiques surmontés d'une corniche : parallèlement à cette galerie étoit la nef C, décorée de seize arcs et pilastres, et de deux rangs de seize colonnes chacun; le chœur, composé d'un cu-de-four II, et de quatre chapelles EE et DD, décorées de deux ordres de colonnes : dans le cu-de-four et les deux chapelles voisines, les deux ordres sont surmontés d'une coquille qui leur sert de couronnement. Toutes ces colonnes sont autant de fragments antiques rajustés de mauvais goût; la chaire pour l'épître, K, et l'escalier qui y monte, sont faits de deux morceaux de granit énormes : ce qui reste de pavé dans le chœur est en beau marbre de breche, mais absolument dégradé; la nef est pavée de grands morceaux de granit, où l'on apperçoit encore des hiéroglyphes. Au bout de la nef, sur la largeur du temple, est une chapelle, décorée de fort bon goût, d'un seul ordre : derriere l'autel, L, cinq colonnes portant un entablement couronné d'une coquille : les parties latérales sont ornées de trois niches; le tout terminé par un portique carré, M, soutenu par quatre colonnes; c'étoit peut-être le lieu où les chrétiens faisoient leur acte de foi : à côté, N, étoient le baptistaire, et une superbe citerne, P.

La montagne contre laquelle est appuyé ce couvent fait partie de la chaîne libyque.

N° 3. Miniet, que l'on croit être bâti sur les ruines de Cô, où étoit un temple dédié à Anubis : la chaîne de montagnes que l'on voit dans le fond est toute percée de grottes, anciennement habitées par les premiers cénobites ou les pères de l'église, qui, dans les temps de persécutions et de proscriptions, s'y retiroient, ou y étoient relégués lorsqu'on ne les envoyoit pas jusque dans les oasis; ensuite, par zele, ceux de leur ordre venoient occuper les mêmes lieux qu'ils avoient habités.

Sur la rive du fleuve est une forêt de palmiers de plusieurs lieues de longueur, dans laquelle sont quatre beaux villages, qui formoient une des plus riches propriétés de Mourat-bey.

PLANCHE XXXIII.

N° 1. Ruines du temple d'Hermopolis ou la grande cité de Mercure, capitale du trente-cinquieme nome, bâtie par Ishmun, fils de Misraïm, à quelque distance du Nil, tout près d'un gros bourg appelé Ashmunein, et peu éloigné de Mélaui. Pour donner une idée des proportions colossales de cet édifice, il suffit de dire que le diametre des colonnes est de 8 pieds 10 pouces, leur espacement égal; celui des deux colonnes du milieu, dans lequel la porte étoit comprise, est de 12; ce qui donne 120 pieds de face au portique : il en a 60 de hauteur. L'architrave est composée de cinq pierres de 22 pieds de long, la frise d'autant; la seule pierre qui reste de la corniche a 34 pieds; ces détails peuvent faire juger à la fois de la faculté que les Égyptiens avoient d'élever des masses énormes, et de la magnificence des matériaux qu'ils employoient. Ces pierres sont d'un grès qui a la finesse du marbre; elles ne sont liées que par la perfection de leurs assises : à l'égard du plan du temple, aucun arrachement ne peut rendre compte de son enceinte et de sa nef; le second rang de colonnes étoit engagé jusqu'à la hauteur de la porte, le reste étoit à jour : il est à croire que ce qui suivoit immédiatement n'étoit pas encore la nef ou le sacre du temple, mais une enceinte ou espèce de cour qui le précédoit. Ce qui autorise à adopter cette opinion, c'est que la frise et la corniche avoient de ce côté la même décoration, et la même saillie que du côté de la façade de l'entrée. Le moment de la journée, et cette particularité, me firent choisir ce côté pour faire le dessin que je donne ici, où l'on peut remarquer l'arrachement de l'engagement des colonnes, et celui de la porte; les fûts de colonnes semblent représenter des faisceaux, et le bas le pied de la plante du lotus au départ de la racine. Le chapiteau n'a rien d'analogue à aucun autre chapiteau connu, mais équivaut pour la gravité dans l'architecture égyptienne, au chapiteau dorique dans l'architecture grecque, et l'on peut dire que celui-ci est plus riche que l'autre. Tous les autres membres ont leur équivalent dans tous les autres ordres : sur l'astragale de l'un et l'autre côté du portique, et sous le plafond entre les deux colonnes du milieu, sont des globes ailés, emblêmes répétés à la même place dans tous les temples égyptiens.

Les hiéroglyphes qui sont sur les dales qui couronnent les chapiteaux sont tous les mêmes, et tous les plafonds sont décorés d'un méandre formé d'étoiles peintes couleur aurore sur un fond bleu.

Le plan du portique est placé au-dessous de la vue.

N° 3. Tombeau de Lycopolis. C'est un des plus considérables et le mieux conservé de ceux qui sont creusés dans la montagne auprès de Siuth; le plan qui est au-dessous en fait connoître l'intérieur et la distribution : l'espece de péristyle qui lui sert d'entrée est, de même que le reste, taillé et creusé sans maçonnerie à même dans le rocher; on a réparé les parties manquantes par un revêtissement de stuc encore très bien conservé. D'abord il n'a pour ornement qu'un tore qui borde un cintre surbaissé; mais, à partir de là et jusqu'au fond de la derniere chambre, tout est couvert d'hiéroglyphes, et les plafonds d'ornements sculptés et peints : sur le parement des portes il y a de grandes figures qui sont répétées sur l'épaisseur du chambranle. Je n'y ai vu aucune trace de gonds ni autre fermeture : la partie supérieure de la porte est plus large que le bas; ce n'est qu'à la troisieme qu'on arrive à la chambre du fond, où étoit sans doute le principal sarcophage; le sol a été fouillé presque par-tout.

PLANCHE XXXIV.

N° 1. Un karavanseray. Voyez l'explication que j'ai donnée d'un autre à la planche XXVII, n° 1. Le palmier doum, le héné, et le palmier dattier, joints au style arabe de l'édifice, donnent à cette estampe-ci un aspect oriental, dont j'ai pensé qu'on me sauroit gré d'offrir le tableau.

Dans un pays où tout est extaordinaire, le lecteur aime à surprendre quelquefois le voyageur dans les circonstances qui lui paroissent les plus vraies, par cela même qu'elles sont les moins importantes et les plus imprévues; ce sont des portraits faits rapidement sans qu'on ait fait poser le modele : ils frappent de vérité, et ils en ont toujours toute la grace. C'est dans la même pensée que j'ai dessiné, même planche n° 2, un quartier de la ville de Girgé, où j'ai mis, comme je l'ai vu par hasard un kiachef entouré du faste de sa maison: des bâtonniers à pied, des bâtonniers à cheval, marchent devant lui pour écarter ceux qui s'en approcheroient; il est suivi de ses Mamelouks.

Ce sont ces sortes de scenes, avec le portrait du lieu où elles se passent, qui font connoître la physionomie d'un pays. Pour qu'un lecteur entende bien un voyageur, il faut qu'il marche avec lui, que le voyageur puisse lui dire, Quand j'étois là, voilà ce que je voyois; voilà l'espece d'arbre sous lequel j'étois assis; voilà une maison de tel pays. Le coin d'une rue pris au hasard donne plus l'idée d'une telle ville que le dessin à prétention de ses principaux édifices; on fait souvent mieux connoître un personnage en citant de lui un mot sentimental, une repartie, qu'en en faisant un long et fastueux panégyrique.

PLANCHE XXXV.

N° 1. Plan des bains chauds en Égypte. CC, une galerie étroite, amenant au couloir D, qui sert d'entrée au bain; la lettre E est le comptoir de celui qui y commande, et qui reçoit le paiement en sortant; F, grande piece octogone à demi-chauffée, au milieu de laquelle est une piece d'eau, G, entourée d'une rotonde en colonne; H, estrades sur lesquelles sont des lits de repos. C'est dans cette piece où l'on se rassemble, et où particulièrement les femmes passent une partie de la journée qu'elles consacrent à cette jouissance, où elles se parfument, se font tresser les cheveux, étalent leur magnificence, prennent des rafraîchissements; c'est aussi dans cette piece qu'on laisse ses habits: de là on est conduit par les couloirs, I'K et B, à la piece y, où, assis sur une dalle, on y est inondé d'eau brûlante prise dans le bassin z. Un ou deux baigneurs, les mains dans de petits sacs de flanelle, commencent une friction avec de la mousse de savon, qui dégage les pores de la peau de tout ce qui peut les obstruer; après cette opération, on est conduit à la piece V, qui est excessivement chaude, et toujours remplie d'une vapeur humide, dont la peau est imbibée en peu d'instants; on monte sur une petite plate-forme x, où la chaleur est étouffante; on descend dans un bain u, dont l'eau est brûlante, et où on ne reste que quelques instants. Après toutes ces épreuves, on est ramené doucement à la grande piece F, où, étendu sur les lits de repos H, un autre baigneur plus adroit vient avec dextérité couper les ongles, rompre toutes les jointures, briser la roideur de toutes les articulations, et procurer une détention si voluptueuse, qu'on est tenté de le remercier de la sensasion douloureuse qu'il vous a faite en faveur de celle dans laquelle il vous laisse. Les pieces D, C, O, S et T, sont des pieces particulieres que l'on n'est jamais en droit d'exiger que lorsqu'on les a retenues d'avance; hh sont deux fourneaux extérieurs par où l'on entretient le feu qui chauffe les bains, une cour où se tient la provision de bois et de paille-de maïs pour chauffer les fourneaux; F, piece à sécher et étendre le linge; G, magasin à le serrer.

Ces édifices, construits avec magnificence, pavés en marbre, décorés en mosaïque de même nature, entretenus avec de grands frais, sont ordinairement les propriétés des principaux habitants du pays, qui les font gérer par des êtres à eux, ou les afferment à des gens en sous-ordre.

N° 2 est un personnage distingué dans une chambre particuliere, assis sur une dalle à côté d'une baignoire; un des baigneurs le masse en le frottant avec une main gantée d'un petit sac de pluche de laine; friction qui ouvre les pores, et en enleve tout ce qui les obstruoit, et prépare à une transpiration facile : pendant que celui-là nettoie la peau, un autre la lave en versant de l'eau chaude sur le corps du baigné; un troisieme fait une fumigation odoriférante; le quatrieme apporte du café, qui restaure et rétablit l'équilibre, et prévient l'affaissement que feroit éprouver cette espece de friction dans une atmosphere laxative.

PLANCHE XXXVI.

N° 1. Plan et élévation géométrale du naourah ou machine à élever l'eau.

A. Axe de la roue dentée horizontale.

B. Bras du levier, à l'extrémité duquel agit la puissance.

C. La citerne.

D. La roue à godet.

E. La roue dentée.

F. La roue motrice du mouvement.

NOTE SUR LA ROUE A GODET.

Le mécanisme de la roue est si simple, que la seule inspection du plan suffit pour le faire concevoir; il y a seulement un mot à dire sur la charpente de la grande roue.

Quatre circonférences d'environ quinze lignes d'équarrissage chacune forment les arêtes; elles sont soutenues par de petites pieces de bois du même équarrissage, placées perpendiculairement au plan de la roue, et distantes l'une de l'autre de la longueur d'un godet; elles servent en même temps et à soutenir les arêtes, et à appuyer les petites planches qui forment la séparation des godets. Cet assemblage est consolidé par huit traverses clouées sur le plan de la roue, et quelquefois liées ensemble par leur extrémités, prolongées au-delà de la circonférence de la roue, avec une corde ou une petite piece de bois; ses traverses servent à assembler la roue avec son axe : quatre pieces de bois, clouées obliquement sur les traverses, et fixées intérieurement à la roue, augmentent encore la solidité.

Cette charpente est recouverte de planches d'environ quatre lignes d'épaisseur. Il paroît que les Égyptiens ne suivent point de méthode pour la coupe de ces planches; ils les emploient de maniere qu'il n'y ait rien de perdu, sans avoir égard à la forme; deux rangs de tringles, appliquées sur chaque face, servent encore à fixer ces planches, d'ailleurs clouées sur les arêtes.

L'ouverture de chaque godet a trois pouces carrés de surface; celle qui est destinée à faciliter l'entrée du fluide a quinze lignes de largeur, et pour longueur l'épaisseur de la roue.

Si l'on fait abstraction du frottement dans cette machine, on trouve que, dans le cas d'équilibre, la puissance est à la résistance comme le produit du rayon de la roue principale par le rayon de la roue horizontale est au produit du rayon de la roue dentée verticale par le bras de levier: on peut donc mettre la machine en mouvement avec une force très médiocre en augmentant suffisamment le rayon de la roue dentée verticale et le bras de levier, ou l'une seulement de ces deux dimensions, ou encore en diminuant le rayon de la roue horizontale; mais dans tous ces différents cas on perdra sur le temps ce que l'on gagnera sur la force. Les dimensions de la machine doivent être déterminées par la considération de la force qu'on est en état d'employer. Il est probable que les Égyptiens sont parvenus, par un tâtonnement, à se procurer les dimensions les plus convenables, eu égard à la force des animaux dont ils se servent; ce sont ordinairement deux buffles ou deux bœufs attelés à la fourche qui forme l'extrémité du levier. Quand les dimensions de la machine sont petites, comme de douze pieds ou environ pour le diametre de la grande roue, un seul de ces animaux suffit; ils emploient encore quelquefois un cheval ou un chameau; quelquefois un âne tire en avant, tandis qu'un homme ou une femme pousse derriere le levier; quelquefois les paysans fatigués s'asseyent sur la fourche, et se promenent ainsi en chassant leurs buffles devant eux.

Ce plan fait par un ingénieur, ainsi que la note explicative, m'a été donné par le général Dugua.

Le n° 2 est le tableau d'une anecdote, dont le récit est dans le journal, tom. I, p. 263.

PLANCHE XXXVII.

Bataille de Samanhout. Voyez, dans le journal, le récit de cette bataille, tome II, page 4.

Sur le premier plan, la demi-brigade la vingt-unieme, commandée par le général Belliard; la quatre-vingt-huitieme, commandée par le général Friand, et la cavalerie, par le général Davoust, formées en trois bataillons carrés, marchant sur le village de Samanhout, derriere lequel étoit posté

Mourat-bey : à gauche, les volontaires de la Mecque, retranchés dans un fossé, incommodent notre marche : l'aide-de-camp Clément est envoyé avec un détachement d'infanterie pour les déloger ; l'aide-de-camp Rapp avec un détachement de cavalerie pour leur couper la retraite.

Un troisieme détachement est envoyé contre ceux qui occupent le village, et les en chasse. Dans le fond, derriere Samanhout, est le camp de Mouratbey, qui effectue sa retraite sur Farschout. La longue ligne de cavalerie est composée des Mamelouks des différents beys, qui paradent, nous enveloppent, et font des mouvements incertains pour découvrir sur quel point ils peuvent plus avantageusement tenter une charge sur nous : à gauche, un de leurs chefs, blessé par un boulet, ne peut ni être secouru par les siens ni reprendre son cheval pour nous échapper. Dans le dernier plan à droite, la côte sur laquelle les Mamelouks firent leur retraite, et où notre cavalerie les poursuivit. A gauche, dans la plaine, les rasemblements d'infanterie, qui, voyant la mauvaise issue de la bataille, se dispersent et disparoissent.

Cette vue, dessinée pendant l'action, peut donner une idée très exacte de l'évènement, et de notre maniere de combattre dans ce pays. Si la bataille des Pyramides offre le tableau de la charge des Mamelouks, notre disposition dans celle-ci fait voir notre maniere de nous former pour la recevoir : l'artillerie, en avant et aux angles tant que l'ennemi étoit loin, étoit rentrée dans le bataillon au moment de la charge.

PLANCHE XXXVIII.

N° 1. Vue générale de Tintyra, qui fait connoître l'ensemble de ses monuments, leurs positions respectives, tels qu'on les voit en y arrivant du côté de l'est, l'éminence formée par les décombres de la ville, et derriere, la chaîne libyque. Le désert arrive jusqu'au sol qui termine la planche. Les palmiers que l'on voit sont les dernieres productions du dernier champ atteint par l'inondation.

N° 2. Un petit monument carré-long, de quatre colonnes de face, sur cinq de profondeur, devant porter un entablement et une corniche; les colonnes engagées jusqu'au tiers (voyez le plan, pl. XL, n° 7). Cet édifice n'a jamais été fini; les chapiteaux n'offrent que la masse dans laquelle ils devoient être travaillés; isolé il se trouve situé tout vis-à-vis la porte du grand temple.

N° 3. Un autre édifice en ruine, qui, dans la vue générale, se trouve à droite du grand temple : le sanctuaire est précédé de deux grandes pieces couvertes de bas-reliefs, les plafonds décorés d'une suite de globes ailés. Cette partie fermée est entourée d'une galerie ouverte et d'un péristyle, dont on n'apperçoit ici qu'un chapiteau très dégradé (voyez le plan n° 6, planche XL); l'extérieur en est très enfoui, ce qui fait qu'il est difficile de se rendre compte de la galerie, et qu'il m'a été impossible d'avoir connoissance de la colonne entiere.

N° 4. Une vue de la partie sud du temple; à droite, dans le lointain, le petit monument n° 2, qui est vis-à-vis la grande porte, contre laquelle s'appuyoit sans doute l'enceinte qui fermoit le temple: cette porte ouvre vis-à-vis le centre du portique; elle est couverte d'hiéroglyphes en dedans et en dehors.

Le portique est plus élevé que la celle ou nef; une austere simplicité dans l'architecture est enrichie d'une innombrable quantité de sculptures hiéroglyphiques, qui n'en troublent cependant pas les belles lignes: une large corniche couronne majestueusement tout l'édifice; un tors, qui semblent le cercler, ajoute encore un aspect de solidité au talus qui existe par-tout, et sert d'empatement, ce qui ôte la maigreur des angles répétés, sans ôter la précision et la fermeté de l'ensemble, puisque cette fermeté se manifeste où elle doit se prononcer, c'est-à-dire à l'extrémité des corniches. Trois têtes de sphinxs sortent du flanc de la celle ou nef; à leur forme et au gouleau qui est entre leurs pattes on doit croire que c'étoient des gouttieres par lesquelles se seroient écoulées les eaux que l'on auroit versées sur la plate-forme du temple pour en rafraichir les appartements qui y étoient construits, car sous les ruines des constructions arabes que l'on voit encore sur ce monument, j'ai trouvé de petits temples particuliers, décorés des sculptures les plus soignées et les plus scientifiques : c'est dans un de ces appartements que j'ai vu et dessiné le zodiaque, et autres détails intéressants, que j'expliquerai à l'article des hiéroglyphes. Les habitations modernes, dont on voit encore les ruines, auront sans doute été construites à cette élévation dans la pensée de se mettre à l'abri des incursions des Bédouins, et de se loger sur ces monuments comme dans une forteresse, ou bien pour s'éloigner du sol ardent, et aller chercher l'air dans une région plus élevée.

Le reste de ce que présente cette estampe n'est plus que décombres, et arrachements de murailles des fabriques les dernieres construites avec les matériaux de la ville antique, qui, à l'exception des temples, étoit bâtie en briques. La quantité de monnoie romaine du temps de Constantin et de Théodose, que l'on trouve tous les jours en fouillant pour chercher du nitre, doit faire croire que Tintyra existoit encore à cette époque : j'y ai trouvé moi-même des lampes romaines en terre cuite, mêlées dans les décombres avec de petites divinités égyptiennes en pâte de verre et en porcelaine, avec une couverte bleue.

N° 5. Le portique du temple tourné à l'est ; à gauche, un fragment de la porte ; à droite, le petit temple, n° 3 ; dans le fond, la chaîne libyque, à l'ouest de la ville.

PLANCHE XXXIX.

N° 1. Porte intérieure du sanctuaire du temple

(voyez le plan fig. 8, planche XL). J'ai mesuré avec soin toutes les parties de ce superbe fragment de l'architecture égyptienne; j'y ai placé avec exactitude les différents genres d'hiéroglyphes : j'y ai exprimé la conservation parfaite de cette partie de l'édifice; ce qui fait que l'image que j'en donne devient tout à la fois une vue géométrale et une vue pittoresque.

Le plan n° 2, que j'ai ajouté au bas, donnera la mesure de la saillie des différents membres de ce morceau d'architecture.

N° 3. La vue géométrale du portique du grand temple : sur la plinthe de la corniche on voit une inscription grecque, trop élevée et trop fruste pour que ma vue m'ait permis de la copier; je la crois une dédicace faite postérieurement par quelques gouverneurs de la province pour les Ptolomées : une autre inscription grecque, placée de même sur la porte du sud, et que j'ai copiée exactement, pourroit appuyer cette opinion; au milieu de la corniche est en relief une tête d'Isis répétée par-tout : elle fait voir que le temple étoit dédié à cette divinité; au-dessous, sur l'entablement, est le globe ailé qui occupe cette place dans tous les édifices; cette même figure est répétée ici sur toutes les pierres en plates-bandes qui forment le plafond de l'entre-colonnement du milieu du portique. Les chapiteaux des colonnes, très extraordinaires par l'ornement qui les décore, produisent dans l'exécution un effet aussi noble que riche.

La porte étoit formée de deux chambranles sans

cymaise ; l'assise portant les gonds étoit en granit; ce qui pourroit faire soupçonner que cette partie du linteau recevoit à nu le frottement du gond; le choix de cette matiere plus dure annonçant que l'emboîtement du gond n'étoit point en bronze ou en fer, mais que le gond en bois rouloit dans l'emboîtement de la pierre même. La partie qui engage les colonnes est enfouie ; je n'ai pu en voir les ornements n'ayant jamais eu le temps d'en faire faire la fouille ; j'y ai suppléé par ceux que j'ai trouvés sur le même membre d'architecture au temple ouvert de Philée.

PLANCHE XL.

Le n° 9, que j'expliquerai d'abord, est la carte topographique de l'emplacement général de la ville de Tintyra, de ses ruines, et du gisement de ses temples, dont on a les vues pittoresques et géométrales planches XXXVIII et XXXIX, et dont le plan est détaillé sur cette même planche XL, n° 8.

Le plus grand monument qui est au milieu de la carte est le grand temple, dont on peut voir les détails n° 8 ; ce qui est en avant est une porte; et plus avant encore, dans la même direction, un petit temple qui n'a jamais été terminé, dont le plan est n° 7, et la vue particuliere, planche XXXVIII, n° 2. Le petit monument qui est derriere le grand temple a son plan particulier n° 1, et les détails de son entrée n° 3. Le monument à droite est un Typhonium, dont le plan est détaillé n° 6, et dont la vue particuliere est à la planche XXXVIII, n° 3. Les deux autres monuments à gauche sont deux portes; c'est sur celle qui est la plus proche des temples qu'est l'inscription grecque que j'ai citée dans le journal, tome II, page 212. Tout le reste des ruines sont celles de constructions en briques qui n'ont conservé aucunes formes. Les montagnes figurées au haut de cette carte sont celles de la chaîne libyque; la ligne blanche qui traverse est le chemin de Haw à Dindera; les palmiers que l'on voit au bas désignent le point où arrive l'inondation et la culture: la vue générale de toute cette carte est planche XXXVIII, n° 1.

Le n° 1, petit sanctuaire, dont la paroi est dégradée, mais dont l'intérieur est aussi bien conservé que bien travaillé: j'y ai pris divers tableaux hiéroglyphiques, dont je rendrai compte dans la suite du journal, et dans l'explication des planches de ce genre.

Le n° 3 est le plan particulier de l'entrée des trois chambres du temple ci-dessus.

Le n° 6 est le plan d'un temple dédié à Typhon, à en juger par les ornements des frises, où ce mauvais génie est toujours en attitude d'adoration devant la déesse Isis. Le portique, fort enfoui et fort en ruine, est représenté n° 3, planche XXXVIII.

Le n° 7 est le plan du temple ouvert, qui n'a jamais été achevé, et dont on voit la ruine n° 2, planche XXXVIII.

Le n° 4 est une vue perspective d'une colonne isolée du péristyle du grand temple; la partie carrée du chapiteau représente un temple avec la divinité sous le portique du sanctuaire; quatre faces d'Isis, avec des oreilles de vache, et la coiffure des femmes égyptiennes achevent de composer ce chapiteau; tous les ornements qui couvrent le fût sont exacts, ainsi que la base de la colonne, que j'ai fait fouiller pour m'en rendre compte.

Le n° 5, le chapiteau renversé, et vu en plan.

Le n° 2, une des gouttieres qui décorent les côtés de la nef.

Le n° 8, le plan du grand temple et de son portique, soutenu de vingt-quatre colonnes semblables à celles n° 4; les plafonds sculptés et peints sont les zodiaques de la planche CXXXII, n° 1 et 2, et les n° 1 et 3 de la planche CXXXI. La piece qui suit, soutenue de six colonnes, est fort enfouie, et ne reçoit de jour que de la porte; les chapiteaux des colonnes qui soutiennent les plafonds de cette piece sont composés du chapiteau de la colonne du portique; plus un chapiteau évasé, comme celui planche LX, n° 7; je n'ai pu juger du reste de la colonne. La piece qui suit, fort déblayée, est fort obscure; celle au-delà, très ornée, recevoit un peu de jour de larmiers situés auprès du plafond; la lumiere est représentée en sculpture, sous l'embrasure du larmier, par des gouttes triangulaires qui vont toujours en se chassant et en s'agrandissant (voyez les rayons du soleil, planche CXXXII, n° 1); toute la face du fond de cette piece est décorée de la belle porte, dont je donne la vue n° 1, planche XXXIX; rien ne dénote quel en étoit l'usage. La piece du fond étoit sans doute le sanctuaire; elle ne recevoit de jour et d'air que de la porte, qui donnoit sur une piece déja fort obscure : s'il se faisoit quelques fonctions dans l'intérieur de ces temples, ce devoit être de nuit, car si les cérémonies religieuses n'eussent eu lieu qu'à l'extérieur, à quoi bon l'extrême magnificence des détails de la décoration intérieure? le sanctuaire, absolument déblayé, a été fouillé jusque sous le sol de son pavé, qui portoit sur le rocher aplani; cette piece étoit isolée, comme tous les sanctuaires. Sans avoir pu pénétrer dans l'espace qu'il y a entre le mur du fond et celui de l'extérieur du temple, j'ai pu, par la comparaison des mesures intérieures et extérieures, juger de son espace : toutes les parties du plan qui sont ombrées sont des pieces trop encombrées où je n'ai pu pénétrer; une des trois pieces latérales contient un escalier à palier, dont les marches n'ont que quatre pouces de hauteur, et qui monte sur la terrasse de la nef du temple, d'où un autre escalier latéral montoit encore sur la plate-forme la plus élevée du portique : les sculptures de ces escaliers sont aussi nombreuses et aussi soignées que celles du sanctuaire; celles de l'escalier sont pour la plupart des figures de prêtres et de militaires présentant des offrandes (voyez planche CXXI, n° 2 et 6). Le long des marches qui montoient à la plate-forme du péristyle étoient quatorze divinités sur quatorze marches, à-peu-près pareilles à celles représentées dans le plafond du portique, nº 3, planche CXXXI.

A la partie extérieure du fond du temple il y a une tête d'Isis, semblable à celle de la corniche du péristyle, mais dans des dimensions colossales, à laquelle de chaque côté deux figures gigantesques sculptées en bas-relief présentent l'encens.

Le nº 2 est un sphinx à tête de lion, servant de gouttiere à verser l'eau dont on arrosoit sans doute la plate-forme du temple, soit pour la nettoyer, soit pour la rafraîchir.

Ce que j'ai encore à décrire de ce que j'ai pu ramasser à Tintyra consiste en détails hiéroglyphiques, aussi intéressants que ce que j'en ai déja représenté : j'y ai fait vingt voyages dans lesquels j'ai travaillé autant qu'il m'a été possible; je l'aurois habité six mois que je n'aurois pas achevé de rendre compte de tout ce qu'il y a d'intéressant.

PLANCHE XLI.

Nº 1. Temple monolithe ou d'une seule pierre, où étoient logés les oiseaux sacrés : j'ai dessiné celui-ci dans le grand temple de l'isle de Philée; il y en a deux de même grandeur, ils sont placés au fond de deux sanctuaires.

Nº 2. Plan du même petit temple.

Nº 3. Porte latérale du palais attenant au temple de Thebes, situé à Medinet-Abou (voyez *le temple*, planche XLV, nº 2).

Nº 4. Soubassement très particulier des balcons

du même palais, où l'on trouve la premiere idée des cariatides.

N° 5. Fenêtre du même palais.

N° 6. Vue d'un temple de Thebes à Kournou; il est encombré de mauvaises fabriques modernes, qui se composent très pittoresquement avec la sévérité du style antique du monument et son état de délabrement; sa forme, différente des autres temples, en auroit rendu le plan intéressant; mais, outre la difficulté qu'opposoit la ruine de l'édifice, les circonstances ne m'ont jamais permis de l'entreprendre; son enfouissement et la lourdeur de ses dimensions ajoutent encore à l'aspect colossal de sa grandeur effective.

PLANCHE XLII.

N° 1. Plan d'un des tombeaux des rois à Thebes, le premier que l'on rencontre à droite, dans la vallée des morts, à l'ouest de cette ville. A, l'entrée, dont on voit la vue, même planche, n° 2, creusée dans le rocher; les parois en sont revêtues en stucs décorés de peintures; le plafond est une voûte dont la ligne est surbaissée; les trois repos, dans cette premiere galerie, peuvent avoir appuyé des portes; les especes de tribunes, marquées B, doivent avoir servi à déposer, ou des corps, ou des figures, ou des offrandes, d'autant qu'il y a une espece de soubassement à hauteur d'appui; les lettres CC sont des especes de niches au même usage; DD, d'autres niches plus grandes pour y placer peut-être de la musique dans les cérémonies, car j'en ai trouvé de peinte dans des pompes funebres; E, la chambre sépulcrale avec le sarcophage de granit de 8 pieds de longueur, sur 6 de hauteur, et 5 de largeur; sur le couvercle une figure en haut relief, couchée à-plat, coiffée et vêtue en habit sacerdotal, qui, selon toute apparence, étoit le costume de cérémonie des initiés; le sarcophage est ouvert, et le couvercle rompu; la piece F paroît avoir eu une porte particuliere, et avoir été un sanctuaire; celle marquée G, qui semble aussi avoir été fermée, est terminée par une espece d'autel qui tient tout le fond de la piece, et paroît avoir été destiné à poser des offrandes ou des figures sacrées; trois lectisternes sont peints sur la paroi contre laquelle est appuyé cet autel.

N° 2. Ouverture du rocher qui sert d'entrée au tombeau, dont le plan vient d'être décrit; cette entrée paroît prise au hasard, et laissée à toute sa rusticité: étoit-ce dans le dessein d'y apposer des rochers et de perdre ainsi la trace de l'existence de ces monuments pour les consacrer par l'oubli à un éternel repos? mais alors pourquoi cette pompe intérieure? pourquoi cette vallée consacrée à cet usage?

Avec la vue d'une de ces ouvertures on a l'image de toutes les autres; car il y a peu de différence entre elles, ou ces différences ne sont d'aucune importance; les portes se ressemblent toutes, elles sont toutes décorées du même bas-relief en forme d'attique (voyez planche CXXII, n° 10).

N° 3. Plan d'un autre tombeau à deux issues : le

sarcophage, qui est brisé, étoit dans la piece B, entre quatre piliers qui portent le plafond; c'est à la lettre D que sont situées les petites chambres que j'ai décrites, planche CXXXV, dans lesquelles sont peints chacun à part les attibuts des sciences, des arts, et des métiers.

N° 4. Nécropolis de Thebes, situé au nord-ouest de cette ville, sur un plateau de la partie basse de la chaîne libyque : cette partie déserte et aride étoit par sa nature dévolue au silence de la mort.

En taillant le rocher sur un plan incliné, trois côtes ont offert tout naturellement des escarpements, dans lesquels on a creusé des doubles galeries, et derriere, des chambres sépulcrales; ces excavations sont innombrables, et occupent un espace de plus d'une demi-lieue carrée; ils servent à présent de logement aux habitants du village de Kournou, et à leurs nombreux troupeaux. Il seroit très intéressant d'observer les détails de ces tombeaux : mais la premiere fois que je les vis, j'y entrai avec Desaix, et nous pensâmes y être tués à coups de piques par les habitants qui s'y étoient cachés; la seconde fois on nous y tira des coups de fusils; la derniere fois nous y étions allés pour faire la guerre aux habitants, et, la paix faite, on ne voulut pas les tourmenter par une visite domiciliaire.

N° 5. Vue de ce que l'on est convenu d'appeler le Memnonium sur la rive gauche du Nil (voyez le plan, planche XCIII, n° 5). A gauche de la vue est la ruine d'une grande porte, couverte de bas-reliefs barbarement composés, représentant une bataille ; entre cette grande porte et une autre est un colosse renversé, dont les fragments de la ruine ressemblent au chantier d'une carriere ; la totalité de ce monument se dirige d'orient en occident, et arrivoit presque jusqu'à la base de la chaine libyque : les arbres que l'on voit sont des palmiers doum ; et au-dessous des arbres est le pied de la statue, que l'on auroit pu apporter en Europe, et qui auroit pu donner une idée de la proportion colossale de ces especes de monuments égyptiens.

PLANCHE XLIII.

N° 1. Le voyageur aime à jouir du premier aspect de l'objet qu'il cherche, à le voir de loin placé dans un plus grand espace, à en comparer les masses, à en embrasser l'ensemble, comme on aime à observer le personnage auquel on va avoir affaire ; le lecteur doit avoir la même sensation : c'est ce qui m'a fait prendre souvent des vues très éloignées, qui semblent d'abord n'offrir qu'une ligne vague, et qui à l'examen deviennent de petites cartes topographiques, qui ont un genre d'intérêt particulier ; celle-ci offre toute la vallée de l'Égypte, terminée à l'est, à gauche du spectateur, par la chaîne arabique ; et à droite, à l'ouest, par la chaîne libyque ; le fleuve, dans la traversée de l'emplacement de Thebes, court d'abord du sud-est au nord-ouest, revient du sud-ouest au nord-est, et partage la ville. Sur la rive droite sont les ruines les plus apparentes de l'estampe, celles que l'on voit au milieu, et qui sont connues sous la dénomination de Karnak; celles qui sont plus loin et du même bord, sont celles du temple qui est à Luxor; l'endroit où sont deux statues, que l'on découvre de cinq lieues, est le Memnonium; derrière sont les temples du village de Medinet-Abou, et en se rapprochant toujours sur la droite Kournou, qui sont les cinq points principaux de l'emplacement de l'ancienne Thebes, ceux où on retrouve ses grandes ruines.

N° 2. La vue du grand temple de Karnak et d'une partie de l'emplacement de son enceinte; la qualité saline du terrain de cette partie du site de Thebes a décomposé les grès, et produit des éboulements, des entassements, et une combustion, qui troublent l'intelligence des plans de cette ruine immense, qui, dans nombre d'aspects, n'offre plus que l'image d'un chantier de matériaux, au milieu desquels commence à s'élever l'édifice qu'ils doivent achever. En parcourant à plusieurs reprises tous les points de vue que présentent les parties de ce grand ensemble, celui qui m'a paru laisser voir le plus de formes qui pussent servir à l'intelligence de son plan est celui que j'ai pris de la porte de l'est : on voit d'abord sur le devant son mur d'enceinte couvert d'hiéroglyphes, les deux galeries, la grande cour, le sanctuaire, flanqué de deux portiques, les obélisques, les grandes avenues de colonnes, les portes, et au-delà de la cour les deux grands môles qui servent d'entrée à la partie opposée; à gauche ce qui reste des pieces d'eau, des monticules, des ruines des autres édifices contenus dans la même circonvallation, et tout au fond, de l'autre côté du fleuve, la chaine libyque, et la montagne où sont les tombeaux des rois (voyez le plan, planche LXXXVIII.)

N° 3. Vue des mêmes monuments, prise de la porte du sud, la mieux conservée et la moins enfouie; on voit encore quelques sphinxs de l'immense avenue qui la précédoit, et qui arrivoit jusqu'à la porte d'un temple particulier, dont on voit la porte flanquée de deux môles; dans le fond est la partie latérale du grand temple, dont le n° 2, même planche, est la vue; on n'en voit que les deux grands môles ruinés, la seule colonne qui reste dans la premiere cour, et le commencement de l'avenue des colonnes colossales; à droite de la porte du sud est une citerne; sur le premier plan à gauche une partie du village de Karnak.

PLANCHE XLIV.

N° 1. Les deux statues qu'on est convenu d'appeler les statues de Memnon, sur l'une desquelles sont inscrits les noms des savants et illustres personnages grecs et latins qui sont venus pour entendre les sons qu'elle rendoit, dit-on, lorsqu'elle étoit frappée des premiers rayons de l'aurore; parmi ces noms on trouve celui de l'impératrice Sabine, femme d'Adrien.

J'ai choisi le moment du lever du soleil, celui où des voyageurs arrivent pour entendre; ce qui tout à la fois présente ces monuments d'une maniere historique, les oriente, et fait voir l'effet de la traînée d'ombre se projetant jusque sur la base de la chaîne libyque, couverte de tombeaux.

La ruine que l'on apperçoit au-delà des statues est celle du Memnonium.

N° 2 et 3. L'état de destruction des figures ci-dessus. J'ai fait le portrait fidele des cassures, et mis les figures vivantes en proportion exacte. Le n° 2 est celle qui est en avant dans la vue; elle est dessinée à sa partie nord; celle n° 3 est l'autre statue prise à sa partie sud, et qu'on est convenu, je ne sais par quelle préférence, d'appeler la statue de Memnon; du moins c'est sur les jambes de celle-ci que sont inscrits en grec et en latin les noms de ceux qui sont venus pour l'entendre. Il faut bien observer que les n° 2 et 3 sont deux dessins faits à part, que la direction de ces deux figures est la même, et que si ces dernieres paroissent se tourner le dos, c'est que le soleil étoit si ardent lorsque j'en ai fait les dessins, que ce n'a pu être que respectivement à l'ombre de l'une que j'ai pu dessiner l'autre.

Elles ont 55 pieds d'élévation; elles sont d'un seul bloc; posées sur un sol élevé, et s'apperçoivent de cinq lieues.

PLANCHE XLV.

N° 45. Le Memnonium, le même monument que j'ai déja décrit planche XLII, n° 5; cette vue-ci a été faite à la partie opposée.

N° 1. Le petit palais qui est près du grand temple

de Medinet-Abou (voyez-en le plan, n° 3, pl. XLVI);
c'est le seul monument qui évidemment ne soit pas
un temple, et cependant il y étoit encore contigu; il
à un étage, des fenêtres, de petites portes, un escalier, des balcons (voyez-en les détails planche XLI,
n° 3, 4, et 5) aussi solidement construits que les édifices sacrés; il est également couvert de bas-reliefs :
les circonstances ne m'ont jamais laissé la liberté de
les dessiner; les soubassements à porter les balcons
sont fort extraordinaires, et les seuls que j'aie vus de
cette espece; c'est la même pensée que celle des cariatides : une autre singularité sont des parements
crénelés, que l'on voit au milieu de l'estampe, que je
n'ai retrouvés nulle part ailleurs, et dont je n'ai pu
sur les lieux imaginer l'usage. On m'a dit depuis
que parmi les bas-reliefs il y en a qui représentent
des scenes licencieuses ; ils mont échappé : lorsqu'on
aborde des monuments d'une antiquité aussi extraordinaire et d'une forme si particuliere, on éprouve
une telle préoccupation, une curiosité si agitée, qu'on
regarde sans voir, et que pour le plus souvent on les
quitte avec autant d'inquiétude et de regrets que
d'enthousiasme.

PLANCHE XLVI.

N° 1. Vue générale des temples et palais situés près
le village de Médinet-Abou à Thebes; les plans qui
sont au-dessous peuvent en donner l'intelligence; la
partie en avant est celle marquée figure premiere;
elle n'a jamais été terminée, et l'on y voit encore en

bossage ce qui étoit destiné à être sculpté en bas-relief ; derriere, à gauche, marqué dans le plan fig. 3, est la ruine du petit palais, dont la vue est faite à part, planche XLV, n° 2 ; à droite est le temple, figure 2 ; le grand monument qui est sous la montagne est celui qui dans le plan est marqué figure 4 ; une partie du village de Médinet-Abou est bâtie sur le comble de la partie h de ce temple.

Au-dessous sont les plans des monuments de Médinet-Abou, dans leurs situations et à leurs distances respectives ; celui figure premiere n'a jamais été terminé ; la cour B devoit-elle être entourée de colonnes engagées comme on en voit à la partie D ? devoit-elle former un temple à la maniere de celui de Philée ? ou ces six colonnes devoient-elles former un portique devant les deux môles qui flanquoient la porte ? c'est ce qu'il est difficile de résoudre ; les deux autres môles F, F, sont plus anciens et presque en ruine.

Le temple, figure 2, est entouré d'une galerie de pilastres ; ses chambres sont très obscures, et son sanctuaire absolument privé de lumiere.

Le plan, figure 3, est celui dont la vue est donnée planche XLV, n° 2.

Figure 4. Plan d'un grand édifice, dont il est bien difficile d'assigner l'usage, et dont une grande partie h est enfouie, et couverte de maisons actuellement habitées ; les deux galeries de la cour T sont portées, l'une sur des colonnes, l'autre par des pilastres ; la cour Z est bordée de deux côtés par des pilastre devant lesquels sont des termes ; la galerie V est celle où est le grand bas-relief, planche CXXXIV; la catholicité y avoit élevé dans cette cour une église, dont il n'y a plus que les colonnes qui soutenoient la nef. Les pieces 1, 2, et 3, sont absolument obscures; la dérniere a un soubassement creux; tout l'extérieur du mur, marqué J, est couvert de bas-reliefs historiques, représentant des batailles entre des Égyptiens et des nations étrangeres, coiffées d'especes de mitres, comme les anciens Perses.

PLANCHE XLVII.

N° 1. Une vue de Karnak et Luxor, prise de la rive gauche du Nil, à la premiere pointe du jour.

A ma seconde traversée de Thebes, bivouacquant dans l'enceinte de cette ville, sans pouvoir approcher d'aucun de ces monuments, ne sachant pas si j'y reviendrois jamais, je fis ce dessin de désespoir; c'est sur les isles basses, comme celle qui est dans cette vue, que l'on voit le plus souvent les crocodiles.

N° 2. Vue du temple de Luxor, et du quai bâti pour le défendre des invasions du fleuve; j'y ai joint l'aspect d'un tourbillon de poussiere, comme je l'ai vu dans le moment où je finissois mon dessin. Ce phénomene, particulier à ces contrées, offriroit à la peinture une couleur et des effets nouveaux: tout ce qui est ordinairement diaphane, comme le ciel et l'eau, prend une teinte terne et opaque; tous les corps solides et durs, se refletent du peu de rayons qui traversent la poussiere, paroissent brillants, et offrent l'image de la transparence; l'atmosphere, empreinte d'une teinte jaune, décompose le verd des arbres, les fait paroître bleus, met ainsi en combustion l'ordre connu de la nature, et en change tous les effets. C'est ordinairement dans le temps du kamsin que ces phénomenes ont lieu. Privée du secours de la couleur, la gravure ne peut qu'en indiquer très imparfaitement le résultat. Ce que l'on voit du monument en est la partie sud (voyez le plan n° 2, planche XLVIII, depuis la lettre L jusqu'à X).

PLANCHE XLVIII.

N° 1. Vue générale de Thebes, prise du sud-est au nord-ouest, à la rive droite du fleuve, d'où l'on apperçoit tous les monuments de cette ville, excepté celui du village de Damhout; à commencer à droite, où on voit six oiseaux, le village de Karnak, avec ses ruines (voyez les vues prises de près, n° 2 et 3, planche XLIII, et le plan, n° 2, planche XCIII); au milieu, sur une espece de promontoire formé par un coude du fleuve, celui de Luxor (voyez le plan au-dessous de cette vue-ci, n° 2, et les vues n° 1 et 2, planche XLIX, et n° 1 et 2, planche L); immédiatement après, sur le troisieme plan, et à l'autre rive du fleuve, Kournou (voyez la vue du monument, planche XLI, n° 6); en suivant sur la même ligne, le Memnonium (voyez planche XLII, n° 5, et planche XLV, n° 1), les deux statues colossales (voyez planche XLIV, n° 1, et n° 2), et Médinet-Abou (planche XLVI, n° 1), le tout couronné par les montagnes de la chaine libyque : l'endroit où l'on ap-

7.

perçoit deux oiseaux est celui où est la vallée qui conduit aux tombeaux des rois ; à gauche, une isle cultivée, et au milieu, sur le premier plan, de ces isles basses sur lesquelles on voit souvent les crocodiles ; cette vue, qui se trouve être une espece de carte topographique de quatre lieues carrées, outre l'extrême intérêt de ses monuments, offre un aspect pittoresque par ses formes, par le mouvement du sol, et par la variété de ses couleurs.

N° 2. Plan du temple de Luxor.

On est étonné d'abord de voir la ligne centrale de cet édifice faussée à plusieurs reprises : on peut trouver trois causes à cet effet ; la premiere, c'est que, construit à diverses époques, comme presque tous les temples d'Égypte, on a bâti d'abord la partie du sanctuaire, qui est au sud, lettre T, agrandie des parties R, X, Y ; on aura fait le quai revêtu, pour empêcher que le courant, qui appuyoit sur la droite, ne vînt dégrader le monument ; on a même à plusieurs fois augmenté cette construction ; car l'épaulement, bâti en brique, est postérieur au quai revêtu ; et, malgré ces différentes précautions, le fleuve menace encore de tourner ces opérations, et de les détruire en les prenant au revers ; la cour M, les galeries NN, et l'avenue de colonnes colossales L, construites ensuite, ont changé de direction, parcequ'on a été obligé de suivre le plateau élevé, et le rocher calcaire, qui pouvoit seul servir de fondement à des masses si lourdes ; il est possible aussi que ces parties L, M, N, n'aient été faites que pour raccorder et unir les deux édifices C, E, G, à O, R, T, et Y: ce qui appuieroit cette derniere opinion, c'est que ces deux parties paroissent plus anciennes, soit par le style, soit par la couleur des pierres; la troisieme opinion, qui est sans doute la plus hypothétique, est que les Égyptiens, ayant toujours paru sacrifier la rectitude géométrique et la symétrie réguliere, ont pu préférer les effets de perspective : ce qu'il y a de certain, c'est que l'étendue de ces édifices empêche d'en distinguer d'abord les irrégularités du plan, et que le faussement de la ligne centrale produit des effets plus riches et plus piquants que le seul point de vue géométrale; que, ne tenant point aux petites considérations, les Égyptiens n'ont tendu qu'aux grands effets. On peut citer pour exemple la principale porte de ce monument, planche L; il n'y a pas de plus belle conception architecturale, composée de moins de lignes, et qui produisent un effet plus grand; et cependant les deux obélisques AA ne sont pas absolument égaux; les deux statues BB ne sont pas tout-à-fait les mêmes; les sculptures qui couvrent les môles DD ne sont pas symétriques : mais tout cela est trop grand, trop magnifique pour qu'on ose chercher à quereller sur des regles ; on est étonné, et l'on admire. Ce qui par la réflexion doit surprendre encore, c'est qu'on ait su ajouter, d'une maniere si *grandiose*, des embellissements à des édifices déja anciens. A la comparaison du travail et au style de la sculpture, il est évident que les obélisques et les statues ont été ajoutés postérieurement devant la porte, déja anciennement bâtie; il y a toute probabilité qu'une avenue de sphynxs arrivoit du temple de Karnak jusqu'à cette porte; j'ai suivi cette allée dans cette direction, à plus de la moitié de l'espace qu'il y a entre ces deux monuments, qui est au moins d'un mille de chemin. De pareilles constructions semblent des rêves ou des contes de géants. La partie E, la plus voisine des môles, sert encore aujourd'hui de mosquée au village de Luxor, et en fait la plus belle mosquée de la haute Égypte. La partie F, parallele à celle E, étoit sans doute symétrique; elle est détruite, et couverte d'habitations; G, H, I, étoit un sanctuaire particulier, dédié, suivant toute apparence, à quelque divinité particuliere, comme chez nous on voit la chapelle de S.-Thomas dans l'église de S.-Jean. La partie P a servi à une église catholique; il n'en reste que des niches cintrées, taillées dans l'ancienne construction. Les couloirs Q ne me semblent avoir été conservés que pour y établir des escaliers pour monter sur les combles, où je crois qu'il y avoit des tentes et des abris qui devenoient agréables à habiter à cause de la vue et de l'air; les habitants actuels en ont senti l'avantage, et y ont construit des maisons. Il est à croire que les parties XZZ ont été les premieres entrées de ce temple, que Y et X en étoient les péristyles et portiques; le corridor V, qui tourne autour du sanctuaire, et qui l'isole, lui donne le sentiment mystérieux et sacré d'un tabernacle; les ornements en sont très soignés; c'est la partie la plus enrichie de sculpture, celle où l'architecture est la plus riche de détails; c'est la piece la plus petite, la plus magnifique, et celle qui a le plus de caractere; c'est le saint des saints. Les artistes égyptiens entendoient parfaitement cette partie des plans, cette magie de l'art agissant sur l'ame par les sens, ce développement de magnificence, cet accroissement d'intérêt par le mystere d'une lumiere sourde et presque éteinte, cette progression pour ainsi dire dramatique, faite pour produire les sensations les plus profondes, les plus analogues à la religion, au gouvernement des Égyptiens, à seconder enfin l'empire du mystere. Et que l'on ose dire encore que c'étoit là l'enfance de l'art, quand c'est le *nec plus ultrà* de ses moyens!

PLANCHE XLIX.

N° 1. Une vue du village de Luxor et de ses monuments, prise de l'ouest à l'est, comme il apparoît en traversant le fleuve, et comme les voyageurs l'ont apperçu lorsqu'ils n'ont pas eu la liberté d'y descendre.

N° 2. Le même monument, vu de l'est à l'ouest, et pris de plus près; ce monument, le plus conservé de tous ceux de Thebes, est aussi un des plus considérables de l'Égypte; il contient encore une nombreuse population, logé dans des cabanes, construites ou sur le comble du monument, ou dans les embrasures des colonnes, comme les maisons d'été et les maisons d'hiver des habitants de Kamtchatka; au reste c'est la ruine de Thebes dont on a tiré le plus de parti sans l'endommager, et qui offre l'aspect le plus singulier dans son intérieur, par le mélange et l'opposition de tout ce que l'architecture a de plus fastueux, et tout ce que l'industrie humaine a de plus misérable.

On peut se rendre compte des détails de ce monument en jetant un coup-d'œil sur le plan n° 2, planche XLVIII : ce beau développement de la même ruine, la plus riche, la plus imposante, la plus conservée, que nous aient laissée les siecles les plus reculés, se détache sur le fond de paysage le plus brillant d'effet et le plus favorable à la peinture ; le devant est aride, d'un jaune tranquille, sur lequel les groupes des figures se détachent d'une maniere puissante ; la couleur dorée de cette noble architecture, ses belles formes, ses larges ombres, ses grandes lignes interrompues par ces pittoresques constructions arabes, ce beau fleuve réfléchissant l'azur du plus beau ciel, animé du mouvement des barques à grandes voiles, circulant à travers des isles cultivées ou sablonneuses, au-delà une plaine verte et abondante, parsemée de groupes d'arbres et des plus imposants monuments, enfin l'horizon sur lequel se découpe une chaine de montagnes de la plus belle forme : tel est le sublime tableau que je n'ai pu rendre par une gravure, mais auquel la couleur d'un savant pinceau joindroit tout le charme de la nature et de l'art aux richesses des souvenirs de l'imagination.

PLANCHE L.

Nº 1. L'entrée du village de Luxor : quel mélange de mesquinerie et de magnificence! quelle échelle des siecles pour l'Égypte! quelle grandeur et quelle simplicité dans ce seul détail! il me parut tout à la fois le tableau le plus pittoresque et la piece comparative la plus probante de l'histoire des temps; jamais mon imagination et mes yeux n'ont été plus vivement frappés que par la vue de ce monument. Je suis venu plusieurs fois rêver à cette place, y jouir du passé, du présent, y comparer les fabriques pour en pouvoir comparer les habitants, et y entasser des volumes de souvenirs et de réflexions : le cheikh du village, m'abordant une fois dans cette préoccupation, me demanda si c'étoient les Français ou les Anglais qui avoient élevé tout cela; et cette note acheva mes mémoires. Les deux obélisques, de granit rose, ont encore 70 pieds hors du sol : à en juger par l'enfouissement des figures, il doit y avoir 30 pieds de recouverts, ce qui en donneroit 100 à ces monuments; leur conservation est parfaite; l'arête et le fuselé en est d'une pureté on peut dire inouie; les hiéroglyphes, profonds et en relief dans le fond, sont d'une touche franche et d'un fini précieux : quelle trempe pour les outils d'une pareille sculpture sur une telle matiere! que de temps pour le travail! quelles machines pour tirer de si énormes blocs de la carriere, pour les transporter, pour les dresser! tout faits, ils coûteroient des millions pour les changer de place.

Les deux colosses du même granit sont dégradés, mais les parties conservées annoncent qu'elles ont été terminées de la maniere la plus soignée : on y peut remarquer que l'usage de percer les oreilles étoit connu des Égyptiens ; celles de ces figures en ont l'empreinte. Les deux grands môles qui formoient la porte sont couverts de sculptures, représentant des combats avec des chariots en lignes, montés de deux chevaux et d'un seul conducteur.

Tout le reste de ce que l'on voit dans l'estampe sont des fabriques modernes. Entre les deux môles est la porte moderne du village, et derriere cette porte les principales maisons, surmontées de colombiers.

N° 2. Vue de Luxor, prise de dessus le fleuve, du nord-ouest au sud-est ; à la partie opposée à la vue, n° 2, planche XLIX, à droite, à la pointe que forme le cours du Nil, le petit port ; dans le second plan, la rive gauche du fleuve ; au fond de la plaine on apperçoit Médinet-Abou, et la chaîne libyque.

PLANCHE LI.

Cette planche contient le plan et deux vues du temple d'Hermontis, à présent Ermente ; la premiere, n° 1, est une vue latérale, prise d'un bassin antique, qui reçoit l'eau du Nil au temps de l'inondation, et la retient encore malgré l'état de destruction où il est arrivé ; quatre escaliers descendent dans ce bassin ; c'étoit sans doute au milieu qu'étoit le nilometre dont parle Aristide le sophiste ; il ne reste rien de la colonne où on dit qu'étoient marqués les degrés de l'inondation; au-dessus de ce bassin est un escalier à découvert et très bien conservé, dont les marches sont très basses, taillées dans un bloc de grès énorme, cet escalier montoit à une plate-forme dont on voit encore de chaque côté quelque arrachement de revêtissement. Suivant toute apparence, cette plate-forme servoit de terrasse au temple qui est derriere; le sanctuaire en est complètement conservé; ce que l'on y avoit ajouté, et qui n'a jamais été fini, a éprouvé plus de destruction : ce qui est à gauche, près de la colonne isolée, est un tombeau moderne.

N° 2. Le plan de tout ce qui compose la vue n° 1 : ce qui n'est marqué que d'une taille est détruit jusqu'à rase du sol; la partie du portique n'a jamais été ragréée; la sculpture des chapiteaux n'a pas été terminée, et l'on ne voit que le massif dans lequel devoit être pris le relief des hiéroglyphes qui devoient couvrir les panneaux de tout l'édifice : le sanctuaire, plus anciennement construit, a été complètement achevé : il étoit divisé en trois parties; la premiere ouvre par une porte latérale sur un escalier qui conduit au comble; la seconde piece, 4, ne reçoit de jour que par la porte; le sanctuaire, 5, en étoit absolument privé, et n'en reçoit maintenant que par une petite dégradation qui s'est faite près du plafond, auparavant il ne recevoit d'air que par une petite porte latérale fort basse; cette piece obscure est cependant tout aussi décorée que tout le reste, comme on peut le voir par le dessin que j'y ai fait avec beaucoup de peine, n° 5, planche CXXVI; le n° 7 du plan est l'arrachement d'un mur, qui doit être ce qui reste de celui de la circonvallation; il n'y a pas à douter que dans les premiers temps on n'avoit bâti que des sanctuaires, et que dans des temps postérieurs on y avoit ajouté des portiques ouverts, des circonvallations, des galeries, soit pour rendre les cérémonies plus augustes, soit pour y loger les prêtres, ou peut-être les rois.

N° 3. Vue du même temple, prise d'A en B sur le plan; tout ce que l'on voit de droite et de gauche sont des tombeaux et des enclos modernes.

PLANCHE LII.

N° 1. Vue d'un temple isolé, à un mille au nord-ouest d'Esnê (voyez son plan, pl. XCVII, lettre C, et la description dans le journal, tome II, pag. 261).

Cette partie du portique est la plus conservée; quelques affaissements ont cependant apporté des changements au niveau des colonnes, et dérangé les plates-bandes qui formoient le plafond : les pierres que l'on voit en avant, sont les décombres d'une cour qui étoit devant ce portique, et qui est entièrement détruite, ainsi que le sanctuaire qui étoit derrière; les bas-reliefs, sculptés au plafond du portique, sont des tableaux astronomiques, dont le travail est fort négligé.

N° 2. Djebelein ou les deux montagnes sur le revers du second rocher; il y a un santon très révéré, et faisant journellement des miracles ; à droite, la route tracée sur le désert, dont le sol, balayé par le vent, est très dur en cet endroit, et parsemé de cailloux roulés de fort belle matiere, et très variés de couleur ; à gauche, le Nil, dont la rive opposée est bordée d'une guirlande de production qui se détache très pittoresquement sur le fond jaune et aride des deux déserts, qui se rapprochent à ce point ; au fond, la chaîne arabique, ou le Mokattam ; sur le devant est notre division faisant halte lors du premier passage en cet endroit.

PLANCHE LIII.

N° 1. Vue du portique du temple de Latopolis à Esné, prise telle que nous l'avons trouvé la premiere fois que nous sommes arrivés à Esné, c'est-à-dire encombré d'ordures, et des plus méchantes fabriques, qui sembloient être là pour rehausser la magnificence de cet édifice, que je crois le plus parfait de proportion, et le plus pur d'exécution de tous les temples d'Égypte, un des plus beaux monuments de l'antiquité (voyez le plan et la vue géométrale, planche LIV, n° 2 et 3). Pour donner le type de l'architecture égyptienne il faudroit mesurer avec la plus grande exactitude toutes les parties de ce temple, leur rapport, l'appareil des pierres, et les détails des ornements dont elles sont toutes couvertes, les variétés des chapiteaux, la beauté de leur exécution, tous les tableaux scientifiques et mystérieux qui tapissent l'extérieur et l'intérieur de ce monument :

toutes les fois que les circonstances m'ont amené à Esné, j'ai occupé tout le temps que l'armée y a séjourné, à dessiner quelques parties de ce seul reste de l'antique Latopolis (voyez divers chapiteaux, planche LIX, n° 1, 5, 7, 8, 9, 10, 11, 12, et nombre d'hiéroglyphes, que l'on trouvera à leur article).

Ce beau portique décore actuellement la principale place d'Esné : cet embellissement, dû aux soins du général Belliard, est peut-être le seul monument que nous aurons laissé dans la haute Égypte; et il s'est opéré en déblayant ce fragment des masures qui le couvroient et le masquoient, et en construisant de droite et de gauche des boutiques qui forment un beau bazard : j'ai vu les habitants, charmés de ce projet, contribuer avec plaisir à la dépense de son exécution.

N° 2. Contra-Latopolis.

Vue de la ruine d'un temple bâti vis-à-vis Latopolis, à la rive orientale du Nil; c'est un des monuments les plus frustes de l'Égypte, c'est le seul portique où j'ai vu ensemble des chapiteaux à tête d'Isis, comme à Tintyra, et des chapiteaux évasés.

PLANCHE LIV.

N° 1. Une tente et un ménage d'Arabe Bédouin; j'ai voulu mettre ce frêle établissement des habitants actuels de l'Égypte en opposition avec le plus solide et le plus parfait des édifices des anciens; d'un côté sont les chameaux, de l'autre la jument du chef de la famille, du guerrier, de celui qui va en expédition, qui rapporte le produit de sa part du butin; à droite on voit deux Arabes reposant sur leurs lances; leurs habits, qui ne sont la plupart du temps que des haillons de près, et une forme grave et patriarchale de loin, qui est tout-à-fait du genre de l'histoire. On trouvera dans le journal la description des autres détails.

N° 2. Le plan du beau portique de Latopolis, qui précédoit sans doute une suite de pieces qui composoient le temple : lorsque je l'ai mesuré il n'étoit point encore déblayé, et je n'ai pu savoir si le portique communiquoit au reste par une ou trois portes, et quelle étoit la largeur de leur ouverture, ce qui m'a empêché de rien marquer sur le plan; toute la partie de derriere est détruite, autant que j'ai pu en juger dans l'état d'enfouissement où à mon départ étoit encore ce monument.

N° 3. Vue géométrale du portique du temple de Latopolis, déblayé de tout ce qui empêchoit de le voir lorsque nous sommes arrivés à Esné; voyez la description de ce portique à l'explication du n° 1 de la planche précédente.

PLANCHE LIV (bis).

N° 1. Au jour expirant un de nos malades conduit sur le bord du désert un de nos aveugles à travers des tombeaux, et rencontre un chakal disputant à un vautour les restes d'un des nôtres; voilà ce que j'ai vu, voilà ce que j'ai dessiné un soir d'après na-

8.

ture : c'étoit par-tout la mort, et cependant tout ce qui respiroit encore ne s'occupoit que de la vie. Ce tableau, chaque jour sous nos yeux, nous frappe moins, parcequ'il ne se compose pas d'un vautour, d'un chakal, d'un cadavre, et d'un désert.

Les ruines d'Hiéraconpolis : elles consistent en une seule porte, fort dégradée, et d'une forme peu intéressante à conserver; autour de ce vestige isolé on ne voit que quelques chapiteaux très frustes, quelques fragments de granit sans forme, et une grande quantité de matoni, qui annoncent l'antique existence d'une ville considérable. Comme tout cela ne pourroit former qu'un triste tableau, j'ai ajouté quelques groupes de tout ce qui formoit mon train à l'époque de sa grande magnificence, mon serviteur, mon petit negre, mon cheval, mon âne, et mon pliant portatif, qui composoit à lui seul l'établissement de mon atelier; je me suis représenté avec toutes les ruines de mon costume, suite inséparable de mes marches continuelles, de la perte de mes équipages, et du peu de soin et de temps que j'avois à donner à ma personne; occupé de mes dessins et de mon journal, je ne soignois qu'eux; je n'ai jamais quitté mon portefeuille, je le portois par-tout, et la nuit il me servoit d'oreiller, sur la fin du voyage son poids avoit considérablement augmenté : celui de mon nécessaire, semblable à celui de Robinson, étoit composé de deux pistolets à deux coups, d'un sabre, de quelques charges de balles, d'une ceinture où il y avoit cent louis d'or, pour me faire porter à la suite de l'armée en cas que je fusse blessé, d'une cuiller, d'une fourchette, et d'un gobelet d'argent, de papier à dessiner et à écrire, ce que je faisois presque chaque fois que dans les marches l'on laissoit respirer un moment l'infanterie : car c'est ainsi que j'ai fait mon journal et mes dessins, pour qu'ils eussent, sinon le mérite de la pureté, au moins la naïveté du moment et la vérité de la nature.

PLANCHE LV.

N° 1. Ruines d'un monument à deux lieues au sud-ouest de Qouss, sur un tertre élevé ; il n'y a de vestiges autour de lui que ceux de sa destruction ; on reconnoît à ce qui reste de son élévation que son plan étoit celui d'un sanctuaire entouré d'une galerie, précédée d'un portique en colonnes, engagées à l'extérieur jusqu'à la moitié de leur hauteur, et devant ressembler, avant sa destruction, à celui qui est au nord de Chenabochion (voyez planche LXXV, n° 1). Mes recherches ne m'ont donné aucun indice de la ville antique à laquelle a pu appartenir cette ruine.

N° 2. Tombeau dans les carrieres de Silsilis, le plus grand et le plus conservé de tous ceux qui y sont creusés ; la façade est de 55 pieds 8 pouces de longueur sur 15 à-peu-près de hauteur, avec un entablement ; cinq portes, dont celle du milieu ornée d'un chambranle couvert d'hiéroglyphes, deux niches carrées, avec des figures dedans, derriere cela une galerie de 50 pieds de long et de 10 de large, au milieu de laquelle est une porte ouvrant sur une chambre, au fond de laquelle sont sept figures debout; de chaque côté de cette porte intérieure, une niche, avec une figure aussi debout; et au fond de la galerie, à droite en entrant, un autre groupe de trois figures; sur la façade extérieure sept niches, trois grandes avec des figures, une petite aussi avec une figure, et deux plus petites encore et qui sont vides, le tout taillé à même, les statues aussi; le reste du rocher est conservé dans sa forme primitive. Ce que l'on voit à droite sont des ouvertures de tombeaux plus petits, avec des figures dans l'intérieur (voyez planche LXXVI, n° 2).

PLANCHE LVI.

N° 1. Vue d'Etfu, du sud au nord. Cette vue générale, ainsi que celle n° 2, présente l'aspect imposant de ce grand édifice, et de l'effet qu'il fait dans l'espace, comparé avec les édifices modernes, avec tout un village, avec les montagnes, avec toute la nature environnante. On ne peut juger d'un tel objet qu'avec de telles comparaisons; dès que l'on est tout auprès on n'a plus d'échelles, un fragment devient un monument, et il perd sa majesté parcequ'on n'en distingue pas la forme. J'ai toujours pensé que les voyageurs ne pouvoient trop s'occuper de cette distinction, pour donner une idée juste de ce qu'ils veulent faire connoître, et qu'avant de s'approcher de l'objet et d'en attaquer les détails, ils doivent toujours en présenter la vue générale, qui tienne lieu de carte topographique du pays. Le n° 1 contient, sur le premier plan, le typhonium, dont on a la vue plus détaillée planche LVII, n° 1. Le village d'Etfu, le temple d'Apollinopolis magna, du côté de l'entrée, son portique, et son sanctuaire, son mur de circonvallation, dont on se rendra compte en voyant le plan, planche LXI; derriere est le Nil, et la vallée, bordée à l'est par la chaine arabique.

N° 2. La vue du même temple, du nord au sud; sur le devant la grande route qui amene d'Esné à Etfu, bordée de tombeaux modernes; le temple tout couvert d'hiéroglyphes, les fabriques modernes qui couvrent encore le comble du sanctuaire et du portique; de droite et de gauche, le village d'Etfu, la chaine libyque; et dans le ciel une volée de cicognes, dont le pays abonde.

PLANCHE LVII.

N° 1. Le typhonium d'Apollinopolis magna à Etfu; ce petit temple, quoiqu'enfoui dans les décombres et les sables, est encore très intéressant dans ses détails; ses ornements sont d'une exécution recherchée; il est situé au sud, et à peu de distance du grand temple, dont on voit la sommité des môles qui flanquent la porte d'entrée; en avant du sanctuaire du typhonium on apperçoit des arrachements de construction qui attestent que ce petit temple avoit eu son portique; la colonne dont on voit le chapiteau en est encore une preuve; ceux de la galerie qui entourent le sanctuaire sont décorés, sur la dalle qui les surmonte, de quatre figures de la divinité (voyez ce chapiteau à part, planche LX, n° 9).

N° 2. Vue de l'intérieur du grand temple d'Apollinopolis, prise de dessous le portique entre les deux premieres colonnes de gauche (voyez le plan planche LXI, lettre D). Cette vue donne une idée de l'intérieur de ce monument, de sa magnificence, de la recherche de son exécution, de ses plates-bandes et de ses architraves, de la beauté et de la variété des chapiteaux, des colonnes, de leurs atterrissements progressifs causés par l'amoncellement des ordures et des décombres des maisons de ceux qui s'y logent encore; ces atterrissements, l'ouvrage des siecles, sont produits par de chétives fabriques construites et détruites successivement sur le comble du temple, et dans la cour qui est entre le portique et la porte d'entrée, qui forme le second plan de cette vue; dans le fond sont les ruines de l'ancienne ville, qui recouvertes de sables forment maintenant des monticules qui dominent le temple à l'ouest.

PLANCHE LVIII.

N° 1. Vue d'Apollinopolis magna à Etfu, prise de l'ouest à l'est de ce temple sur des hauteurs qui le dominent, et d'où on voit tout à la fois son développement extérieur et quelques parties de son intérieur. J'ai fait un voyage de plus de cinquante lieues dans la seule pensée d'ajouter ce dessin à ma collection, d'achever de faire connoître ce superbe édifice; et cependant, arrivé à Etfu, je fus au moment d'en repartir sans avoir pu le dessiner, par l'impossibilité de supporter l'ardeur du soleil auquel il falloit que je fusse exposé pour faire cette vue. Je dois à l'intelligence du citoyen Baltard d'avoir rendu l'esquisse très imparfaite, que j'avois faite comme j'avois pu, tourmenté par les éblouissements que mes yeux éprouvoient de la vivacité du jour, et ceux que mon sang en ébullition me causoit à chaque instant : cette estampe est une des nombreuses obligations que j'ai au citoyen Baltard, qui s'est prêté à l'exécution de mon ouvrage avec une exactitude, un zele, et une amitié, qui ont égalé le talent qu'il lui étoit si facile d'y mettre. Dans le développement de ce grand monument on peut remarquer à droite la porte d'entrée ; entre les deux grands môles deux pierres avançant sur le chambranle, contre lequel venoient sans doute appuyer les têtes de deux statues en forme de cariatides ; les quatre niches longues devant lesquelles ont dû être des obélisques, comme je suis autorisé à le croire par la répétition des mêmes niches derriere des obélisques que j'ai trouvés à Philée ; sur les parois des môles trois ordres d'hiéroglyphes, devenant toujours plus gigantesques, et finissant par avoir vingt-cinq pieds de proportion ; la cour intérieure, décorée d'une galerie de colonnes, portant deux terrasses, qui aboutissent à deux portes, par lesquelles on arrive aux escaliers qui montent aux platesformes des môles ; dans la cour les édifices modernes, qui font partie du village d'Etfu, dont on apperçoit l'autre partie au-delà du temple ; le portique de dessous lequel j'ai fait le dessin, pl. LVII, n° 1 ; ce qui suit contient sans doute différents appartements, et le sanctuaire du temple enfoui, et maintenant encombré d'ordures, à l'exception de quelques vides qui servent de magasin aux maisons bâties sur la plate-forme du temple; à l'arasement un mur de circonvallation, décoré en-dedans comme en-dehors d'innombrables hiéroglyphes, exécutés avec un soin recherché; tout à la partie gauche de l'estampe les tombeaux arabes que l'on rencontre sur la route d'Esné à Etfu; le Nil dans le troisieme plan, et tout au fond la chaîne arabique; sur le devant le monticule de décombres, sous lequel sont les restes de l'antique ville d'Apollinopolis; et le groupe des figures, le repas frugal d'une famille d'Arabes.

N° 2. Vue de la situation du temple d'Apollinopolis magna, prise de plusieurs lieues; ce temple, bâti sur une éminence au milieu de la vallée, a l'air d'une forteresse, placée ainsi pour commander au pays.

PLANCHE LIX.

Divers chapiteaux de colonnes égyptiennes; cette planche, ainsi que celle qui suit, est un rapprochement de tous les différents chapiteaux que j'ai rencontrés offrant des particularités remarquables. A voir tant de formes différentes, unissant tant de richesses d'ornement à tant de graces dans les contours, on est tout étonné de s'être laissé aller à croire sur leur parole les Grecs inventeurs de l'architecture, et que trois ordres soient les seules vérités de cet art; on peut dire qu'il ne manque à chacun de ces chapiteaux-ci qu'une histoire, comme celle de l'urne de la prêtresse de Corinthe, ou pour mieux dire, qu'ils n'ont pas besoin d'histoire pareille à celle du chapiteau corinthien, pour avoir la même célébrité, et pour être une superbe production de l'art. Les Égyptiens ont copié la nature; ils ont copié la leur; et les Grecs n'ont qu'ajouté des fables aux vols qu'ils leur ont faits. Ici le calice d'une fleur, au-dessus d'un faisceau de sa tige, a fourni la forme de la colonne, de sa base, et de son chapiteau : le lotus leur en a donné le premier modele; cette plante exprimoit chez eux l'inondation; elle étoit l'emblème de l'entrée du Nil dans les canaux, d'un grand bienfait de la nature en Égypte; ils l'ont fait entrer dans la décoration de leur temple comme un hommage de leur reconnoissance à Isis, qui présidoit à ce bienfait : comme déesse de la terre, ils lui en ont dédié toutes les productions, des tiges du lotus, de joncs, de palmiers, de vignes, etc., etc.

Je n'avois dessiné ces membres d'architecture que pour m'en rendre compte, et aider mes graveurs dans l'intelligence de mes vues pittoresques; mais arrivé à Paris, le citoyen Legrand, architecte éclairé, l'ami des arts et le mien, zélé pour tout ce qui peut étendre le domaine de l'architecture, et propager les connoissances, m'enhardit à donner au public et mes plans et les détails architecturals qui pouvoient ajouter de l'intérêt à mon ouvrage : la crainte que le citoyen Pere ne pût faire ou ne pût rapporter les opérations qui lui avoient été attribuées par la commission des arts en Égypte acheva de me déterminer à donner la foible esquisse de mes foibles moyens; mais en attendant l'immortel ouvrage entrepris par le gouvernement, monument aussi colossal que les colossals monuments qu'il présentera, le lecteur sera bien-aise de voir une petite image des formes aussi gracieuses que variées de tous ces significatifs chapiteaux, qui ornent d'une maniere explicative le culte du dieu dont ils décorent le temple. Le n° 1, sur un galbe très pur s'enlacent très agréablement les feuilles et les tiges du jonc; le n° 2, composé de branches et de feuilles du palmier et du régime de son fruit, est peut-être le plus élégant de tous les chapiteaux connus; et, sans avoir ici le même intérêt qu'en Égypte, il feroit encore la décoration la plus fastueuse d'une salle de fête; le n° 3 est composé de plusieurs calices de la fleur du lotus groupés avec les feuilles de cette plante; le n° 4, un faisceau de touffes de palmiers, lorsqu'au printemps les branches et les feuilles ne sont pas encore déployées, et où tout l'arbre ressemble à un seul bouton de fleur; le n° 5 est composé ingénieusement du culot de la plante du lotus, de sa tige, et de sa fleur alternativement épanouie et en bouton, n° 9, les pampres de vigne mêlés à des palmiers, etc., etc. Cette variété de chapiteaux si richement composés peut faire croire aux pompeuses descriptions qui nous ont été transmises, de ceux du temple de Salomon, données dans l'écriture comme des chapiteaux corinthiens à feuilles de palmiers.

(99)
PLANCHE LX.

Cette estampe est une continuation de la planche précédente. Il est facile de remarquer dans le n° 3 l'origine de la volute ionique, les caulicoles du chapiteau corinthien, et les gouttes de l'entablement dorique; n° 4, 5 et 6, que je crois pouvoir assurer être les plus anciens chapiteaux égyptiens, pourroient bien être l'image de la touffe de palmier avant d'être développée, mais est en effet le chapiteau dorique alongé; le fût, n° 5 est un faisceau cordé de la tige triangulaire du papyrus, autre plante du Nil; le n° 8, la tête d'Isis, avec tous ses attributs couronnant les colonnes du temple de Tintyra, dédié à cette déesse; dans le n° 7, tous les attributs de cette divinité ajoutés à l'emblême du débordement; le n° 9 est tiré d'un temple qui paroît avoir été dédié à Typhon, dont on voit la figure sur un dé, qui n'est qu'un prolongement de la colonne, ce membre d'architecture, que je n'ai vu que dans la colonne égyptienne dégage le chapiteau, l'empêche de paroître écrasé par l'architrave, et produit un si bon effet lorsque l'on est près de la colonne, que je suis étonné qu'il n'ait jamais été imité; le n° 10 est une espece de terme ne portant rien : j'en ai trouvé six comme celui-là placés par trois aux deux côtés de la porte d'un des tombeaux des rois à Thebes; j'ai trouvé le n° 12 dans une des galeries du grand temple de Karnak.

PLANCHE LXI.

Réunion de fragments : ce rapprochement met tout à la fois sous les yeux tout ce qui constitue le genre égyptien, et le style de son architecture et de sa sculpture monumentale.

N° 8. Une colonne des galeries du temple qui est près de Médinet-Abou à Thebes.

N° 5. Une des colonnes du temple de l'isle d'Éléphantine (voyez planche LXV, n° 2).

N° 9. Une colonne du temple de Cneph dans l'isle d'Éléphantine (voyez planche LXVI, n° 2).

N° 11. Une colonne d'une des galeries du grand temple de Thebes à Karnak ; elle ressemble tellement par sa dimension et sa cannelure à la colonne dorique, qu'elle peut en être l'origine.

N° 2. Figures de prêtres ou de divinités, employées comme ornement dans divers édifices, et particulièrement à celui qu'on est convenu d'appeler le Memnonium à Thebes : les cariatides n'en seroient-elles pas encore une imitation ? (voyez planche XLV, n° 1).

N° 12. Colonnes terminées par une tête de bœuf ; il s'en trouve de ce genre à la porte d'un des tombeaux des rois à Thebes.

N° 4. Une des pyramides dépouillée de sa couverte, et tronquée comme le Chéops.

N° 3. Un petit temple monolite, sanctuaire où l'on tenoit enfermés les oiseaux sacrés.

N° 7. Un obélisque.

N° 6. Deux figures colossales, dont on est convenu d'appeler une, la *statue de Memnon* ; sur le premier plan, une statue enfouie ; c'est une des deux figures placées à la porte du village de Luxor ; le pied qui est auprès est celui de la statue qui est devant le Memnonium, et qui avoit 75 pieds de proportion ; la tête d'oiseau qui est devant est le couvercle d'un vase canopite.

N° 2. Plan du temple d'Apollinopolis magna.

Deux grand môles de formes pyramidales, réunis par une grande porte A, dont les battants venoient poser sur les dormants du tambour B ; les battants de ces portes avoient environ 45 à 50 pieds d'élévation, et rouloient sur des gonds dont on ne voit plus que l'entaille dans laquelle ils étoient fixés : en-dehors il est resté deux pierres saillantes, sous lesquelles il est à croire que venoient appuyer deux statues en forme de cariatides, dans le genre de celles que l'on voit à la porte du Muséum Clementinum ; à côté sont deux niches LL, longues et étroites, devant lesquelles étoient sans doute des obélisques, tels que j'en ai vu deux dans la même situation à côté de la porte du môle du principal temple de Philée.

La distribution intérieure de ces deux môles les partageoit également en trois parties ; II, le tambour d'un escalier tournant, de foulées douces, qui amene à des paliers qui donnent d'espace en espace dans deux tristes chambres, H et K, dont il est bien difficile d'imaginer l'usage, sinon pour éclairer et aérer l'escalier, alléger la masse de l'édifice, et empêcher que, comme à Thebes, il ne s'écrasât de son propre poids ; ces escaliers aboutissent à deux plates-formes, qui pouvoient servir d'observatoires ou de védettes militaires pour éclairer tout le pays. La cour C est entourée de trois côtés d'une galèrie faisant terrasse F, portée par des colonnes d'un diametre et d'une élévation moindres que celles du portique D, et qui semblent en rehausser la majesté ; cette belle cour est encombrée de méchants petits habitacles, qui écroulent et se rebâtissent depuis bien des siecles, exhaussent le sol, ont déja enfoui les belles colonnes du portique jusqu'aux deux tiers de leur hauteur, et ferment actuellement jusqu'à la cymaise la porte qui entroit dans les différentes pieces de la partie E de la nef du temple ; cette partie de l'édifice sert dans ce moment-ci de magasins à ceux qui ont leur maison sur le comble : un mur de circonvallation forme un couloir G, qui termine à deux fausses portes ; ce mur, moins élevé et tout aussi couvert de sculptures que le reste de l'édifice, semble être pour sa décoration extérieure un magnifique soubassement (voyez planche XLVI, n° 2) ; ce mur d'enceinte est terminé par une corniche, et couvert d'hiéroglyphes en-dedans comme en-dehors ; enfin ce monument, qui a plus de 500 pieds de longueur, construit avec un grès qui a l'égalité et presque la finesse du marbre, est couvert d'hiéroglyphes, sculptés d'une maniere si ferme et si précieuse, que le travail a plutôt l'air d'être coulé en bronze et ciselé que d'être sculpté.

PLANCHE LXII.

N° 1. Les restes d'un quai revêtu, près Etfu; deux escaliers descendoient au Nil; nulles autres ruines n'accompagnent ce fragment, qui indique cependant l'antique voisinage d'une ville, puisque les escaliers annoncent que ce quai avoit encore une autre usage que celui de retenir les eaux; le fleuve a déchaussé la culée de cette construction, et passe actuellement derriere. Ce fragment intéressant en lui-même, mais offrant des formes peu pittoresques, j'ai cru devoir y ajouter un groupe de jeunes personnages appelés *Goubli* ou *d'au-delà*, ou Barabra, qui est le nom générique de tous les peuples de l'Égypte qui sont d'au-delà des cataractes; leur costume, pour les hommes est la nudité absolue, à quoi ils ajoutent un morceau de drap ou de toile de coton qu'ils promenent à volonté sur ce qu'ils veulent couvrir de leur personne; leurs cheveux, assez longs, quoique crépus, sont encore frisés et bouclés en long à la maniere des anciennes figures égyptiennes; ils oignent leur chevelure avec de l'huile de cedre, dont ils aiment l'odeur, et qui prévient en même temps l'inconvénient de la vermine, qui sans cela s'établiroit d'une maniere indestructible dans des cheveux impossibles à peigner. Les femmes et les enfants portent deux boucles à chaque oreille, l'une au-dessus, l'autre au-dessous, des colliers avec des franges formées de petites lanieres de cuir, terminées par des grains de verre colorés; une ceinture de même étoffe, terminée de même, et qui leur arrive jusqu'à la moitié des cuisses, suffit pour tranquilliser leur pudeur, jusqu'au moment où elles deviennent nubiles. Les femmes d'*au-delà* sont bien faites, ont les muscles ronds et fermes, ont la peau fine, le contact frais, et par cela ont un mérite particulier très apprécié par des hommes dont l'amour est palpable, et la volupté toute matérielle, qui calculent et évaluent les qualités physiques, et achetent dans les femmes d'*au-delà* des jouissances d'été, genre de luxe que nous ne connoissons encore que pour nos vêtements : les Russes bâtissent leurs maisons pour l'hiver, les Italiens pour l'été, les Orientaux, comme les Kamchadals, croient avoir besoin d'une habitation d'hiver et d'une habitation pour le temps des grandes chaleurs.

N° 2. Une vue de la derniere des pyramides, à cent trente lieues de celles de Gizeh, près d'un village bâti dans le désert, au-delà d'Etfu ; cette pyramide, infiniment plus petite que les autres, construite de masses plus divisées, n'a pas opposé la même résistance au temps, ou bien appartient à une époque antérieure ; écroulée dans toutes ses parties, elle ne paroît plus qu'un tas de moëllons, que l'on voit cependant qui ont été façonnés et posés sur des assises régulieres. Pour donner quelque intérêt à cette vue si seche par elle-même, j'y ai ajouté l'habitation, prise aussi d'après nature, d'une famille d'Arabes cultivateurs sur le bord du désert ; j'ai voulu donner l'image de cette tranquillité monotone qui n'est distraite par le choc d'aucune nouveauté; de ce calme qui laisse un long temps entre chaque évènement de la vie; de cette tranquillité où tout se succede paisiblement dans l'ame, où peu-à-peu une émotion devient un sentiment, où une habitude devient un principe, où enfin la plus légere impression est analysée; de telle sorte qu'en conversant avec cette espece d'hommes, on est tout étonné de trouver en lui les distinctions les plus délicates, et le sentiment le plus fin à côté de l'ignorance la plus absolue.

Quelques pans de murailles de terre, auxquels ils ajoutent une couverture de paille, suffisent pour leur habitation. La fabrique qui est au milieu est un colombier, construit en terre cuite au soleil; elle est divisée en petites cases dans l'intérieur pour chaque famille de pigeon; la porte est ronde; c'est ce qu'on voit au-dessous du colombier; il y a au milieu une petite ouverture pour laisser passer l'air; on l'applique chaque nuit pour mettre la colonie en sûreté contre les chakals. A droite est le poulailler, moins élevé, plus petit, parcequ'il n'a point de division intérieure; à gauche l'appartement principal, celui des femmes, et où l'on se retire lorsqu'on craint une nuit froide; au-dessus sont des chiens, qui ne sont de rien dans la société amicale, et qui vivent à part comme alliés défensifs; une gazelle, un milan, qui sont aussi des associés libres; les poulets et les pigeons sont les seuls domestiques : les bardaks, qui sont les pots à boire, les ballasses ou jarres à éclaircir l'eau, et quelques écuelles, sont à-peu-près tous les ustensiles du ménage; la plante que l'on voit est une coloquinte, qui croît dans le désert, germe et se développe pendant la saison des nuits fraîches qui succedent à l'inondation, et lorsque quelques pluies dans les montagnes amenent un peu d'eau dans la plaine; cette plante s'étend; les melons qu'elle produit se forment; une partie des feuilles est mangée par les gazelles, le reste est dévoré par la sécheresse; défendus par leur amertume, les fruits restent isolés jusqu'à l'année d'ensuite, que la graine ensemence et perpétue cette végétation, la plus marquante du petit nombre de celles qui croissent dans le désert. Un des hommes est occupé à tricoter un turban de la laine de ses moutons : l'autre jouit par cela seul qu'il ne fait rien; calme, il rêve, il vit.

PLANCHE LXIII.

N° 1. Vue de Contra-Syene, à deux milles d'Éléphantine et de Syene, sur la rive gauche du Nil. A mi-côte de la montagne, à droite de l'estampe, est un couvent de cophtes, au-dessus une guérite à placer une védette, d'où on découvre tout le pays; dans le troisieme plan, à gauche du Nil, une forêt de palmiers par laquelle on arrive à Syene; et tout au fond la ruine d'un château arabe, comme il y en a beaucoup sur toute cette frontiere de l'Égypte; sur le devant à droite une touffe de palmiers, les uns portant des fruits, les autres dans leur premiere croissance : au milieu un palmier-doum, avec ses branches bifourchues, et ses feuilles seches qui pendent sous les nouvelles.

N° 2. Un des temples d'Éléphantine vu de l'est à l'ouest, avec les habitations modernes telles qu'elles existent, et qui contrastent si pittoresquement avec les monuments, qu'on ne pourroit les grouper avec plus de goût.

N° 3. Vue de Philée de l'ouest à l'est au soleil levant; cette isle est si pittoresque, que j'ai cherché à la présenter sous tous ses aspects et à tous les instants du jour (voyez les autres numéro où il en est question, planches LXXI et LXXII).

PLANCHE LXIV.

N° 1. L'entrée du Nil dans l'Égypte; cette vue est une espece de carte qui présente tout à la fois l'aspect d'un site extraordinaire, dans lequel on voit la situation de nombre de points intéressants.

Le Nil, après avoir traversé les cataractes, courant du sud-est au nord-ouest, tourne tout-à-coup au nord en traversant un banc de granit, dont il déchausse les roches, et dont son cours est déchiré: diverses oppositions rendent ce paysage aussi varié qu'étrange; les deux chaînes libyque et arabique, nues, jaunes, brûlées, et sablonneuses, contrastent merveilleusement avec les aiguilles noires et aiguës des roches de granit; ces rochers, baignés par le courant du fleuve, formant des isles que les alluvions arrosent perpétuellement, se couvrent alternativement de grands arbres et de champs de verdure, à travers desquels on apperçoit des ruines de tous les temps. Ce que l'on voit à droite de l'estampe, sur le premier plan, est ce qui reste d'un monastere des premiers siecles de la catholicité ; au-dessus est la védette dite des quatre vents, d'où j'ai fait cette vue. C'est au bas de ce premier plan qu'étoit l'antique Contra-Syene, à présent Garbi-Assuan ou Essuen-occidentale ; la grande isle, au milieu du Nil, est l'Éléphantine, aujourd'hui Geziret-êl-Sag, l'isle Fleurie ; au milieu, le village moderne ; la partie supérieure de l'isle couverte des ruines des monuments égyptiens ; sur la rive droite du Nil un monument romain qui arrive jusque dans le fleuve, et a résisté à son courant ; c'étoient des thermes, et nous en avions fait une batterie : sur les rochers, au-dessus de ce monument, sont les ruines de la ville arabe du temps des kalifes ; dans le lointain des châteaux, sur des pointes de rochers ; sur la plus grande plate-forme le fort que nous avons construit ; dans la petite vallée et à travers des tombeaux, l'on voit les restes de la route antique qui passoit de Syene au-delà des cataractes, et servoit de communication pour le transport des marchandises de l'Égypte en Éthiopie ; au-devant de tout cela Assuan ou la Syene moderne, ses jardins, et son mauvais château turc.

N° 2. La vue pittoresque et perspective du pays, dont le n° 1 est la carte : le Nil traversant les rochers de granit ; à droite, l'isle d'Éléphantine ; à gauche, la ville arabe ; au-desous les thermes romains, servant de môles pour le petit port d'Assuan.

N° 3. Autre vue, prise du pied des rochers, sur lesquels sont perchées les ruines de l'ancienne ville fortifiée des Arabes au temps des kalifes, où l'on voit encore des inscriptions égyptiennes sur les mamelons de granit qui servoient de base à cette ville; à gauche de l'estampe le profil de l'isle Éléphantine, les rochers et les revêtissements antiques qui défendent la partie sud des efforts du courant du Nil, et du poids de la masse de ses eaux au temps de l'inondation; des mamelons de granit couverts d'hiéroglyphes; une portion de quai, portant les restes d'une galerie ouverte donnant sur le fleuve; au niveau des eaux du fleuve une porte ouvrant sur un escalier en granit, qui a pu servir de nilometre; au-dessus une suite de ruines de monuments égyptiens, composés de couloirs; de petites chambres ornées de sculptures hiéroglyphiques très soignées; cette continuité de ruines semble aller joindre et arriver aux fabriques qui environnoient un temple, dont on peut voir la vue plus en grand, planche LXVI, n° 3 : les deux pointes qui dominent le tout sont les deux montants d'une superbe porte de granit (voyez planche LXV, n° 1); tout-à-fait à droite de l'estampe, parmi les palmiers, une chaîne à pot pour monter l'eau, posée sur une construction contre laquelle est incrusté un bas-relief en marbre blanc, ouvrage romain, représentant la figure du Nil dans la même attitude de celle de la statue de ce fleuve qui est au belvédère à Rome.

PLANCHE LXV.

N° 1. Reste de deux chambranles d'une porte, aussi grande que magnifique, construite en granit, et couverte d'hiéroglyphes, située à la partie la plus élevée de l'isle Éléphantine, près le temple de Cneph.

Nº 2. Vue de la ruine d'un temple de l'isle Éléphantine, prise à l'angle sud-est, d'où on voit la portion de galerie qui entouroit le temple; on peut voir un autre aspect du même temple, planche LXIII, nº 2.

PLANCHE LXVI.

Nº 1. Ruine d'un temple à Syene; il est situé sur une hauteur qui dominoit la ville antique au nord, et les ruines de la ville arabe; il est enfoui, comme on le voit, jusqu'au chapiteau de ses colonnes, qui soutenoient une galerie ajoutée postérieurement au sanctuaire du temple; les pierres renversées, que l'on voit entassées, étoient celles d'un portique tout à-fait détruit; derriere on apperçoit le Nil, l'isle Éléphantine; et sur le dernier plan, la chaîne libyque.

Nº 2. Le plan du temple de Cneph ou Chnuphis à Éléphantine; un sanctuaire décoré en beaux bas-reliefs, représentant dedans et dehors des sacrifices offerts par un héros; la seconde piece a été ajoutée postérieurement, et n'est point ornée de sculpture dans son intérieur; la galerie et les deux portiques ont été ajoutés aussi postérieurement, et sont revêtus d'hiéroglyphes en relief, dont on peut voir le dessin planche CXXVIII.

Nº 3. Ruines d'un des temples d'Éléphantine, dont le plan est le nº 2. Ce monument est d'un grand intérêt par sa célébrité, par sa conservation, par la beauté de ses sculptures intérieures (voyez planche

CXXVIII); il occupoit le centre de l'isle Éléphantine, consacré à la sagesse sous le nom de Cneph; conservé presque en entier au milieu des décombres des monuments dont il étoit entouré, il n'a de dégradé qu'un angle de sa galerie : les deux fragments paralleles que l'on apperçoit derriere sont deux chambranles d'une porte en granit, qu'on peut voir planche LXV, n° 1 : la statue qui est sur le second plan est celle d'un dieu, d'un prêtre ou d'un initié; elle est trop fruste pour en distinguer les attributs; elle est en granit et de 10 pieds de proportion : les pierres en avant sont les décombres d'un édifice dont les substructions vont rejoindre la fabrique du temple, et en dépendoient suivant toute apparence: cent toises en avant de cette vue et jusque sur le bord du Nil tout l'espace est couvert de débris de fabriques dégradées et presque sans formes.

PLANCHE LXVII.

N° 1. Bloc de granit destiné à être sculpté; transporté hors de la carriere, il a été abandonné sur le grand chemin qui conduisoit de Philée à Syene; les hiéroglyphes dont il est couvert sont exacts dans l'estampe; les figures en proportion peuvent servir d'échelle pour mesurer le bloc; une telle masse transportée par terre suppose des machines très puissantes : le petit monument à droite est un tombeau arabe, comme il y en a beaucoup dans cet espace de Syene à Philée; les inscriptions qui sont sur les pierres sépulcrales, qui m'ont paru de caracteres arabes, pourroient donner l'époque de ces nombreux monuments, et par cela devenir intéressantes pour l'histoire des bas siecles; je n'ai jamais eu assez de temps pour en copier.

N° 2. Roches de granit de 150 pieds d'élévation, qui ressemblent à des restes de palais construits par des géants, et sont en effet les ruines de la nature; chaque mamelon est monumenté par une inscription hiéroglyphique en caracteres inscriptifs, et en figures hiéroglyphiques. A gauche la plaine est traversée par une espece de monument appelé Hhait-al-Adjouz, la muraille de la Vieille; les temples que l'on apperçoit dans le milieu de l'estampe sont ceux de l'isle de Philée; les montagnes qui bordent l'horizon sont celles de la chaîne arabique; l'arbre qui est au milieu de la plaine est un thérébinte, arbre qui croît d'espace en espace dans le désert, et dont la ramification légere divise les rayons du soleil, et dérobe un instant la tête du voyageur à leur poignante ardeur; ce qui dans ces climats avares paroît aux êtres reconnoissants un bienfait de la Providence.

PLANCHE LXVIII.

N° 1. Rochers de granit sur la grande route de Syene à Philée; l'inscription hiéroglyphique est ici telle qu'elle existe là.

N° 2. Vue des carrieres de granit, situées à un mille au sud de Syène; les marques qui sont tracées horizontalement et verticalement sont d'antiques travaux préparés pour détacher le bloc dont on voit la surface; ces travaux devoient recevoir, ou des coins de fer que l'on frappoit tout à la fois, ou des coins de bois sec que l'on mouilloit pour faire éclater et déliter la partie destinée à être enlevée; tous les rochers avoisinants qui offrent des superficies planes ont été travaillés de même, et les traces des travaux s'y sont conservées aussi vives que s'ils n'eussent été abandonnés que la veille.

PLANCHE LXIX.

N° 1. La derniere cataracte, c'est-à-dire le dernier saut que fait le Nil marchant au nord; ce n'est proprement qu'une barre, formée par un banc de granit, qui, traversant le fleuve pendant l'espace d'une lieue et demie, ne le laisse passer qu'en s'échappant à travers des rochers plus ou moins hauts, et plus ou moins aigus, et qui d'espace en espace lui font faire de petites nappes de quatre pouces à un pied, pendant le temps de l'année que les eaux sont basses; c'est dans ce temps que les bateaux rencontrent des obstacles qu'ils ne peuvent franchir, et que les eaux du fleuve écumeuses et bruissantes prêtent en quelque sorte aux idées qu'on s'est faites en Europe de ces cataractes si fameuses: au reste le passage est fermé neuf mois de l'année pour tous bateaux chargés, et six pour toutes especes de barques: c'est à ce gros rocher qui est au milieu que nous fûmes arrêtés, quoique les eaux ne fussent pas encore arrivées à leur grand décroissement et que notre barque fût des plus légeres. La route par terre depuis là jusqu'à Philée passe à travers de petits villages composés de quelques maisons, de rochers, de petites portions de terre cultivée qui ressemblent à des jardins, de parties sablonneuses et désertes, d'amas de ruines de la nature, de petites chûtes d'eaux s'échappant de toutes parts avec fracas, et qui offrent une variété tout-à-fait pittoresque.

N° 2. Autre aspect de ce qui forme la cataracte du Nil (voyez l'article n° 1, et le journal, tome II, pag. 76).

N° 3. Maison nubienne des plus somptueuses et des plus completes dans sa distribution ; celle-ci, ainsi que toutes les autres, est bâtie de terre, mêlée de quelques morceaux de bois de palmiers, servant de chambranles aux portes ou ouvertures par lesquelles on s'introduit dans les chambres et magasins, le tout couvert à-peu-près de fagots de paille de dourac, qui servent de provision de bois pour cuire : lorsque les maisons sont dépourvues d'arbres et construites dans les rochers, elles disparoissent à l'œil dès que le soleil levé ne laisse plus d'ombres aux corps, et n'en dessine plus la forme : il m'est arrivé plusieurs fois de chercher à midi un village que j'avois vu le matin, tandis que j'étois au milieu des maisons. Une des étranges sensations du tropique est de se trouver à midi comme un centre de lumiere dont on est le foyer, de voir la nature sans ombres s'affaisser, s'aplanir, n'avoir plus de saillies apparentes, et tout un pays prendre un nouvel aspect, et perdre ses formes devenues méconnoissables.

La fabrique à gauche est le magasin des différents

grains, que l'on enferme hermétiquement dans des especes de cipes, dont on les retire, à mesure qu'on en a besoin, par de petits trous qui sont au bas; ce qui est de chaque côté de la porte sont des poulaillers et des pigeonniers: le besoin, qui est le distributeur des localités et l'architecte de chaque corps-de-logis, fait que toutes les maisons se ressemblent, sans qu'il y en ait deux qui soient de même. Ce que l'on voit à droite est la cuisine, toujours à l'angle d'un des murs, pour que le feu soit à l'abri de deux vents, et qu'on ne soit pas incommodé de la fumée par les deux autres; la figure assise, fumant sa pipe, est dans la piece principale, celle des conférences; au-dessous l'habitation des femmes, où l'on n'entre et où l'on ne peut se tenir qu'accroupi; c'est là que sont relégués les plus chétifs et les plus vilains enfants que l'on puisse imaginer: car il semble que les orientaux deviennent beaux jusqu'à quatre-vingts ans, et ne commencent à être bien qu'à vingt; les palmiers-dattiers et les palmiers-doum font les frais de la pompe et de la décoration de cette habitation: mais j'ai pensé qu'on verroit avec intérêt sur le même sol les extrêmes des résultats de l'industrie, l'homme s'agrandissant de la majesté de ses palais et du faste du superflu dont il s'est couvert, et l'homme rendu presque à la classe des animaux en se rapprochant de la nature et se réduisant à ses seuls besoins.

PLANCHE LXX.

Plan de l'isle de Philée, située au-delà des cataracles du Nil, à un coude de ce fleuve, gisant dans sa longueur du nord-ouest au sud-est; elle a à-peu-près 300 toises de long sur 120 de large; elle est presque toute couverte des plus fastueux monuments de divers siecles; le sud-ouest de sa partie supérieure est occupé par un beau rocher très pittoresque, dont l'aspect âpre et sauvage semble ajouter à sa magnificence, et faire valoir les belles lignes régulieres de l'architecture des temples qui l'avoisinent.

Le courant du fleuve, venant frapper jusqu'au pied du rocher, lettre &, a dispensé de faire un quai dans cette partie; au moment où manque le rocher commence un quai revêtu Z, d'environ 36 pieds de haut, décoré d'un tore, au-dessus duquel s'éleve un parapet à hauteur d'appui; sur ce parapet s'élevent deux petits obélisques de grès, sans hiéroglyphes, et d'un travail médiocre; il n'y en a plus qu'un debout.

Le quai continue en talus, à la partie nord de l'isle, avec des poternes (n° 28) qui ouvrent et embarquent sur le fleuve: ce fut par où passerent les habitants lorsqu'ils se sauverent, et nous abandonnerent l'isle (voyez le journal, tome II, page 88): n° 27 est une rampe qui amenoit du fleuve à une porte; le mur se prolongeoit jusqu'à une autre porte, où il reprend, et va se perdre en ruine; c'est là tout ce qui reste de la circonvallation égyptienne. Les deux portes sont belles et bien conservées (voyez planche LXXII, n° 2).

Le n° 3 est un temple périptere; les colonnes engagées jusqu'au tiers, les chapiteaux à gobelet surmontés d'une quadruple tête d'Isis (voyez pl. LX, n° 7), portant une architrave et une corniche sans couverture, et fermant de deux portes sans sommiers. N° 4, une galerie de 250 pieds de longueur; cette galerie étoit en colonnes assez bien sculptées, à chapiteaux évasés, surmontés d'un dé, d'une architrave, et d'une gorge; il y a des différences à presque tous les chapiteaux: cette partie de l'édifice étoit moins ancienne que le temple, mais plus que celle qui lui est parallele, n° 5, et qui, je crois, n'a jamais été achevée de construire, quoiqu'elle soit plus en ruine que la premiere; elles servoient de corridor à nombre de cellules, n° 6, que l'on peut croire avoir été des chambres de prêtres.

Le n° 10 sont deux pieces formant un édifice à part, un sanctuaire des plus anciens, et sans doute des plus révérés, car il paroît que c'est pour épargner son existence que l'on a gauchi toutes les lignes du plan général; les sculptures sont en bas-reliefs précieusement sculptés.

Le n° 9 sont deux grands môles en talus, de 47 pieds de large chacun et 22 pieds d'épaisseur, qui flanquent une grande et magnifique porte.

Ils sont bordés aux angles par un tore, et surmontés d'une gorge; les panneaux, couverts de deux rangs d'hiéroglyphes gigantesques, représentant cinq grandes divinités; au bas, de grandes figures, tenant d'une main une hache levée, et de l'autre les cheveux d'un groupe de trente figures à genoux implorant leur clémence (voyez planche CXX, n° 7); au revers de cet édifice quatre figures de prêtres (planche CXXI, n° 9), portant un bateau, dans lequel est un emblême pareille à celui qui est dans le bateau du bas-relief du temple d'Éléphantine (voyez planche CXXVIII, n° 5); aux deux côtés de la porte il y avoit deux petits obélisques en granit, de 18 pieds d'élévation, couverts d'hiéroglyphes bien purement sculptés, et devant étoient deux sphinxs de 7 pieds de proportion; tout cela est renversé.

Le n° 11 est une autre cour, de 80 pieds sur 45, flanquée de deux galeries en colonnes, derriere lesquelles à droite est une suite de cellules de 10 pieds de profondeur, et à/gauche un édifice particulier, composé de deux portiques (n° 13 et 14), et de trois chambres de diverses grandeurs, se communiquant les unes aux autres, et s'ouvrant sur les portiques: c'est le seul que j'aie vu de ce genre; s'il étoit plus éclairé, on pourroit croire que c'auroit été un principal appartement; son exécution est très soignée, et son effet très pittoresque. Le n° 15 est encore un sanctuaire, plus petit que tous les autres, appuyé contre deux autres môles en talus, d'un tiers moins grands que les premiers, et servant de portail à l'édifice le plus grand et le plus régulier de tout ce groupe: la piece qui suit, n° 17 et n° 18, est une espece de portique, décoré de dix colonnes et de huit pilastres de 4 pieds de diametre, aussi magnifique qu'élégant; les colonnes et les murs couverts en tableaux hiéroglyphiques, sculptés dans le massif, perfectionnés en stucs, et peints; le portique et deux retours couverts en plafonds en plate-bandes, sculptés et peints en tableau astronomique, ou en fond d'azur avec des étoiles blanches. La partie numérotée 17 est à ciel ouvert, qui produit un beau jour, et un des plus beaux effets d'architecture : un tableau exact fait avec les couleurs naturelles seroit aussi imposant et aussi agréable qu'il seroit neuf et curieux ; le relief de l'architecture et de la sculpture donnant des ombres aux teintes plates de la peinture, acheve ici de la faire tourner ; elle prend une harmonie et une magnificence dont je fus étonné : je ne pouvois m'arracher de cette superbe et étonnante piece, dont il faudroit dessiner tous les détails, je n'eus le temps que d'en prendre le plan (voyez le journal tome II, page 91).

A ce portique ouvert succédoit la partie fermée du temple, de 60 pieds de profondeur sur 30 de large, divisée dans la longueur en quatre pieces communiquant par quatre portes diminuant d'ouverture; la premiere de 7—4, la seconde de 6—4, la troisieme de 5—6, la quatrieme de 4—8; un coup-d'œil sur le plan donne une idée plus nette qu'une description, où la répétition des mêmes expressions distrait plutôt l'attention qu'elle n'éclaire l'imagination : il seroit bien difficile d'assigner l'usage de ces diverses pieces, dont il y en a de si longues, si élevées, si étroites, si ornées, et si obscures ; dans la piece du fond est encore un autel ou un piédestal renversé, et à l'angle droit, n° 22, est une espece de tabernacle ou temple monolite, portant pour décoration la porte d'un temple de 7 pieds de hauteur sur 3 pieds de largeur, et 2 pieds 8 pouces de profondeur, d'une seule pierre de granit : on voit encore dans la pierre le creux où étoient scellés les gonds de la porte, qui avoit 3 pieds de haut sur 1 pied 6 pouces de large; dans la pièce latérale, à droite, il y avoit en même matière un même monument, dont j'ai fait un dessin à part, n° 1, planche XLI.

Ces tabernacles étoient sans doute destinés, ou à renfermer ce qu'il y avoit de plus précieux dans les temples, comme les choses sacrées, l'or, ou les pierreries, ou peut-être le dieu lui-même; dans ce cas ce ne pouvoit être qu'un reptile ou un oiseau, et la porte auroit été une grille, pour laisser de l'air à l'animal, s'il étoit vivant. J'ai trouvé depuis, sur un lange de momie, qui étoit de temps immémorial à la bibliothèque de l'académie française, et qui a passé depuis à celle de l'institut, la représentation d'un de ces petits temples, avec une porte grillée et fermée, et un autre avec la porte ouverte, un oiseau dans le temple, et un homme qui lui apporte à manger, et un troisième, où le gardien des oiseaux les surveille pendant qu'ils prennent l'air (voyez planche CXXV, n° 13, 16 et 17). Cette découverte ne me paroît laisser aucun doute sur l'usage de ces sanctuaires monolites.

Après cette suite d'édifices le monument le plus considérable est un portique carré-long, n° 25, de 64 pieds de long sur 44 de large; quatre colonnes de face, et cinq sur la partie latérale; deux portes de 9 pieds sans sommiers; cet édifice, ouvert pour le ciel, n'étoit clos que par un soubassement, qui n'arrivoit qu'à la moitié de la hauteur de la colonne; ce monument, élevé sans doute dans les derniers moments de la puissance égyptienne, n'a jamais été fini ; mais ce qui en existe atteste que l'art étoit arrivé alors à son dernier degré de perfection : les chapiteaux sont les plus beaux, les plus ingénieusement composés, et les mieux exécutés de tous ceux que j'ai vus en Égypte ; le lotus y est enlacé avec une grace infinie avec les volutes du chapiteau ionique et composite ; il n'y a que deux panneaux de soubassement qui aient été achevés. Le lotus étoit l'ornement qui régnoit par-tout dans cet édifice.

Le n° 23 est encore un sanctuaire, très difficile à séparer de ses propres décombres et de ceux des autres édifices.

N° 24 est un petit sanctuaire d'une conservation parfaite ; la noblesse de ses proportions fait illusion sur la petitesse de ses dimensions ; il consite en un portique décoré de deux colonnes, et un sanctuaire de 11 pieds 6 pouces de profondeur sur 8 pieds de large ; les ornements en sont très finis et d'un goût exquis ; c'est un véritable temple à antes, amphiprostyle (voyez sa frise, planche CXVI, n° 1).

Le n° 28 sont des parapets bastionnés, qui peuvent faire croire que toute cette isle a été enceinte de murailles : il est pourtant possible que celle-ci soi de construction romaine, comme l'est certainement la fabrique à laquelle elles viennent aboutir, lettre A, qui servoit de port ou d'arrivage ; les voûtes et le style dorique de ces ruines ne laissent aucun doute que ce ne sont plus ici des constructions égyptiennes :

seroit-ce une douane romaine ? une rampe en gradin, et un petit écueil vis-à-vis en font encore une petite rade pour les bateaux.

La lettre D est une muraille, décorée de pilastres doriques, vis à-vis desquels des bases de colonnes annoncent qu'il y avoit une galerie couverte, et derriere la muraille d'autres édifices ruinés.

Le monument de la lettre E est la ruine d'une église grecque, avec sa nef et le chœur fermé ; elle avoit été construite de matériaux antiques, aux sculptures desquelles on avoit ajouté des croix, des rinceaux, et autres ornements dans le style du temps.

Le reste de l'isle n'offre plus que quelques petites cultures faites dans le terrain, amassées par les alluvions du fleuve ; et quelques plantations d'arbres, qui se marient admirablement bien avec les rochers, les monuments, le fleuve, et de beaux fonds, offrent à chaque instant les tableaux les plus variés et les plus intéressants.

Au sud de l'isle, lettre K, au-delà du fleuve, le pays est cultivé et abondant ; au nord, lettre M, est une autre isle, beaucoup plus grande que Philée, tout hérissée de rochers de granit ; dans une vallée, à travers des palmiers, on trouve la ruine, lettre H. composée d'un sanctuaire fort dégradé ; quatre colonnes à chapiteau évasé et fort élégant formoient un portique devant le sanctuaire ; des fabriques moins anciennes, et cependant plus détruites, sont encore défigurées par un cintre repris dans le massif, ouvrage de la catholicité ; à la partie la plus orientale de la carte, lettre L, est un rocher en forme de siege, figuré par deux pointes de granit.

PLANCHE LXXI.

N° 1. Vue de l'isle de Philée; également pittoresque sous tous les aspects: j'ai cru ne pouvoir trop en répéter l'image; celle-ci est prise de l'est à l'ouest du soleil couchant, telle que je l'ai vue pour la premiere fois; les rochers qui sont à droite, et qui ont l'air de ruines, sont d'autres isles: dans la petite plaine qui est au-dessous, on trouve encore des monuments: il faut, pour l'intelligence des localités, consulter la carte, planche LXX, et son explication.

N° 2. La même isle de Philée dans la partie opposée à la vue ci-dessus, éclairée de même par le soleil couchant; à côté des fabriques, à gauche de l'isle, les deux mamelons de granit, offrant la forme d'un fauteuil; voyez le même rocher, planche LXXII, n° 3.

N° 3. Autre vue de Philée dans le moment où les habitants, nus, et tenant en main de grands sabres, de longues piques, des fusils et des boucliers, montés sur le haut du rocher, nous déclarerent la guerre: ce tableau étoit aussi beau par la couleur, par les formes de la nature, que par les monuments et les groupes d'habitants qui les parcouroient.

PLANCHE LXXII.

N° 1. Temple sur une isle au nord et tout auprès de

celle de Philée (voyez la carte, lettre H, pl. LXX);
il consiste en un sanctuaire, devant lequel on a
ajouté un portique, dont on voit encore deux colonnes avec leurs chapiteaux, et plus en avant une
porte, qui tenoit sans doute à la circonvallation du
temple; la forme cintrée que l'on voit à cette porte
a été ajoutée à la construction égyptienne dans les
siecles où la catholicité a fait des églises de ces
temples.

N° 2. Partie nord de l'isle de Philée, avec le développement de tous ses monuments (voyez la carte,
planche LXX, et son explication); on peut être
étonné de trouver sur la frontiere d'Éthiopie un
grand nombre de monuments de cette magnificence, aussi bien conservés après tant de siecles.

N° 3. Un rocher de granit à qui la nature a donné
la forme d'un fauteuil, et sur lequel il est possible
que les Égyptiens, toujours colossals dans leurs
entreprises, aient eu le projet de placer une statue
gigantesque; ils avoient déja achevé ce que le hasard avoit commencé en perfectionnant la foulée du
siege, en taillant dans le rocher un escalier pour y
parvenir, et en décorant ce rocher de belles inscriptions hiéroglyphiques; cette singularité de la nature
est située à l'est de Philée (voyez la carte, lettre L,
planche LXX).

PLANCHE LXXIII.

N° 1. Couvent cophte, près le village de Bénéadi,
à l'issue d'une des routes du désert qui conduit de

Cosséir au Nil, en passant par la fontaine de la Kittah. Ce couvent, fortifié d'une circonvallation, détruit et remplacé par des tombeaux musulmans, nous servit de logement pendant que nous cherchions à bloquer les beys et leurs Mamelouks dans le désert : cette vue, qui n'offre que quelques lignes, peut cependant donner l'idée de la tristesse et de l'isolement d'une telle habitation ; l'intérieur étoit spacieux et commode pour la circonstance où nous nous trouvions ; de grandes cours logeoient les troupes, que de simples avant-postes et quelques védettes laissoient en sûreté, attendu que le plus petit objet se distinguoit à un grand éloignement ; l'état-major y étoit assez commodément logé, quoiqu'à travers les tombeaux et les chauves-souris, dont nous avions troublé le repos et le silence. On peut prendre une idée de l'intérieur de ce monument dans la planche LXXIX. Les groupes de figures autour du retranchement représentent la cavalerie campée sous les murailles, la garde du camp, les postes avancés ; sur le troisieme plan, à gauche, un petit corps en marche pour faire une reconnoissance ; tout-à-fait au fond, un cavalier en sentinelle, que l'on voit d'une lieue ; un ciel sans vapeurs, qui arde sur un terrain aride, et pas un signe de vie sur tout l'horizon.

N° 2. Vue de Nagadi, qui peut donner une idée des villages situés dans le désert, puisque celui-là, par sa position, est un des plus grands et des plus riches, étant sur le passage des caravanes, à un débouché d'une des routes de Cosséir au Nil, et par conséquent de la Mekke en Égypte ; il contient nombre d'habitants riches faisant le commerce d'entrepôts et de fournisseurs de chameaux aux caravanes qui font perpétuellement la traversée ; il y a des moments où l'on trouveroit à louer mille à douze cents chameaux à Nagadi ; et cependant ce commerce actif ne change rien à l'aspect silencieux de ce village ; les maisons et le sol de la même couleur ; le village disparoît dès que le soleil perpendiculaire ne laisse plus de projection à l'ombre ; quelques puits et des citernes décident du choix de l'emplacement de ces sortes de villages : l'eau à délayer la terre, dont on bâtit les maisons, est une des matieres les plus précieuses qui soient employées à leur construction : le peu de femmes qu'on y apperçoit accroupies aux angles des murailles, quoique voilées, disparoissoient comme des lapins dès que quelqu'un de nous arrivoit inopinément ; elles se précipitoient dans les trous qui servent de portes aux tanieres qui les recelent : chaque dôme sont autant de magasins à déposer les marchandises apportées de la mer Rouge à travers le désert ; les petits monuments qui ont l'air de vases ou cuvettes sont des especes de tables concaves qui sont autant de bassins dans lesquels on fait manger les chameaux ; chaque maison est un enclos isolé, et les espaces entre chaque enclos sont les rues, dans lesquelles on se perdroit, si l'on ne voyoit toujours par-dessus les maisons : pour donner l'échelle de leur hauteur il suffit de dire qu'on voit presque toujours par-dessus le toit la tête du chameau qui est accroupi dans la cour; le paysage qui environne le village est aussi gai que celui que j'ai décrit n° 1 ; on ne voit pas clair, et l'on étouffe lorsqu'on est dans les maisons; on ne voit rien, et l'on grille lorsque l'on en est dehors.

N° 3. Ruines d'un couvent sur la rive gauche du Nil, vis-à-vis Syene, à une lieue dans le désert, dans une vallée silencieuse, dont aucune description, aucun tableau, ne peut peindre la mélancolie. J'ai rassemblé sur la même planche tout ce que l'Égypte offre de plus triste et de plus funeste (voyez le journal, tome II, pag. 99).

PLANCHE LXXIV.

N° 1. Une figure de femme dans le harem (voyez le journal, tome I, page 148).

N° 2. Mamelons de granit déchaussés et arrondis par le temps; ils sont situés sur la grande isle, au nord de celle de Philée; les figures peuvent servir d'échelle pour prendre une idée de leur grosseur: ce qui paroît des tentes sont des habitations construites en nattes à travers ces blocs, et où sont logés les pasteurs qui habitent cette isle sauvage. Le mamelon pointu que l'on voit au milieu de l'estampe est le même qui termine la montagne de la planche LXVII, n° 2.

PLANCHE LXXV.

N° 1. Ruines d'un temple près Chnubis, à sept

ou huit cents toises de l'enceinte de cette ville : ce petit monument situé, comme un hermitage, sur le bord du désert, a un caractere très imposant; un sanctuaire de la plus haute antiquité a été entouré postérieurement d'une galerie tournante, qui étoit terminée par deux portiques qui sont détruits. J'aurois desiré en faire plusieurs vues, car tous ses aspects étoient également nobles et pittoresques; la nudité du sol à l'entour de ce monument ne laisse aucun doute sur l'isolement où il a été de tous les temps, et ne doit point y faire chercher l'existence d'une ville perdue dans la nuit des temps.

N° 2. Vue des ruines d'Ombos, capitale du nome de ce nom, bâtie dans une situation théâtrale, dominant le Nil et toute cette région de la vallée; les débris de ses monuments sortent encore fastueusement des briques et des tessons de ses édifices particuliers : on voit à droite le mur de sa circonvallation, avec une porte qui y est encore comprise; la seule fois que j'aie rencontré cette conservation : les deux môles, qui servoient sans doute d'entrée à l'enceinte du grand temple que l'on voit derriere, bâtis sur un terrain mouvant, ou rapporté, avoient des fondations qui descendoient jusqu'au niveau du fleuve; le temple, très avantageusement situé, devoit produire l'effet le plus imposant lorsqu'il étoit environné de tous ses accessoires; la ruine en est encore admirable. Je ne la vis que pour avoir à regretter de ne pouvoir en faire une vue qui pût donner l'idée de sa splendeur. A gauche, sur un monticule de briques rouges, qui sont les restes de la ville antique, on apperçoit quelques fabriques, qui sont les habitations d'Arabes pasteurs, qui vivent misérablement sur les ruines fastueuses des habitations antiques. J'ai regretté de ne pouvoir chercher dans son enceinte s'il y auroit des vestiges de quelques bassins où auroient été nourris les crocodiles que l'on adoroit à Ombos.

N° 3. Vue des ruines de Chnubis, une des villes dont les restes, quoique nombreux, donnent le moins d'idée de son plan et de la disposition de ses édifices; elle aura sans doute été bâtie ou reconstruite à diverses époques: on y voit de très petits monuments tout près des grands, et également soignés dans leurs détails. J'ai vu deux fois Chnubis, et toutes deux de la maniere la plus incommode (voyez le journal, tome II, page 170).

Les ruines à droite sont de petites formes, et n'ont pu appartenir qu'à de très petits monuments; ce qui les termine, est un groupe de deux figures de granit accolées et renversées : l'endroit où sont les deux personnages isolés est un parapet qui entoure un bassin autour duquel étoit une galerie en colonnes. Il reste encore de l'eau dans l'emplacement où l'on voit un chasseur qui tire un coup de fusil sur un des oiseaux qui étoient dans le marais. Le monument auprès des hommes à cheval est une galerie de deux especes de colonnes élevées à deux époques, unies cependant par la même plate-bande : seroient-ce les restes d'un temple auquel on auroit fait des augmentations? Tout près sont deux portes parallèles, de dimensions moins grandes, et ayant appartenu à un autre monument, le tout magnifiquement recouvert de nombreux hiéroglyphes; mais ce qu'il y a de plus particulier dans les ruines de cette ville, c'est la grande muraille en briques non cuites dont ses monuments sont encore enceints; on voit tout à gauche une ouverture, qui étoit sans doute une porte, dont on peut suivre la ligne tout le long du second plan; derriere est la chaîne libyque; en avant du paysage passe le Nil, devant lequel il y avoit un quai, dont il reste quelques ruines.

PLANCHE LXXVI.

N° 1. Tombeaux dans les carrieres de Silsilis: ces carrieres, prolongées dans la masse du rocher de grès, conservoient sur le rivage une espece de façade percée de portes, qui servent d'ouvertures à passer les matériaux tirés de l'intérieur pour les embarquer sur le Nil; cette espece de façade étoit décorée de petits portiques pris à même dans la masse et sculptés avec soin, sans ragréer autrement les rochers dans lesquels ils étoient pris, comme on peut le voir à droite de l'estampe; au milieu, où sont les quatre personnages avec des piques, est l'entrée d'une des rues de ces carrieres; à gauche une inscription décorée d'un couronnement couvert d'emblêmes sacrés; et ce qu'il y a d'étrange dans ce monument, c'est que les lignes parallèles entre elles ne sont pas perpendiculaires; l'espece de champignon qui est à gauche a servi sans doute de témoin pour aider au calcul de l'exploitation de la carriere, comme nous en conservons de nos jours pour les déblaiements des terres ou le nivellement d'un sol; l'erreur que l'imagination enfante, et que l'amour du merveilleux propage, seroit le plus souvent détruite, si l'on vouloit de bonne foi observer et se rendre compte du physique des choses, et ne pas leur prêter une maniere d'être qu'elles n'ont pas. Les voyageurs ont toujours vu ce morceaux de rocher comme une des colonnes qui servoient à attacher une chaîne, que l'on croit qui devoit fermer le Nil à ce point, où ce fleuve est resserré par les montagnes; cependant il auroit fallu que cette chaine eût été ou de corde ou de fer: si elle eût été de fer, son poids eût entraîné une colonne douze fois plus grosse que celle-ci; si elle eût été de chanvre, on verroit encore les marques de l'endroit où elle auroit été attachée; elle auroit d'ailleurs bien vite dégradé par le frottement une pierre tendre; et puis, quelle auroit été la machine qui eût pu tendre une corde qui auroit traversé ce grand fleuve? La meilleure preuve que ce n'étoit point là la colonne de la chaîne, c'est qu'une chaîne ne pouvoit être attachée à cette colonne, et que, si la chaine a existé, c'est par d'autres moyens qu'elle a été attachée et tendue.

N° 2, 3, et 4. Figures dans les tombeaux, sur le devant des carrieres de Silsilis. Ces figures, de grandeur naturelle, sculptées à même dans la masse du rocher, étoient le plus souvent à peine ébauchées:

chaque chambre de ces tombeaux, de 7 sur 10, et de 8 sur 11 pieds, est constamment revêtue en stuc avec des peintures, et contient une, deux, trois, ou quatre figures.

PLANCHE LXXVII.

N° 1. Vue d'une rue de Djirgée. A droite, la maison d'un grand; le mur de circonvallation en fait un quartier qui se ferme, en cas d'inquiétude politique ou de guerre ouverte, par la porte, dont le passage reste libre dans toutes les autres circonstances. Le Caire étoit obstrué de nombre de ces portes; chaque bey, chaque grande charge avoit son quartier : la premiere opération du gouvernement français, en entrant dans cette ville, fut d'en enlever toutes barrieres intérieures. Derriere celle-ci on apperçoit une maison particuliere, comme sont bâties toutes celles de la haute Égypte; tous les étages sont consacrés à la multiplication des pigeons, dont le rapport le plus utile est le produit de la fiente, qui sert à la culture des pasteques et des melons. L'édifice à droite est un minaret avec sa galerie, d'où les imans appellent les fideles à la priere; en tout, cette vue présente l'image naïve de la rencontre d'un coin de rue, ce qu'on ne s'avise jamais de dessiner, et ce qui plus qu'autre chose rend compte d'un pays; elle a été gravée très spirituellement par le citoyen Pillement, artiste distingué.

N° 2. Le château de Benouthah ou Benouth (voyez le journal, tom. II, pag. 123) : j'ai choisi le moment où le feu prend à une petite mosquée qui contenoit les munitions de l'ennemi, et les fait sauter; sur le devant est la seule piece de canon que nous eussions, avec laquelle, dans l'impossibilité de faire breche dans des murs de terre, nous brisions la porte pour faciliter l'assaut.

PLANCHE LXXVIII.

Nº 1. Maniere de passer le Nil assis sur un double faisceau de paille, avec une courte et double rame, les jambes servant d'avirons; les habitants de la haute Égypte traversent ainsi montant et descendant le Nil; ils tiennent à l'eau deux et trois heures, jusqu'à ce que la fascine soit absolument imbibée. Lorsque nos marches se dirigeoient vers les villages situés entre le désert et le fleuve et proche de l'un et de l'autre, les femmes et les enfants étoient envoyés en avant dans le désert; et le reste de la population, lorsqu'elle nous voyoit arriver, se lançoit à l'eau sur autant de ces fagots, nous regardoit passer de l'autre rive, et revenoit dans les habitations dès que nous étions éloignés.

Les deux figures qui sont au-dessous de l'homme qui est dans l'acte de passer sont celles du bateau et de la rame pris géométralement.

Nº 2. Une assemblée de cheikhs: le sentiment de vérité de ce petit dessin a donné au citoyen Bertaux le desir de le graver; et il l'a fait avec tant de talent, que j'ai cru devoir le joindre aux autres productions dont cet habile artiste a décoré mon ouvrage.

Il a été question de cette assemblée dans l'expédition de la basse Égygte (voyez le journal, tome I, page 152).

N° 3. Combat de Birambar, et mort du général Duplessis (voyez le journal, tome II, page 155).

PLANCHE LXXIX.

N° 1. Fours égyptiens. Ces petites bâtisses, élevées en un jour et pouvant servir le lendemain, sont d'une grande commodité dans une expédition ; les Arabes pour ces especes de constructions sont d'une adresse et d'une célérité inconcevables : on est encore plus étonné du peu de combustibles qu'ils consomment pour cuire une très grande quantité de pain ou biscuit (voyez le journal, tome I, page 321).

N° 2. Quartier-général dans les tombeaux, près Nagadi. Cette triste habitation, que nous avions été très heureux de trouver dans le désert, nous sauvoit de l'ardeur d'un soleil presque insupportable : on peut prendre une idée du dénuement de sa situation par la vue extérieure de cet édifice, planche LXXIII, n° 1 ; la scene représente le moment où les paysans de Nagadi nous amenent des Mekkains, qui, après leur déroute, étoient devenus autant de voleurs qui désoloient le pays, et que les Égyptiens prenoient et tuoient par-tout où ils les rencontroient. La scene se passe au milieu de la nuit : les Arabes de Nagadi arrivent avec leurs prisonniers, éclairés par des especes de torches dont on fait beaucoup d'usage en Égypte dans les marches de nuit : de l'autre côté sont nos intendants cophtes et nos interpretes; dans le second plan, le général Belliard, son état-major et moi : cet effet, assez piquant pour la lumiere, donne une image vraie de notre maniere d'être à cette époque (voyez le journal, tome II, page 148).

PLANCHE LXXX.

Nº 1. Un trait géométral du couronnement d'une porte d'Apollinopolis parva, aujourd'hui Qouss, dont le nº 3 est la vue pittoresque. Ce fragment se trouvant à portée, j'en ai mesuré avec exactitude toutes les courbures et les dimensions de ses détails : le plan et l'échelle sont au bas de la figure.

Nº 2. Inscription qui est sur le listel du couronnement de la porte de Qouss à sa partie sud, qui étoit sans doute l'entrée du temple dont cette porte faisoit partie : cette dédicace, postérieurement faite du temps des Ptolomées, est actuellement dans l'état où je la donne; le citoyen Parquoi, avec l'attention et le soin dont il est capable, et avec les lumieres qu'une longue étude lui ont acquises, a fait aux lettres fragmentées les restitutions ponctuées que l'on voit à la troisieme et à la quatrieme ligne, et la traduction qui suit.

Il m'a accordé les mêmes bontés pour l'inscription que j'ai rapportée de Tintyra, que l'on peut voir dans le journal, tome II, page 212.

Nº 3. Vue pittoresque du village de Qouss, et du monument que l'on voit au milieu de la place, le seul reste de la ville antique d'Apollinopolis parva :

le contraste de la gravité de ce seul fragment avec tous les édifices arabes dont il est environné est encore plus frappant dans la vérité que dans la gravure : si l'on fouilloit en avant de cette ruine, on trouveroit sûrement les restes du temple dont cette porte faisoit partie ; l'exhaussement de cette place a été la suite des constructions, ruines, et reconstructions de méchantes barraques arabes faites sur les combles des antiques édifices, pour se loger d'une maniere plus assurée. Ce que l'on voit au-dessus du listel de cette porte est encore un reste de mur de ces especes de fabriques. Le squelette de chameau qui est en avant rappelle un usage établi en Orient de ne point trainer hors des villes et des villages les corps des animaux qui y meurent, d'en laisser infecter les habitations jusqu'à ce que les corbeaux, les vautours, ou les chiens, auxquels les habitants ne donnent aucune autre nourriture, les délivrent de l'odeur infecte de ces cadavres hideux.

PLANCHE LXXXI.

N° 1. Fontaine d'El-Adhout, dans le désert, entre Quénéh et Cosséir ; la route traverse en cet endroit la chaine arabique, ou le Mokattam, qui borde toute la partie orientale de l'Égypte supérieure entre le Nil et la mer Rouge : ces rochers, de schiste verd parsemé de quartz, ressemblent au marbre verd antique : les montagnes du fond sont schisteuses et roussâtres ; au milieu de l'estampe sont des excavations de la roche, et la fontaine, dont l'eau est fraiche et assez bonne :

tous ces groupes sont des portraits fideles de notre halte en allant à Cosséir (voyez le journal, tome II, page 225).

N° 2. Arrivée des Français à Cosséir; la mer Rouge dans le fond; la rade de Cosséir avec les barques de Iambo, telles qu'elles y étoient lors de notre arrivée; à droite, le château arabe dans l'état où nous l'avons trouvé, le canal, la ville, la plage blanche et nue, sur laquelle se découpoient les groupes, tels qu'ils se présenterent lors de notre arrivée; les Arabes qui nous avoient accompagnés suivent la députation des habitants de Cosséir, qui abordent le général Belliard, commandant l'expédition; les Français, descendus de leurs chameaux, viennent de se former, et l'artillerie, marchant en ordre, va prendre possession du château.

Cette estampe, gravée par Bertaux, est à mettre à côté des ouvrages les plus distingués du célebre Callot.

PLANCHE LXXXII.

N° 1. Fontaine de la Kittah : cette vue présente le tableau d'une caravane en mouvement, et rappelle ces marches si bien décrites dans les livres sacrés, dans cette histoire si poétique et si colorée, qui gravent si profondément dans l'imagination ces scenes patriarchales près des fontaines du désert, où le plus petit abri devient un monument cité, précieux, desiré, et cher à la mémoire. Je crus à Kittah voir la fontaine du jurement où Abraham fit alliance avec

Abimélec, le puits du voyant et du vivant où Isaac rencontra Rebecca; je crus assister à la séparation de Jacob et de Laban. J'ai représenté ici le moment où la caravane, ondoyant dans la plaine, se perd déja dans l'espace, tandis que les derniers de ceux qui l'accompagnent pensent à peine encore à charger leurs chameaux: l'édifice principal est une espece de caravansérail pour abriter les chefs des caravanes; les autres fabriques couvrent ou entourent les sources des diverses fontaines; au milieu une d'elles, creusée en pente douce, abreuve les animaux; sur le devant, des cadavres de chameaux, dont la substance, dévorée par l'ardente aspérité du sol, devient très vite d'une légèreté extraordinaire, et leurs os blanchis marquent pendant des siecles la route aux voyageurs, et leur servent encore de guide dans l'obscurité des nuits, toujours transparente dans ces climats brûlants.

PLANCHE LXXXIII.

N° 1. Femme d'Égypte dans le harem.

J'ai dessiné celle-ci d'après nature; voyez dans le journal, tome I, page 148, la circonstance qui m'en a fourni l'occasion: elle est assise à l'angle d'un divan, coiffée, et couverte de schals; près d'elle est un éventail de plumes, et ses sandales au bas du divan.

N° 2. Vue de Cosséir, prise du nord au sud, avec la triste vue des stériles côtes de la mer Rouge (1). À gauche, sur le devant, on voit les ressifs qui for-

(1) Il s'est glissé une erreur dans l'annonce du titre de ce n°: *lisez*, Vue de Cosséir, et des côtes de la mer Rouge.

ment la rade de Cosséir, et la défendent des vents du nord nord-ouest, et dans le fond, le cap qui l'abrite au sud sud-est. Cette plage, toute de nouvelle formation, n'est composée que de madrepores, dont la plupart sont énormes; sa couleur blanche, réfléchie par le soleil, en rend l'aspect difficile à soutenir. Ce que l'on apperçoit sur le premier plan sont des établissements arabes; ils sont composés de quelques morceaux de bois soutenant de mauvaises nattes, sous lesquelles de malheureux habitants vivent de coquillages, dont les débris forment tous les ustensiles de leur ménage : j'y ai trouvé des coffres assez curieux faits d'écailles de tortues; mais ce que l'on ne peut ni peindre ni décrire, c'est la triste austérité du pays, c'est le rigide aspect du sol, et l'insupportable reflet de l'ardeur du soleil sur la blancheur de cette plage : en voyant des êtres s'agitant sur ce point, et y formant des établissements, on peut prendre une idée de ce que l'avarice peut faire braver de privations pour obtenir le superflu.

PLANCHE LXXXIV.

N° 1. Conseil arabe près Sahmatah (voyez le journal, tome II, page 244). Au milieu de l'estampe un grand sycomore fait le plus bel abri de cette enceinte; tous les cheikhs arabes des environs sont rassemblés pour traiter de projets utiles à la province, des travaux à faire pour l'ouverture des canaux à recevoir l'inondation du Nil, et de la répartition des frais à imposer à chaque village en raison des avantages du résultat des opérations. Ce conseil étoit présidé par le général français; tout y étoit discuté avec tranquillité, décence et dignité; tout ce qui étoit juste et utile, de quelque part qu'il vînt, étoit aussitôt approuvé et adopté. Après le conseil le kaïmakan ou commandant de la gendarmerie, chez lequel il se tenoit, donna à souper à tous les chefs, à nous et au détachement qui nous accompagnoit; c'est ce qui fait le sujet de la planche, n° 2, où l'on voit la maison des champs du kaïmakan, homme riche, vieux, et en grande considération dans le pays; c'est lui qui, à cause de son grand âge, est couché sur le lit qu'on voit au milieu de l'estampe; il est servi par ses enfants, et ne mange qu'avec son petit-fils, le respect filial ne permettant pas que le fils se mette à table avec le pere, et l'étiquette ne prononçant rien à l'égard du petit-fils; un tapis étendu sur la terre, et tous les convives à l'entour; le général et son état-major est à la partie supérieure: les domestiques font le service en courant à travers les plats; à droite ils apportent le riz et les autres mets: la fumée est l'endroit où se faïsoit la cuisine. Toujours à droite une sentinelle en védette, et deux estaffettes arabes envoyées en commission. Derriere le mur d'enceinte est un jardin avec un bois de palmiers; sur le devant une partie du même sycomore qui est dans l'estampe de dessus. Cette habitation n'a l'air au premier coup-d'œil que d'un emplacement où il y a un angar, tenue propre et rafraichie par de perpétuels arrosements, décorée de beaux tapis, animée par une quantité de personnages ayant chacun une suite, de la magnificence en chevaux, en armes, une gravité, une décence nobles, une profusion de serviteurs apportant à chaque instant quelque chose à manger ou à boire. On est surpris d'abord d'un luxe nouveau; on s'apperçoit bientôt qu'il a ses agréments comme le nôtre, et l'on finit par céder à une mollesse qui a bien quelque charmes : j'y passai deux jours et deux nuits, et déja je m'y trouvois très bien.

PLANCHE LXXXV.

N° 1. Maniere de faire le macaroni : la manufacture et tout à la fois la boutique sont dans la rue; un four, sur lequel une grande plaque de cuivre est échauffée; le marchand fait tomber une pâte fine et liquide, qui se tamise à travers les trous d'un vase qu'il promene sur la plaque; au bout de quelques minutes, les filons de pâte sont durcis, desséchés, et cuits par une même chaleur entretenue sans relâche par une égale quantité de branches de palmier, dont on chauffe perpétuellement le four. On donne, dans le même espace de temps, le même degré de cuisson au macaroni, que l'on renouvelle continuellement sur la plaque, et qui se vend à mesure qu'il se fait.

N° 2. Divan militaire; les causes dans lesquelles les intérêts des Français entroient pour quelque chose, au lieu d'être jugées par la justice ordinaire, étoient portées au tribunal du commandant de la province; et souvent même les habitants demandoient que leurs différents particuliers fussent jugés par le même tribunal : ce tableau-ci est un jugement de ce genre. Le général, près les drapeaux de la république, a derriere lui deux truchemans ou interpretes, frippons intéressés, trop ordinairement payés des deux côtés; à gauche, sur des sieges élevés, sont les accusateurs ou demandeurs; à terre, au milieu, l'appelé ou accusé, et son défenseur; à droite, les témoins; tout le reste est l'assemblée. Cette maniere expéditive et absolue de terminer les causes n'étoit jamais suivie d'aucun murmure, malgré l'inconvénient des truchemans, qui étoit bien sûrement le seul qui pût altérer l'intégrité des jugements.

PLANCHE LXXXVI.

N° 1. Antinoë vue du Nil : on peut lire dans le journal, tome II, page 323, pourquoi je n'ai pas donné d'autres détails sur ce qui reste de cette ville; ce qu'on en apperçoit est une porte ou un arc de triomphe qui est à son extrémité sud; ce que l'on voit à droite sont quelques habitations arabes sur l'emplacement de l'antique Besa, dont les ruines m'ont paru s'étendre de là au sud-est : la forêt de palmiers est plantée entre les ruines d'Antinoë et le Nil; au-delà le village et sanctuaire du Schek-Abade, dont les habitants se sont constamment montrés très peu hospitaliers.

N° 2. Vue du couvent de la Poulie, prise du nord au sud, sur la rive droite du Nil (voyez le journal, tome II, page 327).

N° 3. Autre vue du couvent de la Poulie, du sud

au nord, prise dans la direction du cours du Nil; on voit le couvent isolé dominant le désert, qui est derriere à l'ouest, le pays cultivé et le fleuve; il pourroit devenir un poste militaire en y fabriquant un moyen d'y arriver et d'en sortir : les cavités de ces rochers escarpés sont remplies d'oiseaux de toutes especes qui y font leurs nids; on voit sur le devant la chaîne avec laquelle les moines tirent l'eau dont leur territoire est absolument privé; on voit aussi comment ils demandent la charité aux passagers, en suivant à la nage les bateaux qui montent et descendent.

PLANCHE LXXXVII.

N° 1. Bathen-él-Baqarah ou le ventre de la vache; c'est la pointe sud du triangle du Delta, qui sépare le Nil en deux branches, et l'envoie ainsi partagé se jeter dans la Méditerranée : cette position est une des plus belles de l'Égypte, celle qui seroit peut-être préférable pour y établir la ville qui en deviendroit nécessairement la capitale ; au centre des plus riches provinces, à portée de tout, elle seroit approvisionnée tout naturellement par le commerce des ports de la Méditerranée, et par toutes les productions de l'Afrique que lui apporteroit le Nil : jusqu'à présent il n'y a cependant dans cette situation privilégiée qu'un mauvais petit village qui n'a pas seulement un petit port. A droite est la branche qui conduit à Damiette; à gauche, celle de Rosette, qui, pendant un moment de l'année, arrive jusqu'à Alexandrie par le canal de Rachmanier.

N° 2. Vue de Chebreis, village où l'armée vint prendre position la premiere fois qu'elle aborda le Nil.

N° 3. Les ruines du combat de Chebreis, qui eut lieu entre la flottille française, commandée par le contre-amiral Pérès, et les forces navales des Mamelouks; les deux groupes de fumée indiquent comment les troupes de terre vinrent respectivement au secours des barques, et comment, après avoir perdu et repris ses bâtiments, chacun emmena ce qui étoit resté en état de faire route. Cette estampe, gravée par le citoyen Croutelle, est d'un ton délicat et transparent, qui donne une idée parfaite de la diaphanéité de l'atmosphere d'Égypte.

PLANCHE LXXXVIII.

La place de l'Elbequier, la plus grande place du Caire, sans régularité, sans groupe d'édifices pittoresques; elle a cependant deux moments agréables dans l'année, celui où le Nil à sa grande hauteur y introduit ses eaux et l'inonde, et celui où l'eau en se retirant fait de toute la place un grand jardin couvert de la plus belle verdure. C'est la premiere époque que j'ai voulu représenter dans la pl. LXXXVIII; c'est celle qui annonce une récolte abondante, c'est la fête de tous les ordres de la société, celle de tout le monde. Cette place, devenue alors un vaste bassin, est couverte de barques illuminées, dans lesquelles les grands se promenent, jouissant du calme et de la fraîcheur de la nuit: j'ai pensé d'ailleurs que moins on verroit les maisons, plus elles paroîtroient agréables : la principale est le palais d'Elfy-bey, que l'on voit à droite, et qui est éclairé par des pots a feu; elle est devenue un monument historique pour avoir été l'habitation de Bonaparte pendant son séjour en Égypte, et par l'insigne valeur avec laquelle elle a été défendue dans le temps du siege du Caire, en l'an 8.

PLANCHE LXXXIX.

Plan de la bataille d'Aboukir.

Voyez le récit de cette bataille dans le journal, tome II, page 333 ; les renvois explicatifs sont au bas du plan. Je joins ici le rapport militaire fait par le général Berthier, dans son ouvrage intitulé, Relation des campagnes du général Bonaparte en Égypte et en Syrie, afin de ne rien laisser à desirer relativement à cette intéressante bataille.

« Bonaparte arrête les colonnes, et fait ses dispositions d'attaque.

Le général de brigade Destaing, avec ses trois bataillons, marche pour enlever la hauteur de la droite de l'ennemi, occupée par mille hommes; en même temps un piquet de cavalerie a ordre de couper ce corps dans sa retraite sur le village.

La division Lannes se porte sur la montagne de sable, à la gauche de la premiere ligne de l'ennemi, où il y avoit deux mille hommes, et six pieces de canon; deux escadrons de cavalerie ont l'ordre d'observer et de couper ce corps dans sa retraite.

Le reste de la cavalerie marche au centre.

La division Lanusse reste en seconde ligne.

Le général Destaing marche à l'ennemi au pas de charge ; celui-ci abandonne ses retranchements, et se retire sur le village ; la cavalerie sabre les fuyards.

Le corps sur lequel marchoit la division Lannes, voyant que la droite de sa premiere ligne est forcée de se replier, et que la cavalerie tourne sa position, veut se retirer ; après avoir tiré quelques coups de canon, deux escadrons de cavalerie et un peloton des guides coupent la retraite, et forcent à se noyer dans la mer ce corps de deux mille hommes ; aucun n'évite la mort : le commandant des guides à cheval, Hercule, est blessé.

Le corps du général Destaing marche sur le village, centre de la seconde ligne de l'ennemi ; il le tourne en même temps que la trente-deuxieme demi-brigade l'attaque de front ; l'ennemi fait une vive résistance, sa seconde ligne détache un corps considérable par sa gauche pour venir au secours du village ; la cavalerie le charge, le culbute, et poursuit les fuyards, dont une grande partie se précipite dans la mer.

Le village est emporté, l'ennemi est poursuivi jusqu'à la redoute, centre de sa seconde position ; cette position étoit très forte, la redoute étoit flanquée par un boyau qui formoit à droite la presqu'isle jusqu'à la mer ; un autre boyau se prolongeoit sur la gauche, mais à peu de distance de la redoute ; le reste de l'espace étoit occupé par l'ennemi, qui étoit sur des mamelons de sable et dans des palmiers.

Pendant que les troupes reprennent haleine, on met des canons en position au village et le long de la mer, on bat la droite de l'ennemi et sa redoute; les bataillons du général Destaing formoient au village qu'ils venoient d'enlever le centre d'attaque en face de la redoute; ils ont ordre d'attaquer.

Le général Fugiere reçoit l'ordre de former en colonne la dix-huitieme demi-brigade, et de marcher le long de la mer, pour enlever au pas de charge la droite des Turks; la trente-deuxieme, qui occupoit la gauche du village, a l'ordre de tenir l'ennemi en échec, et de soutenir la dix-huitieme.

La cavalerie, qui formoit la droite de l'armée, attaque l'ennemi par sa gauche; elle le charge avec impétuosité à plusieurs reprises; elle sabre et force à se jeter à la mer tout ce qui est devant elle : mais elle ne pouvoit rester au-delà de la redoute; se trouvant entre son feu et celui des canonniers ennemis, emportée par sa valeur dans ce défilé de feux, elle se reploit aussitôt qu'elle avoit chargé; et l'ennemi renvoyoit de nouvelles forces sur les cadavres de ses premiers soldats.

Cette obstination et ces obstacles ne font qu'irriter l'audace et la valeur de la cavalerie; elle s'élance et charge jusque sur les fossés de la redoute, qu'elle dépasse; le chef de brigade Duvivier est tué; l'adjudant-général Roze, qui dirige les mouvements avec autant de sang-froid que de talents le chef de brigade des guides à cheval, Bessieres, l'adjudant-général le Turq, sont à la tête des charges.

L'artillerie de la cavalerie, celle des guides prennent position sous la mousqueterie ennemie, et par le feu de mitraille le plus vif concourent puissamment au succès de la bataille.

L'adjudant-général le Turq juge qu'il faut un renfort d'infanterie; il vient rendre compte au général en chef, qui lui donne un bataillon de la soixante-quinzieme; il rejoint la cavalerie; son cheval est tué; alors il se met à la tête de l'infanterie; il vole du centre à la gauche pour rejoindre la dix-huitieme demi-brigade, qu'il voit en marche pour attaquer les retranchements de la droite de l'ennemi.

La dix-huitieme marche aux retranchements; l'ennemi sort en même temps par sa droite; les têtes des colonnes se battent corps à corps; les Turks cherchent à arracher les baïonnettes qui leur donnent la mort, ils mettent le fusil en bandouliere, se battent au sabre et au pistolet : enfin la dix-huitieme arrive aux retranchements; mais le feu de la redoute, qui flanquoit du haut en bas le retranchement où l'ennemi s'étoit rallié, arrête la colonne : le général Fugiere, l'adjudant-général le Turq, font des prodiges de valeur; le premier reçoit une blessure à la tête, il continue néanmoins à combattre; un boulet lui emporte le bras gauche, il est forcé de suivre le mouvement de la dix-huitieme, qui se retire sur le village dans le plus grand ordre en faisant un feu très vif. L'adjudant général le Turq, qui avoit fait de vains efforts pour déterminer la colonne à se jeter dans les retranchements ennemis, s'y précipite lui-même ; mais il s'y trouve seul, et y reçoit une mort glorieuse ; le chef de brigade Morangié est blessé.

Une vingtaine de braves de la dix-huitieme reste sur le terrain ; les Turks, malgré le feu meurtrier du village, s'élancent des retranchements pour couper la tête des morts et des blessés, et obtenir l'aigrette d'argent que leur gouvernement donne à tout militaire qui apporte la tête d'un ennemi.

Le général en chef avoit fait avancer un bataillon de la vingt-deuxieme légere, et un autre de la soixante-neuvieme sur la gauche de l'ennemi ; le général Lannes, qui étoit à leur tête, saisit le moment où les Turks étoient imprudemment sortis de leurs retranchements ; il fait attaquer la redoute de vive force par sa gauche et par sa gorge ; la vingt-deuxieme et la soixante-neuvieme, un bataillon de la soixante-quinzieme, sautent dans le fossé, et sont bientôt sur le parapet et dans la redoute, en même temps que la dix-huitieme s'étoit élancée de nouveau au pas de charge sur la droite de l'ennemi.

Le général Murat, qui commandoit l'avant-garde, qui suivoit tous les mouvements, et qui étoit constamment aux tirailleurs, saisit le moment où le général Lannes lançoit sur la redoute les bataillons de la vingt-deuxieme et soixante-neuvieme pour ordonner à un escadron de charger, et de traverser toutes les positions de l'ennemi jusque sur les fossés du fort; ce mouvement est fait avec tant de précision, avec tant d'impétuosité et d'à-propos, qu'au moment où la redoute est forcée, cet escadron se trouvoit déja pour couper à l'ennemi toute retraite dans le fort : la déroute est complete; l'ennemi en désordre, et frappé de terreur, trouve par-tout les baïonnettes et la mort; la cavalerie le sabre; il ne croit avoir de ressource que dans la mer; dix-mille hommes s'y précipitent, ils y sont fusillés et mitraillés : jamais spectacle aussi terrible ne s'est présenté; aucun ne se sauve; les vaisseaux étoient à deux lieues dans la rade d'Aboukir : Mustapha pacha, commandant en chef l'armée turke, est pris avec deux cents Turks; deux mille restent sur le champ de bataille; toutes les tentes, tous les bagages restent au pouvoir des Français. »

PLANCHE XC.

Vue de la bataille d'Aboukir : j'ai pris le moment où, les ennemis en déroute, on voit encore quelques fuyards qui sont poursuivis par la cavalerie; la grande masse, jetée à l'eau, cherche à regagner la flotte, dont elle est repoussée à coups de canon, et trouve au retour les batteries à mitraille et notre feu de file; les drapeaux, les trophées apportés, tout offre l'image d'une victoire complète. Bonaparte avec son état-major se trouve en ce moment au poste des fontaines, qu'on venoit d'enlever aux Turks; le pacha, blessé, et prisonnier, est amené devant lui.

Pour prendre une connoissance plus absolue du local d'Aboukir, devenu si célèbre par les évènemens de cette guerre, on peut relire l'explication de la planche XV, et le journal, t. I, p. 120, et t. II, p. 332.

On peut voir aussi le portrait du pacha, planche CVI, n° 1.

PLANCHE XCI.

N° 1. Vue d'Ajaccio, petite ville devenue célèbre pour avoir été le berceau d'un grand homme; j'y ai représenté notre arrivée (voyez le Journal, tome II, page 341.

N° 2. Vue de Fréjus, du côté de la porte d'Aix; j'y ai représenté le moment où les deux frégates qui rapportent Bonaparte en France entrent dans le port de cette ville; évènement qui appartient à l'histoire, et deviendra par elle un monument plus durable que l'amphithéâtre romain dont on voit la ruine sur le devant de l'estampe.

PLANCHE XCII.

N° 1. Un cheikh. Plus les gens en dignité entassent d'habits, plus ils augmentent la considération et le respect qu'ils veulent commander : celui-ci, quoique maigre par nature, arrivé par ce moyen à paroitre plus large que long, étant de plus un imbécille, étoit parvenu à être révéré comme un saint.

N° 2. Barbier égyptien dans sa boutique. On ne sait ce dont on doit le plus s'étonner, ou de la patience calme de l'opéré, ou de la gravité imposante de celui qui opere : fort adroits à cette opération, les barbiers orientaux, après avoir rasé la tête, parfument la barbe, et lui donnent la tournure analogue à la physionomie et au caractere du personnage auquel ils ont affaire, le tout avec l'importance qu'une de nos marchandes de modes sait mettre en essayant un bonnet à une de nos élégantes ; du reste ils sont toujours conteurs, nouvellistes, politiques comme dans les Contes arabes, et bavards en Égypte comme sur tout le reste du globe.

PLANCHE XCIII.

Nº 1. Homme du peuple dans l'attitude qu'il prend aussitôt qu'il a à traiter de quelque chose qui exige plus de deux ou trois phrases.

Nº 2. Plan du temple de Karnak, le plus grand monument de l'Égypte.

N'ayant jamais été dans le cas de pouvoir en mesurer les détails, j'en ai fait sur les lieux une image pour pouvoir m'en rendre compte, en garder le souvenir, et aider la description, qui paroît encore fantastique à ceux même qui se sont trouvés à portée de s'assurer de l'existence d'une aussi vaste conception : situé à trois à quatre cents toises des bords du Nil, sa principale entrée est dirigée de l'ouest à l'est ; deux grands colosses, dont il ne reste que les piédestaux, étoient placés en avant de la porte, flanquée de deux môles énormes ; ces derniers n'ont jamais été terminés : les Égyptiens commençoient par élever des masses, dans lesquelles ils dressoient leurs lignes architecturales; ils travailloient ensuite leurs hiéroglyphes par le procédé que nous employons pour dégrossir, et terminer une statue colossale composée de plusieurs quartiers de pierre ou de marbre. Derriere ces deux môles est une vaste cour, qu'une avenue de colonnes, B, partage en deux parties; il n'y a plus qu'une de ces colonnes debout: dans la cour à gauche une galerie couverte, C, avec de petits logements ou cellules; à droite, D, un édifice particulier, qui ressembleroit plus à un palais que toutes les autres parties de l'édifice, ayant une porte à part, une cour intérieure décorée d'une galerie, derriere laquelle sont une suite de chambres, et une galerie latérale conduisant au grand portique; au bout de la galerie B, deux autres môles EE, moins grands que les premiers, précédés aussi de deux colosses en granit; on en voit encore les torses renversés : ces seconds môles, qui ont été terminés, se sont écrasés sous leurs masses; c'est derriere cette seconde entrée qu'est le portique le plus vaste, le monument le plus extraordinaire de la magnificence égyptienne: une avenue de vingt colonnes, F, de 11 pieds de diametre, deux quinconces, GG, de quarante colonnes chacun, de 7 pieds de diametre, portant architrave, plate-bande et plafond. On est plus que surpris de si énormes magnificences, on est humilié de la comparaison de nos édifices avec ceux-ci: tout ce portique est encore debout; le terrain a cédé dans quelques parties, et a fait gauchir l'à-plomb de quelques colonnes, ce qui a ouvert le plafond dans plusieurs endroits; le comble de ces espaces couvert devoit servir de terrasse et de promenoir lorsque le soleil n'étoit plus sur l'horizon. L'avenue, de colonnes plus grandes, avoit aussi sa plate-forme; le tambour produit par son élévation étoit latéralement décoré d'un attique en pilastre, surmonté de claires voies en pierre, qui donnoient de l'air et un jour mystérieux à cette forêt de colonnes; cette avenue étoit terminée par une troisieme porte, qui est absolument en ruine; de droite et de gauche sont des chambres fort embarrassées de décombres, et dont la distribution embrouillée exigeoit des recherches embarrassantes. Vis-à-vis, K, sont quatre obélisques de granit parfaitement travaillés; deux grands d'abord, deux moins grands après, et tous quatre moins couverts d'hiéroglyphes que ceux de Luxor: il y en a encore trois debout; le quatrieme, renversé, a été morcelé pour faire des meules. Ces monuments si simples, si pures, si précieux dans leur exécution, la plus parfaite et la plus élégante production de l'architecture égyptienne, celle dont l'exécution prononce tout à la fois et sur la solidité de leur goût et sur la hardiesse de leur entreprise, celle que tous les arts perfectionnés pouvoient seuls exécuter, transporter et dresser, étoient ici prodigués pour décorer l'entrée du petit sanctuaire, pour lequel il semble que tout le reste de cet immense édifice ait été bâti; ce qui produit un contraste qui est peut-être encore une magie de l'art, celle de frapper l'ame de respect pour la sainteté du tabernacle qui occupe le centre de tous ces édifices : ce saint des saints est construit entièrement en granit, couvert de petits hiéroglyphes représentant toujours des offrandes au même dieu, qui est celui de l'abondance et de la régénération (voyez planche CXXVII, n° 10), divinité dont on trouve l'image répétée dans toutes les parties du temple avec les mêmes attributs toujours aussi prononcés. Le plafond est peint en bleu semé d'étoiles jaunes; la porte de ce sanctuaire, I, est précédée d'une autre porte dont les chambranles sont formés de trois tiges de lotus terminées par leurs fleurs, ce que l'on a pris pour des colonnes accouplées avec leurs chapiteaux. De chaque côté du sanctuaire il y a de petits appartements, LL, et derriere sont d'autres pieces, MM, devant lesquelles sont des portiques en colonnes, NN, qui donnent sur une immense cour, O, bordée de galeries, PP, et terminée par une autre qui est ouverte, Q, portée par des colonnes et des pilastres avec chapiteaux et sans chapiteaux (voy. pl. LX, n° 12, et pl. LXXI, n° 11): la corniche, très saillante de cette galerie, forme une espece d'auvent : une autre qui lui est parallele laisse un espace ouvert entre celle Q et une suite de cellules R : autour de tout cela est un mur de circonvallation, couvert d'hiéroglyphes en-dedans et en-dehors : par-delà et en droite ligne est la porte de l'est, S, encore très conservée; toutes les lignes architecturales en sont arrêtées; mais les ornements et les hiéroglyphes n'y sont sculptés qu'à sa partie supérieure, ce qui fait voir la marche de ces travaux :

la porte du nord, U, étoit sans doute précédée de sphinxs, dont on ne voit plus que les substructions des socles qui les portoient; le chemin qui y amenoit étoit pavé en larges pierres; à la partie intérieure il y avoit des colonnes qui formoient ou une galerie couverte ou un portique : au sud-est du grand temple on trouve des ruines éparses, des cippes, des statues brisées ou renversées, des arrachements de murs annonçant des constructions de plus petites proportions : étoit-ce la partie des habitations des rois, des grands, des prêtres? En revenant à l'ouest, on trouve de grands môles éboulés, entre lesquels sont des portes ruinées; en-dedans et en-dehors il y a encore des torses de figures colossales en marbre blanc et en grès rouge; des galeries détruites formoient une cour terminée par d'autres môles décorés de même; la porte qui unissoit ceux-ci est tombée; les chambranles qui sont restés en place sont en granit couvert d'hiéroglyphes d'une exécution extraordinaire pour la franchise de la taille et le fini précieux des figures. Les Égyptiens avoient sans doute quelque trempe particulière pour les outils avec lesquels ils travailloient le granit. Une autre cour, Z, amenoit à un sanctuaire; cette partie est tellement détruite que le plan en est effacé : l'extérieur de ce monument étoit précédé d'une de ces célèbres allées de sphinxs; ceux-ci étoient à tête de taureau, ils arrivoient à un embranchement d'une autre allée, *b*, de sphinxs à tête humaine : cette seconde allée venoit couper la grande avenue, *d*, qui, depuis le temple de Luxor, à un mille de là, venoit aboutir à la porte du sud, *d*; ceux-ci étoient à tête de bélier, tenant entre les pattes de devant de petits sanctuaires où sont des figures d'Isis; les corps tronqués de ces sphinxs, sur leurs piédestaux enfouis, mêlés à des palmiers, offrent encore un aspect auguste et imposant; voyez la porte *d*, planche XLIII, n° 3, qui est en ligne directe des deux môles; l'espace qui est entre la porte et ces môles étoit encore garni de sphinxs; il n'en reste que quelques uns : ces deux môles précedent un portique ouvert de vingt-huit colonnes, qui formoit une cour intérieure d'un style plus grave encore que tout ce que nous avons décrit, un péristyle et un sanctuaire plus mystérieux que tout ce que nous avons rencontré, une enceinte dans une enceinte; tout à côté, L, un autre temple; *m m m*, une enceinte générale, dont la ruine forme une petite chaîne de montagnes enfermant deux lacs X X, et d'autres ruines sans formes. On est fatigué de décrire, on est fatigué de lire, on est épouvanté de la pensée d'une telle conception; on ne peut croire, même après l'avoir vu, à la réalité de l'existence de tant de constructions réunies sur un même point, à leur dimension, à la constance obstinée qu'a exigée leur fabrication, aux dépenses incalculables de tant de somptuosité.

N° 3. Plan du monastere blanc (voyez le Journal, tome I, page 296).

N° 5. Plan du Memnonium, qui étoit un temple ou un palais. Lettre A, un môle, dont un pareil détruit formoit la premiere entrée de l'édifice : B, la statue la plus colossale de l'Égypte (voy. sa ruine, pl. XLII, n° 5, et pl. XLV, n° 1); elle avoit 75 pieds de proportion ; on en voit encore le torse et les cuisses ; il y a sur le bras une inscription hiéroglyphique (voyez pl. CXVIII, n° 7): il est probable que c'étoit là la statue de Memnon, puisqu'elle se trouve devant l'édifice qu'Hérodote et Strabon ont indiqué comme étant le Memnonium, puisque l'on a mis une grande volonté à la renverser ; ce qui suppose un projet de découvrir un mystere célebre, ou détruire un objet de culte, et parcequ'elle est seule au lieu des deux (planche XLIV), de l'une desquelles on s'est obstiné à faire la statue de Memnon. La lettre C est un second môle, qui, avec un autre aussi détruit, formoit une seconde entrée à une cour bordée d'une galerie de colonnes et de pilastres, devant lesquels étoient des figures de prêtres ou divinités : les deux points carrés marquent la place de deux statues en granit noir d'un travail recherché ; elles sont renversées et brisées : les détails apportés auroient pu donner une idée de la perfection de la sculpture égyptienne. La lettre E étoit sans doute un portique comme celui du temple de Karnak ; les parties F, G, sont dans un état de destruction à ne pouvoir donner aucune idée de ce que pouvoient être ces pieces.

N° 4. Le musulman entouré de tout ce qu'il aime ; assis à l'ombre, avec sa pipe, son café, son chat, ses oiseaux, il est tourmenté, et jamais importuné par ses petits enfants qu'il idolâtre : heureux de jouissances si douces, il devroit être bon et vertueux; et il le seroit sans l'orgueil et la paresse, qui enfantent en lui l'intérêt, qui gâtent toutes ses bonnes qualités.

PLANCHE XCIV.

Ustensiles égyptiens de trois ordres : les premiers sont les ustensiles de terre grossière pour l'eau; les seconds, ceux de fer battu et étamé pour la cuisine et pour porter en voyage; les troisièmes, les bijoux et meubles de luxe : les premiers, que l'on nomme en général bardach, servent à contenir l'eau, et avec lesquels on boit à même, ils sont tous fabriqués dans la haute Égypte, entre Dindera, Kéné, et Thebes, et plus particulièrement à Ballasse, village qui a donné le nom aux jarres du genre de celle qui est dans le milieu, n° 4; de temps immémorial elle est d'un usage général dans toute l'Égypte pour clarifier et rafraîchir l'eau du Nil. J'ai vu les mêmes vases, dans les peintures antiques, employés aux mêmes usages (voyez pl. CXXXVI); la montagne où se prend la matière première de ces vases est de roche argileuse très tendre, que l'eau décompose, et qui se pêtrit en même temps qu'on l'inonde; ses parties grasses et sablonneuses sont tout naturellement composées pour l'usage désiré; machinée, elle se tourne facilement, se durcit d'abord à l'ombre, puis au soleil, ensuite reçoit une demicuisson par un seul coup de feu de paille, et se vend à la manufacture à si bon compte, que les habitants des environs ont meilleur marché d'en faire des maisons et des murailles d'enclos, que d'employer le pizet et la brique.

La nature spongieuse de cette terre fait transsuder l'eau, ce qui lui donne un mouvement qui attire la partie fangeuse aux parois du vase, et la partie extérieure se trouvant toujours mouillée de la transsudation, pour peu que l'air frappe sur le vase, l'eau en devient presque aussi fraîche que par l'usage de la glace, dont on est absolument privé par l'absence des hautes montagnes et la douceur des hivers; à l'étranglement des bardachs qui servent pour boire il y a des petites grilles de même matiere qui empêchent d'arriver l'eau avec trop d'abondance; on les parfume souvent de fumigation de benjoin, ou d'autres aromates, ou d'eau de fleur d'orange, pour varier la saveur insipide de l'eau, qui du reste, en sortant de ces vases, est la meilleure qui existe au monde. Dans mes voyages aux environs de Kéné, j'ai été plusieurs fois à Ballasse; j'en ai vu les manufactures et les chargements immenses qui s'en font sur des bateaux, ou sur des trains composés des pots mêmes, comme nos trains de bois, qui apportent leur marchand à l'endroit pour lequel le chargement est destiné.

La forme des bardachs et des ballasses est d'un assez bon style; ayant constamment été d'un usage général et absolu, ces ustensiles se sont conservés d'un galbe pur: j'ai fait la remarque que tout ce qui est d'usage de premiere nécessité dans les pays où il a existé de bonnes formes à certaines époques, la tradition s'en est conservée par succession d'imitation et d'usage.

Les ustensiles en fer sont d'un tout autre genre; ils ont les formes indiennes : ce que l'on voit ici est ce qui compose le nécessaire du militaire, du voyageur, et qui, répété, forme la vaisselle plate des gens ordinaires. Le n° 8 est l'assiette, le n° 9 le plat, le n° 10 la gamelle à faire bouillir la viande pour faire le bouillon : le couvercle, en se retournant, devient, n° 13, un plat creux à dresser la viande; j'ai vu pareille forme en terre parmi les jattes dites étrusques : le n° 11 est la bouilloire, qui sert à tout dans toutes les occasions où l'eau chaude est employée, pour le riz, le bouillon, le café, etc. : le n° 12 a aussi nombre d'usages; on y prépare tous les breuvages frais et sucrés, tous les ragoûts à longue sauce : le n° 14 est la tasse à boire tout ce qui n'est pas de l'eau pure.

Le n° 15 du troisieme rang est un plateau pour présenter avec cérémonie une tasse de café à un personnage auquel on veut marquer du respect; ce plateau est d'argent ou d'or, et même quelquefois garni de pierreries ; on ne se sert pas de soucoupe en Orient, mais, afin que la tasse ne brûle pas la main, on met celle de porcelaine, dans laquelle est le café, dans la fig. n° 17, qui est d'argent ou d'or : la fig. n° 16 est un aspersoir, avec lequel on jette de l'eau de rose sur ceux qu'on veut bien traiter, après le repas, ou à la fin d'une visite, lorsqu'on paroît vouloir prendre ou donner congé : le n° 18 est l'aiguiere et sa jatte pour laver les mains et la figure, avant, pendant, et après le repas, et en général toutes les fois qu'on a touché quelque chose; à la jatte il y a un double fond percé de trous, à travers lesquels passe l'eau, et qui empêche que celle qui lui succede puisse faire rejaillir la premiere, et dérobe l'aspect de l'eau salie qui a lavé: le n° 19 est un profumatoire sur son plateau; il s'ouvre par le milieu, et l'on y fait brûler sur des charbons des parfums de bois d'aloès; de benjoin, ou pastilles composées; les grands profumatoires, de 2 à 3 pieds de hauteur, sont constamment au milieu de la chambre, les petits se portent à la ronde, et chacun avec la main en attire la fumée sur sa barbe ou sur ses habits. Ce superflu, dont nous ne nous sommes pas encore avisés, convient aux nations qui cherchent des jouissances sans agitations, qui écoutent posément leurs sensations, n'aiment point à parler, et trouvent dans ces sortes d'usages un hommage de plus à présenter à celui qu'ils veulent fêter et distinguer : ce sont les esclaves qui agissent; un signe de la main suffit pour en faire les honneurs, de sorte que dans une visite d'intérêt ou de respect, les confitures, le sorbet, le café, la pipe permanente, l'eau de rose et les parfums, remplissent à-peu-près le temps; ajoutez à cela quelques adages, tels que, Vous vous portez bien; Dieu est grand, très grand; et autres propos qui ne les compromettent pas davantage: on se sépare sans grand desir de se revoir; chacun trouve chez soi le bonheur ineffable d'être à son aise, de ne rien faire, de se reposer. Cette mollesse, si

(163)

douce en apparence, est cependant la source de tous les vices dont le caractere des orientaux est flétri ; c'est pour arriver à ce but chéri qu'ils sont cupides, égoïstes, avares, cruels, tyrans, atroces enfin.

PLANCHE XCV.

N° 22. Un bouclier de cuir de rhinocéros, à l'épreuve du sabre ; celui-ci est d'un travail exquis : on doit croire que cette arme vient de l'Inde au vernis qui couvre le cuir et à la dorure des ornements ; le petit coussinet de la partie du revers, n° 23, garde la main du contre-coup frappé sur le dessus.

Le n° 21 est une seconde arme défensive, qui n'est qu'un brassard avec son gantelet. Les Mamelouks n'en portent qu'au bras gauche, dont ils tiennent la bride du cheval ; la main qui combat n'a qu'un gant de buffle dans la forme de ceux des trabans ; la fourbissure est de l'ancien Damas ; les ornements en relief sont modernes, en argent, et d'un travail médiocre ; le gantelet est d'une double maille goupillée d'un travail minutieux et infini ; le tout est matelassé d'une doublure en satin rouge.

Le n° 25 est un carquois, contenant trois javelots, que les Mamelouks ont coutume de lancer avant d'en venir au sabre ; ils sont très adroits à cette sorte d'exercice, et leurs domestiques, qui courent à travers les combattants lorsque le coup ne porte pas et que le javelot tombe à terre, ont soin de le ramasser et de le rapporter à leur maître, cette arme a la pointe en fer battu, l'hast en bois, et les ornements en argent d'un travail moderne, d'un assez bon goût, et fait au Caire; le corps du carquois est en velours.

Le n° 24, un javelot hors du carquois.

Le n° 4 est une masse ou bâton de commandement, en fer damasquiné en lame, d'un bon goût et d'un travail précieux; cette marque de dignité peut devenir une arme dans la mêlée, et peut servir à briser les boucliers, et assommer les blessés; le manche, foré, recele une javeline de fer de deux pieces, n° 6, la partie inférieure servant de gaîne à la partie supérieure, le tout damasquiné en argent, et d'un travail recherché.

Le n° 2 est une hache de fer damasquiné en or, avec inscription perse qui indique le pays où elle a été travaillée; le manche, en argent et en cuir, est de manufacture du Caire.

La lettre B est une cafetiere dans un réchaud portatif, pour remettre du café bouillant dans les tasses où l'on en a déja pris; ces deux ustensiles en argent, manufacturés au Caire, sont du même genre que ceux de la planche XCIV.

N° 11. Un arc en baleine d'un travail parfait: au genre d'ornement et à sa dorure on doit croire que cette arme vient de l'Inde; sa corde est un faisceau de fil de soie non tordue, qui a plus de force que le boyau le plus gros et le mieux filé.

Les n° 13 et 14 sont deux ustensiles qui dépendent de l'arme n° 11; l'un est une rainure dans laquelle s'introduit la fleche; il s'adapte au poignet qui tient l'arc, pour servir de direction à la fleche au moment de son départ.

Le n° 13 est un morceau d'ivoire, que le tireur d'arc passe à son pouce pour pouvoir tirer la corde avec plus de force, et n'être pas blessé de la vibration à l'instant de l'échappement.

Lettre A, un profumatoire; c'est un ouvrage en filigrane, d'une forme étrange, mais dont chaque ornement à part est d'un goût exquis et d'un travail immense.

Lettre C, est un aspersoir; ce morceau d'orfévrerie est très recherché par son travail, qui paroît être indien : en général les Égyptiens modernes, quoiqu'ils aient un goût à eux, n'ayant que quelques ouvriers et point de manufactures, admettent de chaque pays tout ce qui peut convenir à leur usage; et l'on a trouvé dans des dépouilles de Mamelouks des tromblons anglais, des pistolets français du dernier siecle, des sabres dont les lames étoient de Damas ou de Perse, anciennes, avec la monture africaine, des cottes de mailles, des fleches et des arcs indiens ou chinois.

N° 15 et 17. La bride et la selle d'un Mamelouk.

N° 8. Son casque. Tous les autres numéro sont le reste de ses armes, dont le rassemblement se voit à la figure, planche CI, n° 3.

PLANCHE XCVI.

La collection de ce que j'ai rapporté d'antiquités d'Égypte.

N° 1. Figure de prêtre ou divinité de grandeur naturelle, en pâte verte, avec de petits points jaunes, semblable un peu aux émaux que l'on fait à Nevers; celle-ci trouvée à Tintyra, j'ai dû croire qu'elle y avoit été fabriquée, par la quantité que j'en ai trouvé là de la même manufacture qui n'avoient jamais été portées ni achevées de réparer, et qui sembloient même sortir du fourneau où elles avoient été fondues.

N° 2. Un épervier, même pâte, même manufacture. Presque tous ces morceaux sont gravés de la grandeur de l'original.

N° 3. Un lion en porcelaine.

N° 4. Un sphinx, manufacture de Tintyra.

N° 5. Un cynocéphale en porcelaine.

N° 6. Pâte de Tintyra.

N° 7. Un crapaud en terre, noir.

N° 8. Un hippopotame en porcelaine verte.

N° 9. Le dieu Loup ou le Chakal, en pâte, manufacture de Tintyra.

N° 10. En pâte de Tintyra.

N° 11. *Idem.*

N° 12. En pierre dure jaspée, couleur olive.

N° 13. Un Typhon en pâte.

N° 14. Un cynocéphale en terre noire.

N° 15. Un Harpocrate en porcelaine.

N° 16. Un vase en pierre dure.

N° 17. Une pâte.

N° 18. Un nilometre en pâte bleue, de la manufacture de Tintyra, morceau non terminé, et comme l'empreinte d'une de nos pâtes de camée qui n'auroit pas été réparée.

N° 19. Un œil sur une proue de vaisseau, en porcelaine verte.

N° 20. Un Priape en porcelaine bleue.

N° 21. En porcelaine verte.

N° 22. Le même Priape que le n° 21, vu de côté.

N° 23. Un œil en porcelaine bleue.

N° 24. Un épervier en pâte verte, manufacture de Tintyra.

N° 25. Une tête d'aigle; ce morceau, qui n'est point un fragment, est en pierre ollaire, couleur olive foncée, d'un beau travail et du plus grand style; il a été trouvé à Thebes.

N° 26. Figure d'une victime les bras attachés derriere le dos : ce petit torse, d'une belle exécution, paroit, pour le style, être du siecle de Michel-Ange, en porcelaine verte, et trouvé à Thebes.

N° 27. Cette figure, en porcelaine bleue, n'a qu'un côté, l'autre est lisse; une particularité qui lui est propre, c'est que l'émail est de deux couleurs, la coiffure de la figure étant en émail noir.

N° 28. Une tête en ardoise, trouvée à Tintyra; le style en paroît romain.

N° 29. Ce morceau, en pâte non vitrifiée, paroît représenter l'os du crâne d'un hippopotame; le travail en est précieux; il a été trouvé à Thebes.

N° 30. Un buste de cynocéphale en porcelaine brute.

N° 31. Une figure assise, très aplatie, en porcelaine bleuâtre.

N° 32. La figure d'un ichneumon en pierre de

touche ; c'est la seule représentation que j'aie vue de cet animal ; je l'ai acheté à l'isle d'Éléphantine où une femme le portoit à son cou ; c'est ainsi que j'ai trouvé et acheté nombre d'antiquités.

N° 33. Une tête d'Isis en pâte, manufacture de Tintyra.

N° 34. Une chouette, avec une tête de cynocéphale ; sur la plinthe qui est sous la figure l'empreinte d'un homme en creux, ce qui donne à ce morceau la figure d'un cachet.

N° 35. Figure en porcelaine verte.

N° 36. Une des deux figures de Typhon, celle que l'on voit répétée sur les chapiteaux et sur les frises des temples consacrés à ce dieu, en porcelaine verte, et d'un travail fort recherché.

N° 37. Autre figure de Typhon, en pâte verte, ressemblant au Bacchus indien, de la manufacture de Tintyra.

N° 38. Autre Typhon presque semblable au n° 36.

N° 39. Fragment d'un Typhon en pâte, manufacture de Tintyra.

N° 40. Cynocéphale en pierre ollaire, morceau très fruste.

N° 41. Le dieu Chat en pâte, manufacture de Tintyra.

N° 42. En porcelaine d'un très beau bleu ; on retrouve souvent cette espece d'amulette au bas des chaînes attachées au cou des statues.

N° 43. Figure de divinité en pierre de touche.

N° 44. Autre figure de prêtre ou de divinité, en pierre ollaire.

N° 45. Une figure d'enfant, assise sur un oiseau qui paroît un oiseau de riviere, dessiné moitié de la grandeur de l'original.

N° 46. Une tête en porcelaine verte.

N° 47. Une tête, que je crois celle d'Isis, en porcelaine verte, moitié de la grandeur de l'original.

N° 48 et 49. Figures de divinités ou de prêtres, en pierre ollaire, moitié de leur grandeur naturelle.

N° 50. Une figure de Jupiter Ammon : ce morceau en bronze est d'une grande perfection, soit par la fonte, soit par la maniere dont il est réparé ; il peut donner à lui seul une idée de la perfection où les Égyptiens avoient porté cet art.

N° 51. Autre figure en bronze, qui paroît avoir fait le dessus d'un bâton porté dans les cérémonies.

N° 52. La même figure de Jupiter au n° 50, présentée de côté pour la faire connoître sous un autre aspect : j'ai trouvé ce fragment à Éléphantine.

N° 53, 54. Figure d'un cynocéphale en bois de sycomore, ébauchée d'une maniere très franche et très hardie, dessinée le tiers de la grandeur de l'original : je l'ai trouvée à Thebes dans les tombeaux des rois.

PLANCHE XCVII.

Antiquités égyptiennes.

Scarabées, emblèmes de la sagesse, de la force, de l'industrie ; son image se trouve par-tout, ainsi que celle du serpent ; il occupe la place la plus distinguée dans les temples, non seulement comme ornement, comme attribut, mais comme objet de culte : ceux-ci se portoient au cou ; ils sont faits en porcelaine de toute couleur, en pierre de touche, en cornaline, en jaspe, en pierre ollaire : je n'ai jamais vu deux fois la même empreinte dans le dessous ; je n'ai fait graver que cette partie, les fig. 8 et 12 servant pour le dessus de toutes celles sans variétés, comme celles 10, 15, et 16, dont je n'ai pu deviner le sujet ; ils sont tous de grandeur naturelle : celui E, au bas de la planche, appartient à Bonaparte ; il est en jaspe, et a été bien évidemment gravé au touret.

La lettre A représente le dessous des pieds d'une momie où étoit tracé cet ornement ; celui qui est au bas servoit de bordure en laine à une toile de lin.

Les hiéroglyphes B, D, F, ont été pris dans les grottes qui se trouvent au sud des pyramides, à une distance d'environ 150 toises du sphinx.

La lettre G est le plan d'un temple au nord-est d'Esné, cité dans le journal, tome II, page 261, et la vue, planche LII, n° 1.

PLANCHE XCVIII.

Outre des manuscrits intéressants que m'a communiqués le citoyen Amelin, il a eu aussi la complaisance de me confier les détails de la dépouille d'une momie de femme, trouvée à Thebes, qu'il a développée lui-même avec soin ; opération dont il m'a transmis des particularités fort étranges, telles qu'un

Priape ayant eu existence, embaumé à part, enveloppé de bandelettes, et superposé à la partie correspondante de la momie; sur l'estomac de la même momie étoit une petite plaque carrée d'argent laminé, même grandeur que la gravure n° 34; c'est le seul morceau d'argent que l'on ait encore trouvé; il atteste à la fois un instrument de mécanique d'une combinaison très avancée: cette plaque étoit percée aux quatre angles, et cousue sur les vêtements; le corps de la momie étoit couvert d'une tunique d'un tissu lâche, et composé d'un fil excessivement fin; le fil à faire la dentelle n'est pas plus délié; plus mince qu'un cheveu, il est retors, et composé de deux brins; ce qui suppose, ou une adresse inouie dans la filature à la main, ou des machines très perfectionnées; autour des reins de cette momie étoit une ceinture, n° 29, composée de tube d'émail, semblable à ceux qui se font encore aujourd'hui, près de Venise, à la manufacture de Mourano; ce tube, tressé en losange, avoit un petit grain rond de même matiere à son croisement; une bande de même tissu, et qui descendoit par-devant, étoit terminée par huit gros grains de même matiere, formant huit glands, avec leur frange; autour du cou étoient six joyaux de bois doré, n° 23 jusqu'à 28, dont la préparation est la même que la dorure actuelle, c'est-à-dire une impression blanche, couverte d'or battu au livret: particularité très remarquable relativement aux arts; dans ce qui composoit les différentes enveloppes il y avoit des toiles d'especes absolument différentes; outre le tissu lâche et simple, il y avoit un coutil dont les bords étoient terminés par une bordure précieusement faite; une autre espece de toile ouvrée composée de deux brins très retors pour la trame comme pour la couverte, rayée à bandes de six pouces en six pouces par de gros brins, composés d'un faisceau de même fil, tel que cela se pratique encore dans l'Orient.

On trouve presque toutes ces toiles déchirées ou raccommodées avec des reprises assez mal-adroitement faites; ce qui indiqueroit que tout le vieux linge étoit employé à ensevelir les morts; car on ne peut imaginer que la toile fût rare, à l'abus qu'on en faisoit pour les embaumements.

Outre les curiosités ci-dessus, j'ai joint tous les scarabées que le citoyen Amelin a rapportés, qui contenoient quelques particularités; sous celui n° 16, est gravé un héros sur son char, dans l'acte de tirer une fleche sur des ennemis vaincus, tels qu'on en voit de sculptés en bas-relief sur les portiques de Thebes; le n° 18 est un bœuf Apis avec des bandelettes; autour de la gravure est un liseret semblable à celui que l'on trouve sur les pierres étrusques; le n° 4 est un petit cube alongé et percé dans sa longueur, sur les quatre faces duquel sont représentées quatre divinités, plus précieusement travaillées que dans les autres pâtes, et ayant deux couleurs comme le nicolo; ce qui prouve qu'ils étoient assez avancés dans cet art pour faire des choses agréables.

L'empreinte n° 6 est une tête d'Isis, avec les oreilles et les cornes de vache, telle que celle qui est figurée aux chapiteaux du temple de Tintyra ; au lieu d'un scarabée c'est une grenouille qui fait le dessus : les n° 10, 12, sont l'image d'un fragment d'une bague, contenant une inscription : je l'ai fait répéter deux fois parceque c'est le seul joyau de cette espece que j'aie rencontré.

Les n° 1, 7, sont deux têtes de béliers, telles qu'on les remarque au temple d'Esné, surmontées d'un disque de la lune ; la premiere est de la même pâte que les scarabées ; la seconde est en cornaline, et prouve qu'ils savoient aussi travailler les pierres dures, et avoient l'usage du touret.

La figure n° 32 et 33 est de faïence, en grosse terre, recouverte d'un émail bleu ; elle représente un Priape en forme circonflexe, sur lequel est accroupi un petit enfant.

Les n° 35, 36, et 37, sont d'autres Priapes en marbre, en terre, en bronze : sont-ils romains, ou égyptiens, ou grecs ? c'est ce qu'il est dificile de décider, n'ayant aucun de ces trois styles.

Le n° 13 est un œil, composé d'émaux, bleu, blanc, et noir, posé sur champ, et lié à la maniere de certaines mosaïques trouvées à Pompéïa ; les couches subsistent dans toute l'épaisseur du diametre que l'on peut remarquer à cette petite figure, et les couleurs s'en trouvent répétées au revers. Il est bien dificile de savoir si cet œil à lui seul est une chose, ou si c'est le fragment d'une figure entiere ; mais ce seul petit morceau atteste un art à part qui ne peut appartenir qu'à une nation très avancée.

Le n° 21 est un petit manuscrit, trouvé dans la main d'une momie, et lié, comme on peut le remarquer, avec un fil qui semble être fait de chanvre d'aloès; ce manuscrit a trop souffert pour être développé et copié, j'ai pensé qu'il valoit mieux en conserver l'image, et en donner la forme.

Le n° 31 est un vase, très lourd, très dur, et très compacte; il resemble assez à du grès; il avoit deux anses, dont on ne voit plus que la fracture; il ne pouvoit être d'aucun usage, par la petitesse de son gouleau, qui n'est que d'une ligne de diametre, et par le peu de vide de son intérieur. J'ai pu remarquer en général, dans les ruines des villes égyptiennes, que la poterie y étoit extrêmement abondante, mais que la grande majorité étoit mal cuite et commune, comme celle d'à présent; celle qui étoit plus fine étoit sans doute fort rare, et les fragments en ont disparu.

Le n° 38 est la figure d'un poisson dans la forme d'un scarabée, en porcelaine, de la grandeur de l'original.

PLANCHE XCIX.

Momie d'ibis. Les pots dans lesquels ces oiseaux sont fermés, et qui leur servent de sarcophages, sont de terre rouge et commune, de 14 à 18 pouces de hauteur (voyez la forme de ce pot, lettre A); on les trouve en grand nombre à Saccara, dans des chambres souterraines; ces chambres sont si saines, que ces pots semblent encore neufs en en sortant, et qu'on douteroit de leur antiquité si la méthode de l'embaumement n'étoit perdu, et si l'oiseau dont on trouve le squelette n'eût disparu du sol de l'Égypte : on dit que de temps à autre on en voit encore quelques individus dans le lac de Menzaleh, entre Damiette et Peluse ; cependant, malgré mes questions obstinées à tous les chasseurs du pays et à tous ceux qui s'occupent d'histoire naturelle, je n'ai trouvé personne qui m'ait assuré en avoir vu.

Je fis avec le cit. Jeoffroy l'ouverture de deux de ces pots et des momies qu'ils contenoient : un léger effort fit céder la soudure du couvercle, qui n'est qu'une espece de chaux ; nous trouvâmes l'emmaillottement de l'oiseau ballottant dans le diametre du pot, ce qui est cause sans doute que presque toutes les momies de cette espece, envoyées en Europe, y arrivent réduites en poussiere par les secousses de la route. Leur premier aspect est celui de la momie d'un enfant qui vient de naître (voyez les figures B, C, D, E) ; une toile assez fine, bistrée, et qui semble avoir été imbibée d'un fluide aromatique, après avoir été croisée à la partie inférieure, en couvre tout un côté (voyez lettre B) ; sous cette enveloppe un fil double serre horizontalement et transversalement la momie dans toutes les parties (voyez figure C) ; sous ce fil la seconde enveloppe est comme la premiere, formée du même lange, ensuite on trouve de petites bandelettes d'un pouce et demi de diametre, qui, comme le fil, serrent l'oiseau dans tous les sens (voyez F, G, H), qui sont les deux côtés de la momie dans cet état ; ces bandelettes enlevées, on trouve encore un troisieme lange, sous lequel sont de petits tampons de toile adaptés à la partie inférieure, et placés là pour soutenir la forme de la momie, et lui donner plus de consistance ; tout cela ôté, la momie prend la figure d'une nymphe de chenille prête à devenir un papillon (voyez figure I) ; cette derniere enveloppe, beaucoup plus grossiere que la premiere, trempée dans un baume plus compacte, en a reçu une couleur plus brune et d'une consistance plus forte ; on commence alors à découvrir quelque forme de l'oiseau : nous ouvrîmes cette enveloppe; mais, comme si la matiere eût été employée trop chaude, ou qu'elle eût eu quelque qualité corrosive, elle avoit carbonisé tout ce qu'elle avoit pénétré, et les os tomboient en poussiere à mesure que nous les découvrions ou que nous voulions les détacher de l'adhérence qu'ils avoient à la toile ou à la matiere embaumante. Le desir de rendre notre opération complete nous fit ouvrir mon second pot; nous y trouvâmes une momie plus grande, plus compacte et plus pesante : la seule différence que nous trouvâmes dans les enveloppes de cette seconde fut qu'au lieu d'un lange pour derniere couverte, c'étoient des bandes de deux couleurs, alternativement posées et recouvertes par des fils enveloppant symétriquement le petit maillot (voyez figure C). J'ai trouvé encore deux autres différences depuis

(voyez figures D et E) : dans celle figure B il y avoit une espece de petite cocarde, qui nous parut d'abord un jeu de l'embaumeur ; c'étoit un petit morceau de bandelette plié et attaché au maillot par le gluten de la matiere : j'ai été dans le cas de voir depuis que c'étoient, ainsi que les figures n° 12 et 13, de petits fragments de plumes, retrouvés peut-être après l'opération faite, et scrupuleusement enveloppés, et adaptés à la masse principale, pour que rien ne fût séparé. Ce soin scrupuleux peut faire voir combien les Égyptiens attachoient d'idées religieuses à ces embaumements, et m'a expliqué dans la suite ce que c'étoit que de petites momies que j'ai trouvées depuis en dépouillant des embaumements d'humains ; on en peut voir une figure de grandeur naturelle, et l'explication, n° 5 et 7, planche C. Toutes les autres enveloppes de notre seconde momie étoient les mêmes que celles de la premiere ; la derniere n'étoit point adhérente, et nous trouvâmes dessous le plus beau petit squelette possible (voyez lettre G), pas une fracture des os même les plus délicats (voyez les os gravés de grandeur naturelle dans la partie supérieure de la même planche); les pennes et les barbes étoient conservées ; on pouvoit juger, malgré la teinte altérée par l'impression de la liqueur balsamique, que la partie supérieure en avoit été blanche, et les extrémités roux-brun ; la queue courte avec des pennes de peu de consistance.

Par cette double opération nous fûmes dans le cas

de nous rendre compte du procédé employé dans cette espece d'embaumement : le voici en sens inverse de ce que je viens de le présenter, et tel qu'il devoit s'effectuer. Celui qui opéroit ôtoit toutes les parties intérieures de l'oiseau, les faisoit bouillir dans le baume, et les replaçoit; ensuite il prenoit l'oiseau, en plioit les ailes contre le corps, ce qui donnoit la grandeur totale de la momie ; il replioit les jambes en les relevant des deux côtés du sternum, lui rabattoit la tête entre les deux cuisses, de maniere à ce que l'extrémité du bec arrivât à l'extrémité de la queue, et, tenant d'une main par la partie inférieure l'oiseau ainsi troussé, il adaptoit le premier linceul très imbibé de matiere balsamique et glutineuse, et achevoit de l'envelopper par la partie inférieure, en y ajoutant deux petits tampons, pour donner plus de consistance à cette partie, où il ne se trouvoit que la queue, les pennes des ailes, et le bec; ensuite venoit le grand linceul, de cinq pouces de large et trois pieds de long, d'une toile plus fine, et trempée dans une liqueur plus fluide; il l'appliquoit d'abord du haut en bas; il tournoit sans ordre du fil autour pour le fixer; ensuite il le tordoit au-dessous, puis adaptoit sur le linceul les bandelettes de deux à trois pouces de large, dont les extrémités étoient toujours fixées par le gluten de la matiere noire et épaisse; ensuite reprenant le linceul, il recouvroit les bandelettes, et les fils, comme je l'ai déja énoncé.

PLANCHE C.

N° 1. Espece de patere en terre cuite jaunâtre

très fine : je l'ai trouvée moi-même dans les tombeaux des rois, à Thebes ; les ornements en sont d'un goût exquis, et l'exécution parfaite ; les deux têtes sont celles d'Isis et d'Osiris ; ce dernier, sous la figure d'un épervier, a le bec usé ; l'ornement qui est au-dessous est la plante et le bouton du lotus.

Le n° 2 est le dessous de la même patere ; les oves, de l'ordre dorique, ne sont autre chose que l'ornement qui sert de bordure à ce petit vase.

Le n° 3 est la coupe de ce vase, dont le trait est aussi pur que les ornements en sont agréables.

N° 4. Le portrait fidele d'un rouleau manuscrit, que j'ai trouvé dans la main d'une momie (voyez le journal, tome II, pag. 296); developpé, il s'est trouvé avoir 2 pieds 9 pouces de longueur ; sa largeur et sa grosseur avant d'être déroulé sont celles de la figure de l'estampe. J'ai préféré de faire graver les manuscrits trouvés depuis, parcequ'ils sont plus conservés, n'ayant pas été comprimés comme celui-ci par la main de la momie, dont la liqueur embaumante avoit imbibé et oxygéné des parties. La vignette que j'ai trouvée à celui-ci représente une momie sur un lit de repos, qui a la forme et le corps d'un lion ; au-dessus un vautour, les ailes déployées, à-peu-près semblable à la figure planche CXXVI, n° 11, et au-devant un homme invoquant une divinité qui tient un fléau et un crochet ; entre les deux figures est un autel, sur lequel sont des vases et des fleurs du lotus.

N° 5. Un résidu de matiere balsamique, auquel on a donné la forme d'une momie, et qui avoit son enveloppe à part ; cette figure est gravée de grandeur naturelle; je l'ai trouvée dans la même momie où étoit le manuscrit. Cette momie étoit extrêmement soignée, ses enveloppes de toile rose aussi fine que du taffetas, ses bandelettes couvertes de caracteres, et le dessus peint et doré. Il est à croire que c'étoient les restes d'un personnage intéressant : cette petite momie interposée étoit, suivant toute apparence, le résidu de la liqueur embaumante, dans laquelle avoient trempé la cervelle et les entrailles, et qui, pouvant en contenir quelque particule, étoit scrupuleusement ramassé et rejoint à la masse, afin qu'à la résurrection il ne manquât rien au personnage considérable qui avoit à ressusciter; de sorte que manquant d'une partie de leur existence les gens du peuple étoient destinés à être aussi malheureux dans l'autre monde que dans celui-ci. Ma présomption à l'égard de cette momie est appuyée de la même observation faite sur l'embaumement des ibis, et les fragments de plumes empaquetés et adaptés au maillot (voyez planche XCIX, lettre B, et l'explication de cette planche).

N° 6. Fragment d'une momie, que j'ai trouvé dans les tombeaux des rois, à Thebes ; il est ici des deux tiers de sa grandeur naturelle: l'élégance, la délicatesse et la perfection de ses formes ne laissent pas douter que ce ne fût le pied d'une jeune fille adulte; son pouce relevé, son premier doigt alongé, le petit doigt remonté, la courbure élégante du cou-de-pied, sa virginale conservation, l'intégrité de ses ongles, annoncent que celle à qui tout cela a appartenu étoit un personnage distingué, dont le pied n'avoit jamais été ni fatigué par de longues marches, ni froissé par aucune chaussure; on peut s'appercevoir encore que les ongles étoient teints avec le héné, de la même maniere dont les femmes d'Égypte se teignent encore aujourd'hui, non seulement les ongles, mais le dessous des pieds et le dedans des mains.

N° 7. Cette figure est le profil de celle n° 5; on y apperçoit encore un fragment de son enveloppe.

PLANCHE CI.

N° 1. Un jeune Mamelouk en grand costume, les mains cachées par respect sous ses longues manches, comme lorsque son maître lui adresse la parole; le turban de schal, l'habit en petit drap de toutes couleurs, le plus souvent jaune ou pourpre; la veste, qui a de si longues manches, en velours ou satin, le plus souvent rayés; une grande culotte en pantalon immensément ample; des chaussettes de cuir jaune, et des sandales de même couleur; une ceinture en schal, un sabre, un cangiard, un poignard, et à gauche une giberne à cartouches; souvent dans un sac de même forme, des reliques, des talismans, de la vieille huile pour les blessures, ou un livre du koran, qu'ils croient tous également propre à prévenir les accidents de la guerre ou à y remédier: dans le fond une femme du peuple dans la rue.

N° 2. Une almé ou bayadere d'Égypte (voyez le journal, tome I, page 153, article Métubis); la robe en petit drap, la chemise en gaze, le turban et la ceinture en schal. Dans le fond une petite vue d'une mosquée de Rosette.

N° 3. Un Mamelouk en habit de guerre (voyez le détail de ses armes, planche XCV): dans le fond deux jeunes Mamelouks avec des bâtons, s'exerçant à espadonner: le paysage est celui où sont situées les pyramides de Saccara.

N° 4. Le costume d'un marchand; un turban de laine rouge ou blanc, un gilet de drap, une culotte lâche et courte de toile blanche, un surtout de toile bleue, une ceinture de toile des Indes, rayée bleu et blanc, qui sert à envelopper tout ce qu'il veut transporter. Dans le fond une boutique d'un bazard; un marchand et deux acheteurs qui disputent sur le prix, espece de récréation, ou un moyen de ne rien faire, auquel le vendeur se prête avec une extrême complaisance.

N° 5. Une dame allant à pied dans la rue; plus l'ampleur et le nombre de ses habits lui font perdre ses formes et rendent sa marche gauche et embarrassée, plus elle se croit dans le cas de penser qu'on doit la regarder comme une grande dame; la derniere enveloppe est d'ordinaire en taffetas noir qui tombe jusqu'à terre, et ne laisse pas même voir le bout des pieds; de toute la personne on n'apperçoit que les yeux, encore le plus souvent y suspendent-elles un anneau devant, qui a la vertu de repousser les enchantements et les mauvais sorts.

A droite, dans le fond, des psylles, faisant voir

des serpents et des lézards ; à gauche, un négociant musulman fumant sa pipe.

Je dois ces cinq costumes au citoyen Rigo, membre de l'institut du Caire, qui, de retour, a bien voulu me les communiquer.

N° 6. Un paysan de la haute Égypte, mangeant la première pousse de la luzerne (voyez le journal, tome I, page 283); à droite, deux santons; à gauche, l'accouplement du chameau (voyez tome II, pag. 238).

N° 7. Un santon, espece d'imbécille, dont on a pitié pendant qu'il vit, et que l'on révere après sa mort, usage assez général et aussi ancien que le monde : derriere lui est un chien de l'espece des mâtins, celle qui est l'espece la plus nombreuse : à droite est un vieillard aveugle conduit par son petit enfant, groupe attendrissant que l'on rencontre malheureusement trop souvent en Égypte.

N° 8. Une femme noble dans l'habit qu'elle porte dans le harem, tenant un chasse-mouche; celle à droite est dans l'acte de marcher, relevant ses habits pour pouvoir avancer les pieds; à gauche, jeunes enfants barabras d'au-delà des cataractes; une femme pauvre, qui préfere employer ce qu'elle a de vêtement à s'envelopper le visage qu'à se cacher le derriere.

N° 9. Un habitant de Darfour, un conducteur de caravanes qui amene les Negres et les Négresses en Égypte; tout son costume consiste en une draperie de laine blanche, qu'il promene alternativement sur toutes les parties de son corps ; sa chevelure est frisée en tire-bouchon, à la maniere des anciens Égyptiens. Dans le fond est une conversation établie entre un grand et un homme du peuple.

PLANCHE CII.

Nº 1. Vue du désert, et d'un camp de Bédouins, avec différentes figures de Bédouins et de Bédouines à pied et à cheval, également maigres et décharnés: la grande figure à cheval est celle d'un chef de horde dans toute sa magnificence.

Nº 2. Maniere d'élever l'eau et d'arroser les terres après l'inondation du Nil, puisée par des seaux de jonc, et versée dans un canal qui la distribue dans les terres par nombre de petites rigoles; le reste arrive dans un bassin d'où, par la même opération, on l'éleve à quatre pieds de plus pour la faire couler plus loin: cette machine ressemble absolument à celle des puits à bascule que l'on trouve dans nos villages d'Europe; la manœuvre s'en fait en mesure, soit en chantant, soit en prononçant des nombres, ou en récitant des louanges de Dieu où des vertus de Mahomet: l'homme assis et qui fume est le propriétaire, qui fait travailler à l'arrosement de ses terres, compte les pouces d'eau qui reglent le produit de sa récolte: le groupe du milieu représente l'ablution et la priere que les musulmans font à la pointe du jour, en se tournant à l'orient, où est la Mekke et le tombeau du prophete: les femmes viennent à cette même heure puiser de l'eau dans le Nil; occupation qui fait l'objet de leur premier soin.

Nº 3. Autre machine à élever l'eau; les travailleurs sont disposés de maniere qu'ils puisent en se baissant, élevent l'eau en se renversant en arriere, et la versent en lâchant une des cordes; la même harmonie est réglée par les mêmes moyens décrits en l'article ci-dessus; les joncs qui reçoivent le choc de l'eau préviennent la dégradation de ces foibles constructions en terre: sur le devant, à gauche, une jeune fille dans le costume qui leur est ordinaire jusqu'au moment de la puberté.

Des femmes viennent au fleuve puiser de l'eau, cachant leur visage, parcequ'il n'y a que cela qu'il leur soit ordonné de cacher; une autre porte son enfant à la maniere du pays: la figure à droite est celle d'un porteur d'eau; l'eau est contenue dans une outre de peau de bouc dans laquelle il la porte.

PLANCHE CIII.

Nº 2. Enterrement d'un musulman; le corps est suivi des femmes de la maison, auxquelles en sont ajoutées d'autres payées pour déchirer leurs vêtements, s'arracher les cheveux, et pousser des cris lamentables; les parents précedent et suivent, exprimant leur douleur d'une maniere plus grave. Les tombeaux les plus ordinaires sont dans la forme de celui qu'on peut voir planche XXIII, nº 1. Le corps est déposé sur une terre molle et tamisée; et chaque semaine on vient s'entretenir du défunt et prier sur son tombeau.

Nº 2. Le moment où la mariée vient de quitter la

maison paternelle, et passe dans celle de son époux ; toutes les femmes, parentes et amies, voilées comme elle, l'accompagnent, et marchent sous un dais; des musiciens et des saltimbanques précedent le cortege : ce que l'on apperçoit à travers les figures est la vue de Gizéh, et de la maison de Mourat-bey, prise de l'isle de Raoudah.

N° 3. École d'enfants, encore plus bruyante que celles d'Europe; ils y apprennent à lire le koran, et à recevoir des coups de bâton sous la plante des pieds. Les orientaux sont trop corrompus pour oser se permettre de donner le fouet aux enfants; ils craindroient ou de les croire trop facilement coupables, ou de le devenir eux-mêmes.

PLANCHE CIV.

N° 1. Serpents dont les psylles se servent pour leurs jongleries; lorsqu'ils sont irrités ils se dressent, comme on peut le voir dans cette figure, leur gorge se gonfle, se dilate, s'aplatit; du reste ils ne sont ni méchants ni dangereux : on peut voir dans le journal, tome I, page 211, l'usage qu'en font les psylles modernes.

Pline dit que le tombeau de leur roi Psyllus subsistoit encore de ton temps; il ajoute que les psylles guérissoient de la morsure avec leur simple salive ou par le seul attouchement, du moins ils le publioient. Selon le même auteur ces peuples furent taillés en pieces par les Nasamons, leurs voisins, qui s'emparerent de leurs demeures; mais il en échappa quelques uns à la défaite générale; et de son temps il y en avoit encore qui descendoient de ces anciens psylles.

N° 2. Trois têtes d'Arabes. J'ai pensé qu'une suite de têtes des différentes nations qui habitent l'Égypte pouvoit intéresser la curiosité des observateurs; ces têtes, dessinées rapidement et sans avoir fait poser les personnages, ont conservé la naïveté du caractere, qu'elles auroient peut-être perdu en acquérant plus de fini; la difficulté de lire dans de si légeres esquisses, à qui n'a pas vu les modeles, m'a déterminé à graver moi-même ces têtes avec la même liberté avec laquelle elles ont été dessinées.

Ces trois personnages étoient freres, des plus riches et des plus puissants de Kéné, fort raisonnables et fort intelligents; ils s'étoient fort attachés à nous, et venoient continuellement nous communiquer leurs idées sur leur conduite personnelle, et nous aviser sur ce qui pouvoit nous être plus avantageux: j'allois journellement dans leur maison, et j'y ai mangé plusieurs fois familièrement, arrivant au moment du repas; sans interprete nous étions parvenus à nous entendre, et à établir entre nous gaieté et cordialité: celui du milieu, que j'aimois davantage, me dit que pour être plus libres ensemble il falloit que nous établissions une parenté: je lui proposai d'être son pere; il accepta avec attendrissement, et, se rangeant dès-lors à son devoir, il en prit le prétexte de m'envoyer à tout moment quelques galanteries, comme des fruits tant qu'ils étoient rares, des parfums, du café exquis et qu'on ne pouvoit trouver ailleurs; il acceptoit en retour avec beaucoup de grace des choses de nulle valeur, me disant toujours que je ne lui devois que protection et tendresse. L'esprit délicat dicte le bon ton et les mêmes manieres en Afrique comme dans les cours les plus recherchées de l'Europe.

N° 3. Têtes de négociants de la Mekke, que j'ai dessinées à Cosseïr; leurs turbans en soie jaune et rouge, avec de longues franges, les coiffent d'une maniere patriarchale, et leur donnent un air tout-à-fait imposant; ils ajoutent à l'habit ordinaire de musulman une large et longue béniche en laine à larges bandes noires et blanches.

PLANCHE CV.

N° 1. A droite, n° 1 et 2, deux membres du gouvernement d'Alexandrie, dessinés le jour de notre entrée dans cette ville. La tête vue de face, n° 3, est celle d'un Arabe; son caractere de dignité rappelle celui des têtes de Raphaël et du Poussin : ces deux grands artistes avoient sans doute fait dessiner les figures des orientaux pour en caractériser leurs sublimes conceptions, ou bien le besoin de rendre ce qu'ils vouloient exprimer leur en avoit fait deviner les belles formes et la noble gravité. La tête n° 4 est celle de Koraim, schérif d'Alexandrie, qui commandoit dans cette ville lorsque nous y arrivâmes (voyez le journal, tome I, pages 48 et 53): ce fut l'avarice qui trompa son esprit naturel; il nous trahit par la crainte de compromettre sa fortune; il quitta notre parti qu'il avoit embrassé, il devint criminel, et fut puni comme traître.

N° 2. 1. Une tête de Cophte. 2. Un esclave de la Mekke (voyez le journal, tome II, page 132): je l'ai dessiné lorsque, douloureusement affecté, il regardoit son maître qu'il croyoit au moment d'expirer; je regrette de ne l'avoir pas dessiné lorsqu'il apprit qu'il ne mourroit pas, pour faire connoître à quel degré le physique d'un être sensible peut être changé par la différence de ses affections, et comment cette physionomie si longue, si sévere, et si triste, pouvoit devenir aimable et gaie. 3. Un Arabe. 4. Un homme de loi.

N° 3. 1. Un Arabe qui a une fluxion sur l'œil; dans ces cas fréquents ils baissent leurs turbans sur la partie affligée, et continuent à veiller à leurs intérêts. 2. Un cheikh de village. 3. Un jeune homme marié de l'année, auquel par cela il vient d'être permis de porter la barbe; cette figure, naïve et douce, est peut-être l'expression et le caractere le plus général des jeunes gens de cet âge. En Égypte les enfants sont laids et débiles, et presque tous les vieillards sont beaux. Les trois têtes qui suivent sont trois vieux Mamelouks. Celui n° 4 étoit un kiachef d'Osman-bey que nous avions fait prisonnier: il étoit d'origine allemande, ce qu'on voit tout d'abord; cinquante ans d'expatriation, et la barbe, n'avoient point encore changé en lui le caractere national. 5. Un grave Asiatique, Mamelouk réformé, et vivant d'une pension de son maître, comme il arrive lorsque, faute de talents ou de circonstances heureuses, un Mamelouk n'a jamais été dans le cas d'être avancé en grade; une paie de retraite et quelques gratifications assurent à ses derniers jours une douce tranquillité, soit dans la maison du béy auquel il a appartenu, soit dans la maison d'un paysan, auquel il paie pension. 6. Vieux Mamelouk de race maure. 7. Un Mamelouk en activité, de race espagnole.

PLANCHE CVI.

N° 1. Portrait du pacha qui commandoit les troupes turkes au débarquement à Aboukir, en l'an 7, et qui fut fait prisonnier à la bataille du 7 thermidor; blessé au bras gauche, et voyant la déroute totale des siens, il se précipita sur celui qui la causoit, et blessa le général Murat d'un coup de pistolet (voyez le journal, tome II, page 333).

N° 2. La tête à droite, coiffée d'un turban, est celle d'un jeune prince arabe de la race des Ababdes, qui vint faire alliance avec nous après la défaite des Mamelouks à Syene (voy. le journal, tome II, pag. 219). Ce fut celui qui nous accompagna la premiere fois que nous allâmes à Cosséïr, et qui me donna à dîner dans le désert (voyez tome II, page 236). La tête à côté est celle de son oncle; ils étoient peu basanés, fort glorieux, et fort intéressés; leurs manieres étoient cependant douces et polies, et leur caractere tranquille. Le jeune homme qui a la tête nue étoit un page favori du jeune prince; il avoit de très beaux yeux, et au premier aspect paroissoit être une jeune fille; il montoit un petit dromadaire charmant; tout son vêtement consistoit en une saie rayée, qui lui ceignoit les reins; il avoit pour armure, une lance, un sabre, et sur le bras gauche une javeline; ses cheveux, crépus et non laineux, étoient parfumés; noués au-dessus de la tête, ils étoient toute sa coiffure malgré l'ardente chaleur du tropique et du désert.

Nº 3. La tête à droite est celle d'un Mamelouk noir, d'une grande beauté, et offrant l'aspect d'un de ces héros africains dont l'histoire et les contes arabes nous font concevoir l'idée. Celui du milieu étoit un Mamelouk, appartenant au chef Elbekri, un des grands seigneurs du Caire, descendant des kalifes; ce Mamelouk étoit un de ses favoris; il devoit épouser une fille de son maître, et faisoit les honneurs de sa maison, lorsque, quelques jours avant le départ de Bonaparte, ce seigneur lui donna une fête, à l'issue de laquelle il imagina de lui faire présent du jeune homme qui l'avoit servi: par hasard il fut celui qui accompagnoit Bonaparte le jour qu'il partit du Caire, et fut celui de sa maison qui fut amené en France; tant le sort qui agit sur toutes nos destinées influe plus puissamment encore sur celle de cette espèce d'homme nées pour appartenir jusqu'à ce qu'elle commande! Les deux têtes à gauche sont celles d'un jeune noir de Darfour, destiné aussi à être un Mamelouk, et qui, lorsqu'il m'échut en partage, faisoit sa premiere éducation au service des femmes, auquel sont employés les jeunes esclaves jusqu'au temps où on commence à les exercer aux armes et à l'équitation.

PLANCHE CVII.

Nº 1. Le portrait du vieux kaymacan ou commandant de la gendarmerie de la province de Kéné, chez lequel nous logeâmes près Samata (voyez le journal, tome II, pag. 244). 2 et 3. Reys ou commandant de barques sur le Nil. 4. Un habitant des bords du Nil au-delà des cataractes. 5. Le fellah, l'homme de journée, le serviteur des serviteurs, la derniere classe de la société.

Nº 2. Un mendiant de Boulac: il savoit qu'il avoit une belle figure, et ne s'étonna pas de me la voir dessiner; il faisoit semblant d'être imbécille auprès de ceux seulement auxquels il pensoit que cela inspireroit plus d'intérêt. 2 et 3. Deux têtes d'adgis maugrabins ou pélerins du nord, revenant de la Mekke: un mendiant du Caire qui avoit la barbe et la chevelure du Jupiter des Grecs.

Nº 3. Muley-Salamé, le frere ainé du roi de Maroc; il revenoit de la Mekke, et retournoit dans le royaume où il avoit été roi, pour savoir apparemment ce que le sort avoit ordonné de lui; sa démarche étoit aussi noble que sa personne. Deux Turks.

PLANCHE CVIII.

Nº 1. L'ichneumon, connu aussi sous le nom de

rat de Pharaon, de la famille des mangoustes; il se cache le plus souvent à travers des joncs, et se tient dans les marais, près des villages, dont il va dérober les poules et les œufs : j'en ai vu de la grosseur d'une loutre et du même poil. L'individu que j'ai dessiné étoit jeune. Ce que l'on raconte de l'antipathie de l'ichneumon et du crocodile, que le premier non seulement mange les œufs de l'autre, mais que, lorsqu'il dort la bouche ouverte, il franchit son gosier et va lui dévorer les intestins, est une des nombreuses fables ridicules que l'on fait du crocodile : ces deux animaux n'ont jamais rien à démêler ensemble; ils n'habitent point les mêmes parages; on ne voit point de crocodiles dans la basse Égypte; on ne voit point d'ichneumon dans la haute.

N° 2. Deux moines copthes (voyez l'article Cophte dans le journal, tome I, page 136): le troisieme à droite est Malem Jacob, personnage distingué et d'un mérite remarquable; il avoit fait les campagnes de Mourat-bey dans les guerres de ce bey contre les Turks, et en étoit fort estimé et fort regretté; il avoit embrassé notre parti, et y a été constamment fidele; il respectoit Desaix, et lui étoit très attaché; il fit avec lui, comme intendant-général, toute l'expédition de la haute Égypte, et nous fut toujours d'une grande utilité : il jouissoit d'une fortune considérable, et d'une haute considération dans le pays; il déployoit un faste oriental, qui étoit d'une opposition très remarquable avec la simplicité de son général. Lorsqu'il apprit qu'après la mort de Desaix on s'occupoit de lui élever un tombeau, il écrivit qu'à quelque somme que pussent s'élever les frais de ce monument, il s'engageoit à en payer le tiers, à condition qu'on inscriroit sur le mausolée que Malem Jacob, l'ami de Desaix, avoit toujours combattu près de lui. Il y a dans le sentiment de cette phrase autant de sensibilité que d'amour de la belle gloire. Ce brave homme, ce prodige de sa race, qui avoit suivi les Français dans leur retraite, mourut dans la traversée; et les dernieres paroles qu'il prononça furent pour demander que son corps fût déposé dans le tombeau de Desaix.

N° 3. 1, 2, 3. Trois autres Cophtes. 4, 5, sont des cheikhs arabes. 7. Le bon et honnête cheikh du village de Chaabbas-Amrs, dont je parle dans mon journal, tome I, page 168.

PLANCHE CIX.

N° 1. Un poisson du Nil, dont toute la peau du ventre fait une seconde vessie.

N° 2. Étude d'une tête de chameau, qui crie lorsqu'on le charge trop ou qu'on le charge mal; car ce bon animal ne se plaint que de l'injustice, encore faut-il qu'elle soit extrême.

N° 3. Tête d'un Arabe bédouin (voyez le journal, tome I, page 91). 2. Un cheikh de Fua; son teint brun et sa barbe blanche faisoient un beau contraste; ils m'offroient l'immage de Laban. 3 et 4. Deux freres cheikhs de Ballasse, d'un caractere raphaélesque.

N° 4. Quatre Arabes. Ce furent ceux qui furent

nommés municipaux par le peuple de Rosette lorsque le gouvernement mamelouk quitta cette ville à l'approche de notre armée : le premier, à gauche, fut choisi, parcequ'il étoit brave, et avoit ramené une fois les femmes de Rosette, qui, allant pleurer hors la ville sur les tombeaux de leurs parents, avoient été enlevées par les Arabes du désert; le second, parcequ'il étoit le plus doux et le meilleur; le troisieme, parcequ'il étoit éclairé; le quatrieme, parceque c'étoit le personnage le plus riche et le plus distingué. Peut-on mieux composer un corps des décisions duquel la société va dépendre? Si chacun de ces hommes avoit eu les qualités de tous les quatre, l'harmonie de l'ensemble n'eût peut-être pas été aussi parfaite.

PLANCHE CX.

N° 1. Têtes d'Arabes.

Toute la premiere file a été prise à une assemblée de notables dans le moment qu'on leur faisoit lecture d'un manifeste.

Les deux premiers de la seconde file, deux cheikhs de Fua, dans la basse Égypte : le troisieme, le domestique qui m'a servi dans toute l'expédition, aussi distingué par le caractere moral que par la noblesse des formes; il avoit non seulement toutes les qualités qu'on recherche dans un serviteur, mais toutes celles qu'on peut desirer dans un ami : il n'a renoncé à me suivre que parcequ'il n'a pu résister aux justes regrets et aux larmes de sa mere; c'est le seul être qui m'en ait fait verser en quittant l'Égypte : je ne me consolai de le perdre qu'en lui donnant tant de choses, que toutes rassemblées je pusse penser que je lui assurois une petite fortune.

N° 2. 1. Un moine grec. 2. Un Juif de Jérusalem (voyez le journal, tome I, page 141). 3. Un primat d'Alexandrie, homme plein d'esprit, de noblesse, et de grace, mais dont toutes les qualités étoient gâtées par un orgueil désordonné. 4. Un autre Grec de Rosette (voyez l'article des Grecs dans le journal, tome I, page 140).

PLANCHE CXI.

N° 1. La sauterelle du désert, la plaie de l'Égypte. Elle ne doit point être confondue avec les autres sauterelles grises, dont les champs, et particulièrement ceux de la basse Égypte, sont couverts, sans qu'elles y causent aucun désastre : celles-ci, couleur de rose et noir, de la même grandeur de l'estampe, sont vraiment un fléau ; elles sortent du désert, passent et ravagent comme un torrent dévastateur. Je ne puis juger si dans une saison où elles auroient trouvé pâture elles se seroient fixées davantage ; mais, dans la saison seche où je vis arriver la colonie, elles avoient l'inquiétude et l'instabilité de la faim qui ne trouve rien à dévorer ; sauvages comme le pays d'où elles sortent, elles sont seches et vigoureuses comme les autres habitants du désert (voyez le journal, tome II, page 218).

N° 2. Vieillard aveugle conduit par un enfant ;

groupe qui, pour être malheureusement trop répété en Égypte, n'en est pas moins touchant.

Nº 3. Tête d'un mendiant du Caire. Il parcouroit les rues tout nu, et chaque partie de son corps avoit, comme sa tête, tout le caractere du Silene antique; je le vis le jour de l'insurrection, et j'espérois trouver un moment plus opportun pour le dessiner tout entier: je ne sais s'il fut victime de cet évènement, mais je ne l'ai plus revu depuis. 2, 3, et 4, sont trois croisés de la Mekke, c'étoient de beaux et vigoureux hommes, que le malheur des circonstances nous obligeoit de regarder avec horreur.

Le Nº 5 est un habitant de Benhout; j'ai dessiné tous ces personnages pendant et après le siege du château de ce village (voyez tome II, page 128).

PLANCHE CXII.

Nº 1. Fête dans l'intérieur du harem. Dans des instants de faveur le mari, le maître, le seigneur, fait venir des almés pour réjouir la femme qui est devenue enceinte, ou qui lui a donné un fils; celle-ci couchée entre les jambes de son époux lui présente le sorbet, tandis qu'il fume et fait exécuter des danses voluptueuses: les almés alternativement dansent, chantent, et jouent des instruments. Les figures à gauche sont des esclaves qui tiennent des rafraîchissements: sur le devant, une Négresse joue sur de petites timbales: plus en avant encore est un profumatoire: à droite, un candélabre à l'usage du pays:

l'instrument dont joue le dernier personnage à droite est un petit tambour en terre cuite, sur lequel on frappe plus ou moins fort avec les doigts, ce qui est d'un effet très favorable au mouvement de l'air; celles qui dansent ont le plus souvent à la main des castagnettes, qui ont la forme de petites cimbales du diametre d'un écu (voyez l'article Almés, tome I, page 153.

N° 2. Toutes ces têtes sont celles de cheikhs de Kournou, que j'ai dessinées pendant le dernier séjour que j'ai fait à Thebes (voy. le journal, tome II, page 311).

PLANCHE CXIII.

Des fragments d'hiéroglyphes que j'ai rapportés de Thebes; je les ai dessinés de grandeur naturelle, pour faire connoître le style, le caractere, et les différents genres de ces especes de bas-reliefs, soignés dans leur exécution comme de l'orfévrerie; ces fragments viennent de tombeaux particuliers, situés à mi-côte de la chaîne libyque, à l'ouest de Thebes, creusés dans une roche de pierre calcaire argilleuse, et sculptés dans la masse du rocher.

Toute fantastique qu'est la tête du lion, n° 2, le caractere en est grand, sévere, et monumental; la tête de serpent, celle de gazelle, et celle d'épervier, sont pleines de vie, et ont la souplesse et le moëlleux de la nature: on n'auroit qu'un seul fragment antique comme un de ceux-là qu'il faudroit penser que la nation qui l'a produit étoit très avancée dans les arts.

La grosse tête qui est au milieu, sculptée en creux et relief, est peinte; sa physionomie peut servir de type au caractere des figures hiéroglyphiques, qui, selon toute apparence, étoit national, les Égyptiens paroissant n'avoir rien emprunté des autres nations dans les arts.

J'ai pensé que cette planche à la tête de la collection des hiéroglyphes pourroit lui servir comme de frontispice, faire voir de près et presque toucher les objets dont on n'alloit voir que le simple trait.

PLANCHE CXIV.

Cette planche est composée d'une espece de collection de figures, prises isolément par-tout où j'en ai rencontré que je n'avois pas encore vues. Le nombre de serpents qui commencent du n° 1 jusqu'au n° 13 sont pris à Latopolis, au plafond du portique du temple, qui est sur la place du bazard à Esné. On pourroit ranger toutes les autres figures dans la classe de celles qui tiennent le milieu entre la figure hiéroglyphique et le caractere cursif, et l'on pourroit appeler cette catégorie caracteres inscriptifs. Les n° 18 et 21 sont des figures simplifiées, se rapprochant du caractere de l'écriture: celle 22, est une espece de lézard, particulier à l'Égypte, et que l'on voit le plus souvent dans les maisons; je ne l'ai jamais vu sculpté qu'une fois à la partie extérieure du grand temple de Tintyra. Le n° 23 est une étoile personnifiée; je ne l'ai vue de même qu'une seule fois. Les n° 31, 32, 34, et

39, sont des figures souvent répétées, qui, plus simplifiées, sont devenues des lettres. N° 40. Une outre : je l'ai trouvée souvent. N° 41. Deux figures groupées, et dans un mouvement qui par-tout ailleurs les feroit croire du quinzieme siecle, et de l'école de Michel-Ange : j'ai trouvé deux fois ce même caractere dans le temple d'Apollinopolis magna à Etfu. Les n° 47 et 54, l'emblême de la génération; il me semble que les Égyptiens n'ont eu aucun scrupule à exprimer cette idée par la figure de la chose même : j'ai trouvé ces signes sculptés dans les temples, et souvent répétés. Je crois les n° 50 et 71 un nilometre. Le n° 77 m'a semblé un ballot, qui pouroit être l'emblême du commerce; 78, une Isis, emblême de l'eau, ou le Nil lui-même; 79, un pigeon portant des tablettes; voilà des ancêtres trouvés à ceux de Damas : je n'ai rencontré ce signe qu'une seule fois à Tintyra. N° 80. Une tête avec l'expression de l'effroi, qui sort du caractere égyptien; elle est cependant très souvent répétée parmi les figures isolées. N° 100. Un temple monolithe, fermé, etc., etc.

Tout ce que j'ai hasardé sur ces signes ne sont que les idées que la vue, le nombre, la comparaison, le lieu où je les ai trouvés, m'ont fait naître, et je les abandonne absolument aux systèmes lumineux des savants qui se sont occupés de ce genre d'observation : je me trouverai assez glorieux d'avoir été dans le cas de fournir de nouveaux objets à leurs doctes recherches.

J'ai écrit le nom en abrégé de tous les lieux où j'ai trouvé ces différents caracteres : ceux où il n'y a point de nom continuent d'être du même lieu d'où est le dernier inscrit. J'ai mis des numéro à tous, pour aider les citations dans les dissertations de ceux qui voudront bien prendre mes figures pour autorité.

PLANCHE CXV.

Une autre collection de toutes les coiffures emblématiques et hiéroglyphiques, prises par-tout où j'ai trouvé des différences. J'ai pu remarquer que la plupart de ces coiffures non seulement étoient posées sur la tête des divinités, mais encore sur celle des prêtres et des héros triomphateurs, et qu'elles étoient différentes suivant la fonction ou la circonstance de la fonction du culte de telle ou telle divinité : j'en ai trouvé en bois doré, en pierre dure, en pâte, et en porcelaine, ayant toutes un anneau qui les rendoit susceptibles d'être portées ; j'en ai vu attachées au cou des momies, et qui pourroient faire croire que c'étoient des amulettes indiquant telle ou telle divinité, ou une marque de dignité indiquant le grade d'initiation où étoit arrivé celui qui la portoit.

Même planche, au-dessous des têtes, est encore une autre collection faite de tous les vases que j'ai trouvés sculptés dans les tableaux hiéroglyphiques de tous les différents monuments de l'Égypte ; les n° 3, 6, 8, 10, 13, 19, ne sont pas moins élégants que les vases étrusques, ou, pour mieux dire, les vases grecs, trouvés en Italie, et qui, comme on peut le voir, ne sont autre chose que des vases égyptiens ; et ainsi peu-à-peu les arts des autres nations ne sont que les dépouilles de ceux des Égyptiens. Le n° 31 est la jarre, de même forme, montée en charpente, comme celle dont on se sert actuellement en Égypte.

PLANCHE CXVI.

Frises emblématiques de différents temples égyptiens.

N° 1. Hiéroglyphes qui décorent la corniche extérieure de la nef du grand temple de Tintyra; cet ornement, en se répétant, fait le tour de cette partie du monument. La figure du milieu est la tête d'Isis avec ses attributs; on la trouve répétée par-tout dans ce temple, qui lui étoit sans doute dédié. Les deux grands oiseaux ont une tête de vautour, sans plumes, sortant d'une espece d'œuf qui lui sert de corps : cet oiseau est souvent répété dans toutes sortes d'attitudes dans les plafonds, les ailes étendues, tenant dans les pattes l'espece de bâton avec la palme que l'on voit ici en avant; il accompagne aussi les héros et les rois dans les bas-reliefs représentant les victoires et les triomphes, et semble alors un génie protecteur.

Le n° 2 est la frise intérieure du temple près l'isle de Philée (voyez planche LXXII, n° 1).

N° 3. Frise du typhonium de Tintyra (voyez

planche XXXVIII, n° 3), ou du temple dédié à Isis, victorieuse de Typhon, le mauvais génie ou le vent d'ouest; il a une tête de vieillard, le corps gras et de la forme de celui d'un enfant, une queue qui va en grossissant et qui est aussi longue que les jambes; il est toujours coiffé du même ornement : celui qui lui fait pendant est une divinité du même genre; la tête a tout à la fois le caractere du chien, du cochon, et du crocodile; il a les mamelles pendantes comme les femmes égyptiennes, un gros ventre, et des pattes de lion : cette figure, aussi répétée que l'autre et l'accompagnant pour le plus souvent, m'a paru être la divinité du temple d'Hermontis (voyez planche CXX, n° 4). On trouve fréquemment des figures de ces deux divinités en forme d'amulettes, en pâte de verre de couleur, et en porcelaine : j'en ai rapporté que j'ai dessinées de grandeur naturelle (voyez pl. XCVI, n° 37 et 38). Elles étoient très révérées, soit pour le bien qu'on en attendoit, soit pour le mal qu'on en pouvoit craindre, soit également pour les deux causes; car je les crois l'emblême des deux vents qui produisent l'inondation, et peuvent la rendre ou insuffisante ou trop considérable.

Il est à présumer que la figure qui est au milieu de ces deux monstres, assise sur une fleur de lotus à demi épanouie, est celle d'Isis, ou la bonne divinité, qui a obtenu de ces deux redoutables dieux l'équilibre des eaux, qui fait fleurir le lotus dans les canaux quand l'inondation est parfaite.

Le n° 4 est l'ornement de la frise du tout petit

temple de l'isle de Philée ; l'effet dans la nature est aussi riche qu'agréable : les artistes égyptiens ont avec un art tout particulier su allier la signification de l'emblême au bon goût de la décoration.

Le n° 5 en est encore une preuve; c'est la décoration du soubassement intérieur de la chambre du milieu du petit temple qui est situé derriere le grand temple de Tintyra (voyez le plan de Tintyra, planche XL, n° 1). Cette décoration représente le lotus dans trois instants du développement de la floraison de cette plante. L'épervier sur un autel est pris pour Osiris ou le soleil; la lune de l'autre côté; un ibis sur des lotus, autre emblême de l'inondation ou de l'entrée du Nil dans les canaux ; car le lotus n'a rapport qu'aux canaux, puisqu'il ne croit que dans l'eau stagnante, et ne se trouve jamais dans le courant du fleuve.

Le n° 6, ornement de la frise intérieure du typhonium d'Apollinopolis magna, petit temple, situé près du grand temple (voyez planche LVII, n° 1) : il doit avoir la même signification que celui ci-dessus, n° 3. Il y a de plus trois figures, que, vu l'emploi répété le plus souvent lorsqu'il est question de l'inondation, je croirois être des vases d'eau lustrale ou offrandes d'eau du Nil lors de sa croissance.

N° 7. Riche et très agréable frise, qui décore la piece ouverte qui est près de celle où est le planisphere céleste, dans le petit appartement situé sur le grand temple de Tintyra (voyez le plan, pl. CXXX, n° 1, lettre C). Le globe qui est au centre doit être le soleil, d'où part le faisceau de lumiere qui vient tomber sur la terre : j'ai été si souvent dans le cas de m'assurer de cette opinion sur ces deux figures, que je crois pouvoir la donner comme irrévocable : cette espece de pluie de globules triangulaires décore l'embrasure de presque tous les larmiers ou fenêtres qui donnent de la lumiere dans l'intérieur des temples.

Les n° 8 et 9 sont deux frises d'un temple qui est sur une isle près de celle de Philée (voy. pl. LXXII, n° 1).

N° 10. Cette figure, ainsi répétée, décore la corniche de la galerie qui est autour du typhonium de Tintyra; c'est la tête du Typhon, avec les attributs de la divinité, tels que l'ornement du dé qui est au-dessous des chapiteaux du grand temple dédié à Isis : les petites têtes de huppes, qui sont au-dessus des bâtons, que tiennent le plus souvent les divinités égyptiennes, sont ajoutées ici au portique qui couronne le dieu.

PLANCHE CXVII.

Une seconde planche de frises emblématiques.

N° 1. L'ornement qui décore la partie supérieure de la principale porte de la nef du temple d'Apollinopolis magna : le soleil qui répand sa lumiere sur la terre; opinion d'autant plus probable que le temple étoit dédié à Apollon, et que le lieu où est cet ornement est un des plus remarquables; des ailes au soleil sont peut-être l'emblême de son mouvement, de sa marche autour de la terre, dont la figure est au-dessous; le scarabée ailé, surmonté de deux têtes de serpents, qui est sur la figure de la terre, autre emblême de la sagesse, du courage, et de l'industrie, qui sont les attributs de la terre; l'espece de nœud qui forme un anneau autour de la queue du grand serpent ailé se trouve presque par-tout; il est joint à toutes les palmes que l'on porte dans les cérémonies, au bâton que l'on met à la main des divinités; il enferme nombre d'inscriptions, de celles qui paroissent par leur position être les plus sentencieuses.

N° 2. Un des ornements qui entourent par bandes le fût des colonnes de Tintyra (planche XL, n° 4).

N° 3. Tables d'offrandes avec des vases enlacés de fleurs de lotus en bouton; cet ornement est sculpté en bas-relief sur les tablettes qui engagent les colonnes du temple ouvert de Philée, et lui servoient de clôture.

N° 4. L'ornement du soubassement d'un des temples de Tintyra, composé de la tige du lotus, du bouton de cette fleur au moment où elle s'épanouit, et à celui où la floraison est à sa perfection.

N° 5. L'ornement qui décore toutes les corniches du grand temple d'Apollinopolis magna.

N° 6. J'ai trouvé très souvent cette figure sans que rien ait pu m'en indiquer la signification; je l'ai trouvée en soubassements rassemblés, comme on les voit ici; j'en ai trouvé d'isolées avec d'autres hiéroglyphes servant à l'écriture; j'en ai trouvé en tableaux dans le sacré du temple d'Hermontis.

N° 7. Ornement peint dans le plafond du portique du temple principal de Philée. La figure de dessous est celle de la terre sur une barque : ce qui signifieroit que les Égyptiens donnoient aussi un mouvement à la terre ; la petite divinité à la poupe en dirige le mouvement. Les Égyptiens ont toujours exprimé le mouvement par un bateau, ce qui est naturel à un peuple qui vit toute l'année, ou sur le bord d'un fleuve, ou au milieu d'un débordement ; le scarabée, le vautour, le globe ailé, employés alternativement, pouvoient être le soleil, la divinité, avec un attribut de circonstance : je croirois qu'ici les ailes étoient le ciel qui enveloppe la terre ; les scarabées, la divinité ou le soleil ; et le serpent, la providence ou la sagesse qui regle tout : ce qui détermine encore mon opinion, c'est que cette figure est voisine d'autres figures astronomiques.

N° 8. Autres ornements des colonnes du temple de Tintyra, cités au n° 2 de cette planche.

N° 9. Soubassement du temple qui est près de l'isle de Philée : cet ajustement ingénieux de deux signes sacrés est d'un excellent effet ; ce bâton terminé par une tête, qui a plus l'air d'une tête de huppe que de toute autre chose, est toujours à la main de quelques divinités. La huppe est un des oiseaux les plus abondants de l'Égypte, et y est familiere jusqu'à devenir presque domestique ; les anciens Égyptiens lui auront peut-être attribué quelque qualité dont elle sera devenue l'emblême. L'autre figure à laquelle sa forme a fait donner le nom du tau grec, et que l'on a cru, je ne sais pourquoi, être un phallum, à tous les rapprochements que j'ai pu en faire, est la clef des digues ou des canaux, l'emblême de l'inondation, et pour l'Égypte le signe du plus grand bienfait de la divinité.

PLANCHE CXVIII.

Nº 1. La face orientale de l'obélisque qui est devant le temple de Luxor (voyez planche L, nº 1). J'aurois desiré avoir le temps de dessiner les quatre faces, qui different entre elles, excepté pour les premieres figures du sommet, qui sont sans doute une espece de protocole de la dédicace du monument; j'ai pensé qu'il seroit avantageux d'avoir cette inscription pour l'ajouter à la suite de celles que l'on a des obélisques qui sont à Rome et ailleurs.

Le travail de celles-ci est d'une telle franchise, que l'on doit croire que les Égyptiens avoient une trempe particuliere pour les outils à tailler le granit; toute cette sculpture est en creux et relief, de deux pouces de profondeur, et d'une conservation merveilleuse.

Nº 2. Ce fragment est le torse d'une statue colossale, en marbre blanc, placée en dedans d'une des portes du grand temple de Karnak; il a cette particularité d'avoir une ceinture dans laquelle est passé un poignard à la maniere orientale : j'ai mis au bas la petite inscription gravée sur le médaillon qui décore cette ceinture.

Nº 3. Inscription, prise sur le chambranle de la porte d'un petit temple monolite en granit noir, dont on trouve les restes à Apollinopolis parva ou Kous. Ce fragment, si on parvient à le lire, indiquera l'usage de ces petits sanctuaires; la lettre A indique le commencement de l'inscription, qui se prolonge en droite ligne à la lettre B, et se continue à la lettre C jusqu'à la lettre D, n° 3 *bis*, que le monument est rompu; la perfection de ces hiéroglyphes est telle, soit par le style du dessin; soit par la précision de l'exécution, que, n'eût-on trouvé que ce seul fragment en Égypte, il ne seroit pas permis de douter que la nation qui l'a anciennement habitée n'eût connu les arts, et n'eût porté leur perfection à un haut degré.

N° 4. Une inscription, trouvée à Thebes sur une statue fragmentée.

N° 5. Une grande figure en bas-relief, sur le plafond de la chambre où est le planisphere céleste, dans le petit appartement qui est sur le grand temple de Tintyra (voyez le plan, planche CXXX, n° 1); cette figure tient tout le diametre du plafond de cette piece; quoique fragmentée comme on peut le voir, elle offre encore un contour bien roulant, et de belles proportions; ses pieds, conservés, sont du plus beau style; elle ne présente aucun attribut, excepté un collier, que j'ai vu souvent aux figures d'Isis; la chevelure est frisée en forme de tire-bouchon; les deux inscriptions latérales sont exactes.

N° 6. Une inscription monumentale, gravée profondément et avec soin sur le rocher de granit qui est auprès de l'isle de Philée (voyez la vue, planche LXXII, n° 3, et la situation dans la carte, lettre L, planche LXX). Il y avoit plusieurs especes de ces inscriptions; les unes qui n'étoient que tracées; les autres qui étoient monumentales, comme celles-ci, gravées de près d'un pouce de profondeur : ces inscriptions étoient sans doute des consécrations ou des dédicaces. Cette roche extraordinaire, à laquelle la nature avoit donné la forme d'un siege gigantesque, et auquel on avoit ajouté le travail d'un escalier pris dans la masse, étoit peut-être consacrée aux cinq divinités dont les images sont tracées au-dessus de l'inscription.

N° 7. Une inscription du même genre que la précédente, gravée sur la partie supérieure du bras du colosse renversé, qui est près du Memnonium, à Thebes (voyez planche XLII, n° 5, et planche XLV, n° 2). Cette inscription, qui est sculptée d'un pouce de profondeur, et qui a plus de 4 pieds de hauteur, ne fait pas plus d'effet sur la masse totale de cette figure gigantesque qu'un chiffre tatoué sur le bras d'un être vivant.

S'il étoit possible de lire cette dédicace, elle aplaniroit peut-être toutes les questions, et leveroit tous les doutes sur la situation des statues, palais, tombeaux, et temples de Memnon et d'Ossimandue.

PLANCHE CXIX.

Enseignes militaires, bâton augural, et autres emblêmes.

N° 1. Figure de vautour; l'aile est abaissée de

cette maniere, lorsque dans les combats ou dans les triomphes il accompagne, dirige, ou protege les héros.

N° 2. C'est ainsi qu'on voit le même oiseau sur la frise des portiques des temples, ou sur les plates-bandes des plafonds des portiques.

N° 3. Un épervier faisant le même office que le vautour n° 1, et quelquefois conjointement avec lui.

N° 4. Une tête de chien, et une tête de loup ou chakal sur un corps d'épervier, en adoration devant un scarabée à deux têtes de lion, pris sur une des frises du temple d'Apollinopolis.

N° 7. Especes d'enseignes, prises à Tintyra.

N° 5. Ustensile à présenter l'encens ou autre offrande.

N° 6. Autre espece d'encensoir ou vase à présenter une liqueur enflammée, dont on faisoit hommage aux dieux dans les cérémonies religieuses, ou aux héros dans leurs triomphes (voyez-en l'usage planche CXXXIV, n° 9 et 29); la petite figure à genoux acheve de l'indiquer : devant les portiques des temples, des figures colossales tiennent souvent de ces especes d'instruments; les têtes d'animaux qui terminent leurs manches indiquent sans doute au culte de quelle divinité ils étoient consacrés.

N° 12. Ornements placés à côté des portes, et qui par leurs formes redressoient la perpendiculaire, perdue par le talus des chambranles : j'ai pris celui-ci à côté de la porte du sanctuaire, dans le portique d'Apollinopolis magna; il est aussi gracieux par sa forme qu'ingénieux par son usage; le serpent s'enroule très agréablement autour de ces tiges de lotūs portant les trois époques de la floraison de cette plante.

Le n° 14 jusqu'à 24 sont des figures qui ont été prises isolément dans le petit appartement qui est sur le temple de Tintyra (voyez le plan, n° 1, planche CXXX, dans la chambre lettre A). A la forme de ces figures, à la banderolle qui est à chaque bâton, à l'usage que j'en ai vu dans le triomphe sculpté dans le palais de Médinet-Abou, n° 32, planche CXXXIV, ce ne peut être que des bannieres religieuses ou des enseignes militaires ; elles sont chargées de tous les animaux qui sont les emblêmes de la divinité. La figure 19, très soignée d'exécution, doit donner l'idée juste de la forme de l'ibis, constatée par celle des ossemens que j'ai trouvés en développant une des momies de cet oiseau (voyez pl. XCIX). Ces figures d'animaux sont dessinées d'une maniere bien supérieure à celles des divinités et des figures humaines ; j'ai cherché à les imiter avec fidélité, et en cela j'ai été secondé dans la gravure par le citoyen Galien, jeune artiste plein de zele, de talents, et de vertus, que j'ai été dans le cas de regretter pour lui, pour moi, et pour mon ouvrage, au milieu de l'exécution duquel une mort prématurée l'a ravi inopinément à ses amis, et à une famille dont il étoit l'idole : je voudrois pouvoir rendre à sa mémoire le tribut de reconnoissance que je dois à ses soins, et faire connoître les regrets que les arts doivent à sa perte.

N° 8. Bâton augural, espece de crosse que l'on

voit très souvent à la main des diverses divinités; j'ai dessiné celui-ci avec exactitude d'après une figure colossale qui est sculptée sur le mur extérieur du fond du grand temple de Tintyra; la tête ressemble à celle d'une huppe ou du canard huppé; il est toujours terminé par une double pointe.

N° 9. Un bâton à quadruple emblême, que j'ai trouvé sculpté contre le mur intérieur du sacré du temple d'Éléphantine.

N° 10. Bâton terminé par une fleur de lotus, que portoient peut-être les simples initiés, les dieux, et les prêtres.

N° 11. Espece d'enseigne (voyez n° 7).

N° 13. Bâton surmonté de la tête d'Isis, et d'un petit temple, dans lequel est la figure d'Osiris.

PLANCHE CXX.

N° 1. Quatre hommes enchaînés et menacés d'un dard. Est-ce un sacrifice humain? est-ce la puissance, ou la domination? c'est ce que nous expliqueroient sans doute les deux petites inscriptions qui y sont jointes. Ce sont ces inscriptions qui m'ont souvent déterminé dans le choix que j'ai fait des tableaux hiéroglyphiques; je les ai dessinées dans l'espérance que quelque jour on pourroit les lire; et qu'elles expliqueroient les figures : celle-ci est sur le mur extérieur du grand temple de Tintyra, à la partie latérale au sud.

N° 4. Un génie bien ou mal-faisant, tenant des ciseaux à la main : lorsqu'il est représenté en action de faire usage de cet instrument, c'est le plus souvent pour couper les tiges de lotus ; ce qui pourroit le faire prendre pour le desséchement des canaux, pour le vent d'ouest, celui qui nuit au débordement, le grand fléau de l'Égypte, ou pour celui qui donne le trop ou le trop peu de la pluie qui produit le débordement ; c'est peut-être sous cet emblème qu'il a un gros ventre et de longues mamelles, donnant ou retenant l'abondance : il est là comme divinité sous un portique qui a presque toujours cette forme dans les bas-reliefs égyptiens. Cette figure, qui a été prise dans l'intérieur du temple d'Hermontis, y est si souvent répétée qu'elle paroît en être la divinité.

N° 6. Le sacrifice d'une antélope, espèce de gazelle, chevre d'Afrique, commune dans l'Égypte : le sacrificateur a une coiffure emblématique ; l'inscription qui est au-dessous est sans doute explicative : j'ai pris ce tableau sur le mur extérieur de la nef du grand temple de Tintyra.

N° 2. Cet emblême extraordinaire est sculpté sur le mur de la troisieme chambre du petit appartement qui est sur le comble du grand temple de Tintyra (voyez planche CXXX, n° 1, lettre A).

N° 3. La figure d'Isis avec tous ses attributs, ayant sur la tête un temple, le disque de la lune, les cornes de la vache, le vautour, dont les ailes lui servent de coiffure, les cuisses et les jambes couvertes des ailes de l'épervier, le corps et l'épaule gauche couverts d'écailles de poisson ; assise sur un trone décoré de tige de lotus, en tenant une fleur pour sceptre, et de l'autre main une clef des canaux, enfin tout ce qui parle de l'eau, de l'inondation ; de tout ce qui produit et fait germer, le rassemblement de tous les attributs de cette divinité bienfaisante : celle-ci, très bien sculptée et très bien conservée, existe de grandeur humaine au sud de la partie latérale du grand temple de Tintyra.

N° 5. Une divinité, qui ressemble à Harpocrate, accroupie sur une fleur de lotus ; cette figure, trouvée pendant notre séjour à Syene dans l'isle d'Éléphantine, appartient au général Belliard ; elle est de la grandeur du dessin ; la tige de la fleur de lotus étoit creusée pour recevoir un manche, et servir comme bâton dans quelques fonctions religieuses : ce bronze, du plus beau jet, parfaitement réparé, et couvert de la patine la plus moëlleuse, peut servir de preuve que l'art de la fonderie étoit dans sa perfection en Égypte, si le monument est égyptien ; et s'il est romain, que cette colonie y avoit adopté le culte du pays, et y avoit professé les arts du superflu.

N° 7. J'ai rencontré plusieurs fois cette figure sculptée en proportion gigantesque à côté des portes des temples des dieux et des palais des rois ; il est à présumer que c'est l'emblème de la force, ou du pouvoir attribué à la divinité, ou à la souveraineté ; et dans ce cas on pourroit croire que le gouvernement du pays, sans attendre l'obéissance de la persuasion, la commandoit par la force et la terreur.

N° 8. Figure de cinq pieds et demi, prise sur le comble du principal temple de l'isle de Philée.

PLANCHE CXXI.

N° 1. Ce tableau a plutôt l'air de la représentation d'un évènement que d'un emblême hiéroglyphique ; je l'ai trouvé contre le mur de la nef du petit temple d'Éléphantine (voyez planche LXV, n° 2) : il est fruste et dégradé ; il m'a semblé représenter un héros qui vient de tuer un brigand, et des gens qui lui en rendent grace, ou qui lui font un serment : c'est la seule fois que j'ai vu de tels vêtements ; ils ne paroissent point être égyptiens ; c'est la seule fois que j'ai vu trois figures se grouper avec expression. Si je ne l'eusse vu en place, le style ne m'auroit point rappelé la sculpture égyptienne, et j'aurois douté de son intégrité.

N° 2. La tête à part de la figure n° 6, même planche ; je l'ai faite portrait, parcequ'elle en avoit le caractere, et qu'il m'a paru national par la comparaison que j'ai été dans le cas d'en faire toutes les fois que les figures étoient humaines et non emblématiques.

N° 3. Un temple sur un bateau ; c'est la seule fois que j'ai vu un signe rayonnant. Si cette figure étoit celle du soleil, on pourroit penser que les Égyptiens, dans leur système planétaire donnoient du mouvement à cet astre, puisque la barque en est toujours l'emblême. Cet emblême, posé sur un autel, étoit peut-être porté sur les épaules dans les fonctions religieuses, comme on peut le présumer à sa forme ; il est sculpté sur les murs de la troisieme chambre du petit appartement qui est sur le comble du grand temple de Tintyra. Tout ce qui vient de ce réduit mérite la plus scrupuleuse attention, parceque la perfection de l'art dans tout ce qui y est exécuté est toujours ajoutée au mystere que le sujet peut renfermer.

N° 4. Divinité, que j'ai rencontrée souvent dans les tableaux hiéroglyphiques, représentée toujours grasse et sans avant-bras; ses deux jambes sont réunies dans une gaîne; celle-ci a cela de particulier qu'il lui sort de la nuque un lotus flétri. Seroit-ce encore un mauvais vent engraissé des désastres de la terre?

N° 5. La terre au pouvoir de Typhon. Seroit-ce l'emblême du vent dévorant appelé maintenant le kamsin, qui regne dans les mois d'avril et mai, qui précedent l'inondation? pendant ces deux mois l'Égypte desséchée offre un aspect plus triste et plus douloureux que celui des mois de nos plus rigoureux hivers: à côté est la figure de la reproduction ou la nature toujours en érection; elle est représentée tenant à la main un fléau: c'étoit une des principales divinités des Égyptiens, celle à laquelle étoit consacré le grand temple de Karnak, à Thebes. Elle est ici portée par douze prêtres, couverte d'un tapis parsemé de fleurs de lotus épanouies, qui annoncent l'époque de la récolte ou de la maturité. Ce tableau est sculpté dans l'intérieur du temple d'Hermontis (voyez planche LI, n° 1, 2, et 3).

N° 6. Figure sculptée sur le mur de l'escalier

intérieur qui monte au comble du temple de Tintyra (voyez planche XL, n° 8); elle est en acte d'adoration : elle peut donner une idée du costume civil; une calotte juste remplace les cheveux, les bras et le corps nus, ou couverts d'une chemisette juste, pardessus laquelle deux bretelles portent un vêtement croisé, rayé, et brodé; une ceinture en métal ciselé ou en broderie en relief, dans laquelle passe un poignard, dont le fourreau est décoré comme la ceinture, et un seul bracelet à l'avant-bras droit.

N° 7. Un prêtre sculpté sur le mur de la piece ouverte de l'appartement qui est sur le comble du grand temple de Tintyra (voyez planche CXXX, n° 1, lettre C): son bâton est terminé par une fleur de lotus : l'ornement qui est sur son justaucorps prouve que les parties de la figure qui paroissent nues étoient couvertes d'un tissu en mailles; la bordure de son vêtement ressemble au signe qui d'ordinaire représente l'eau; la chaussure est une semelle, portant un simple quartier, au bout duquel est attaché un arc, qui passe sur le coude-pied; le devant de la semelle est fixé au bout par un second arc, qui part du sommet de celui qui passe sur le coude-pied, et par un cintre élevé vient aboutir entre le pouce et le premier doigt à la naissance de l'un et de l'autre.

N° 8. J'aurois cru que cette figure étoit la représentation d'un jeu, d'une cocagne, si la gravité du lieu où je l'ai trouvé, les signes sacrés qui terminent cette espece de mât dressé, ne m'eussent averti qu'il falloit y attacher un sens emblématique. J'ai trouvé deux fois cette même représentation : la premiere, qui est celle-ci, sur la partie extérieure du mur latéral de la nef du grand temple de Tintyra; l'autre fois dans la partie intérieure du temple. Le panache que portent les personnages qui montent est celui que les prêtres portoient dans les cérémonies : si ce sont des prêtres, cela ne voudroit-il pas indiquer les efforts que cette caste faisoit pour parvenir à la sagesse et à la connoissance des mysteres d'Isis, dont les emblêmes sont à la partie la plus élevée, tandis que les autres, sans y prétendre, ne font que leur prêter secours pour y parvenir ? c'est-à-dire que les uns représenteroient le peuple, dont les travaux aident ceux qui ne s'occupent que de choses relevées, et purement immatérielles ; et les différents points d'élévation de ceux qui montent indiqueroient les différents degrés d'initiations pour arriver à la connoissance parfaite des mysteres d'Isis, le principe de tout, dont les signes emblématiques sont au-dessus du mât.

N° 9. Figure d'un prêtre portant un emblême sacré, sculpté sur une face intérieure d'un mur du temple principal de l'isle de Philée.

PLANCHE CXXII.

N° 1. Deux chevaux ailés, sculptés sur la troisieme plate-bande du plafond du portique du grand temple de Tintyra; c'est la seule fois que j'aie vu la figure d'un cheval dans des tableaux hiéroglyphiques : on peut voir ici, comme dans les tableaux de batailles, que les Égyptiens les savoient très bien dessiner.

N° 2. Ce tableau est sculpté en grand au fond du sanctuaire du temple qui est dans l'isle auprès de celle de Philée, et semble être l'emblême de sa consécration ; cette figure ne seroit-elle pas celle de la terre environnée du ciel, au milieu duquel seroit le disque du soleil ? j'ai déja trouvé pareille figure sous le portique du temple d'Apollinopolis magna (voyez planche CXVII, n° 1).

N° 3. Le dieu Chat, auquel une figure à bec d'ibis offre un vase ; il est dans un temple qui a un demi-fronton ou une espece de toit, que j'ai vu souvent représenté en bas-relief, et que je n'ai jamais trouvé en nature : celui-ci est sculpté dans l'intérieur du temple d'Hermontis.

N° 4. Tableau sculpté dans l'intérieur du temple d'Hermontis.

N° 5. Tableau sculpté dans le même lieu que le précédent.

N° 6. Autre tableau sculpté dans le même temple ; les murs intérieurs de ce temple, partagés en compartiments inégaux, sont couverts de bas-reliefs, placés ainsi que dans une galerie où seroient rassemblés des tableaux de différents maîtres : n'ayant pu jamais me flatter dans mes différents voyages à Hermontis d'avoir le temps d'en dessiner des faces entieres, j'ai pris à part tout ce qui m'a paru le plus intéressant. Celui-ci, représentant l'ibis entre deux divinités grasses, ne seroit-il pas allusion à la saison féconde, qui étoit celle du pasage de cette espece d'oiseau en Égypte ?

N° 7. Un scarabée sur le disque du soleil ou de la lune ; l'inscription au-dessous est exacte, les endroits où elle manque sont fragmentés. Ce bas-relief est sculpté en grand à la partie extérieure du fond du temple d'Hermontis.

N° 8. Tableau fort remarquable ; il est encore de ceux de la collection qui décore l'intérieur du temple d'Hermontis : un épervier en sphinx, avec une queue très extraordinaire, le mauvais génie, devenu le symbole de la propagation, et tenant le fléau de l'abondance.

N° 9. Un oiseau à tête de cheval, sculpté sur la même plate-bande que le n° 1 de cette même planche.

N° 10. Bas-relief sculpté au-dessus de la porte extérieure des grottes, qui étoient les tombeaux des rois d'Égypte, tandis que Thebes en étoit la capitale (voyez planche XLII, n° 2, la vue de la grotte, et la place qu'occupe ce bas-relief).

N° 11. Sphinx sculpté contre une des faces intérieures des murs du temple de Tintyra.

N° 12. Emblême sculpté sur une des architraves du portique du temple d'Appollinopolis magna.

N° 13. Tableau sculpté et peint sur une des architraves du grand temple de Tintyra ; trois loups ou chakals enchaînés à la figure d'Isis, et trois Anubis en adoration ; les marques qui sont sur leurs corps sont prononcées comme ici d'une maniere très remarquable.

N° 14. Cette figure, très souvent répétée dans l'écriture inscriptive, a été dessinée avec exactitude d'après une sculptée en grand sur une des architraves du portique d'Apollinopolis magna.

N° 15. Bas-relief sculpté sur la porte de la piece ouverte de l'appartement bâti sur le grand temple de Tintyra.

N° 16. Vase extraordinaire, avec une inscription sculptée sur un mur du temple d'Hermontis.

N° 17. Figure très remarquable d'une girafe, la seule que j'aie vue dans l'innombrable quantité d'hiéroglyphes ou de bas-reliefs que j'ai observés pendant mon séjour dans la haute Égypte ; elle est sculptée sur la partie extérieure de la muraille qui fait le fond du temple d'Hermontis.

PLANCHE CXXIII.

N° 1. Cette figure de trois quarts de nature, sculptée de haut-relief sur la porte principale de l'intérieur du portique du temple de Latopolis à Esnê, est sans doute celle du dieu auquel étoit dédié ce monument, le Jupiter égyptien, celui adoré à Ammon.

N° 2. J'ai trouvé plusieurs fois cette grande figure sculptée à côté de la porte des tombeaux, où il n'y avoit qu'un seul corps ; je l'ai toujours trouvée dans cette attitude de pitié et d'attendrissement : seroit-ce la veuve du mort exprimant ses regrets ? seroit-ce le costume des femmes égyptiennes, que l'on ne trouve nulle part ailleurs ? dans ce cas il auroit été aussi incommode à porter que désagréable à voir. Cette figure-ci a été prise dans les tombeaux qui sont dans les carrieres de Silsilis (voyez planche LXXVI, n° 1).

N° 3. Ces figures, prises dans le mène temple, et près de celles planche CXXI, n° 1, pourroient bien être la suite de la représentation du même évènement ; ici ce seroit l'encens présenté au héros qui auroit remporté une victoire : on peut remarquer, comme dans l'autre tableau, des particularités dans le costume, et plus de mouvement dans les figures.

N° 4. La tête d'Isis, qui occupe le milieu de la corniche du frontispice du grand temple de Tintyra, et qui placée là semble indiquer la consécration de ce monument à cette divinité (voyez pl. XXXIX, n° 2). Cette même figure est sculptée d'une proportion gigantesque sur la partie extérieure du mur du fond du temple.

N° 5. Tableau sculpté dans l'intérieur du portique de Latopolis à Esné. Est-ce une chasse au filet ? en un pareil cas ils n'ont pas mis des figures emblématiques (voyez planche CXXV, lettre F). Sont-ce trois mois pendant lesquels les ibis se répandoient dans l'Égypte, ou ceux de la retraite des eaux, ceux de l'abondance ? la quatrieme figure, avec une tête d'ibis, et tenant une clef des canaux, sembleroit étayer cette derniere opinion.

N° 6. Sistre avec la tête d'Isis : on sait que cet instrument étoit employé aux cérémonies du culte de cette déesse; celui-ci, sculpté avec soin, a été dessiné avec exactitude dans le temple de Tintyra.

N° 7. Offrande faite par un héros au dieu de l'abondance ou de la reproduction, la grande divinité de Thebes; le héros est en habit militaire, dans le costume des triomphateurs, accompagné d'un génie protecteur. Ce tableau est sculpté en grand dans l'intérieur de la partie sacrée du temple de Luxor.

PLANCHE CXXIV.

N° 1. Figure que je crois celle d'Orus ou de la terre, fils d'Isis ou d'Osiris; je l'ai vue le plus souvent avec l'une et l'autre de ces divinités, ou leur faisant une offrande, toujours avec une figure jeune et d'une taille plus petite que les autres : j'ai trouvé celle-ci sur une des colonnes du portique de Tintyra; elle étoit recouverte en stuc, et peinte : le stuc, en partie écaillé, me laissa voir des lignes tracées comme avec de la sanguine; la curiosité me fit achever d'enlever le stuc, et je trouvai le trait de la figure tracé avec des repentirs de dessin, une division en vingt-deux parties, le départ des cuisses partageant la grandeur totale de la figure, et la tête en formant un peu moins de la septieme partie; les Égyptiens avoient donc un type, un mode, un canon? ils avoient donc un art avec des principes fixes? Ce qui me parut singulier, ce fut de trouver, tout auprès de cette figure si réguliere, des traits tracés deux ou trois mille ans après et par les mêmes catholiques des premiers siecles, qui détruisoient si soigneusement les sculptures du culte égyptien, et qui, avec toute la gaucherie de la barbarie la plus inepte, s'étoient efforcés de dessiner la figure d'un de leurs évêques avec la mitre et la croix : sans partialité pour l'histoire de l'art, j'ai tout pris avec la même exatitude, et j'en ai conservé la comparaison telle qu'elle m'a frappé.

N° 2. J'ai trouvé ce groupe très souvent répété dans les peintures qui décorent les tombeaux des rois de Thebes; la figure attachée au poteau, terminée par une tête de loup ou de chakal, et qui a la tête coupée, est toujours noire avec le caractere negre, et celui qui tient le coutelas est toujours rouge. Il y avoit donc des sacrifices humains ? le poteau sacré indiqueroit que c'est une fonction religieuse, et non un suplice; que c'étoit une victime, et non un coupable; que c'étoit un captif et non un criminel; que le rouge étoit la couleur nationale, et le noir la couleur étrangere. On trouve chez tous les peuples des divinités qui veulent du sang, parceque les hommes qui se sont fait des divinités les ont créées à leur image, et leur ont donné toutes leurs passions et tous leurs vices.

N° 3. Cette figure, qui réunit de grandes curiosités, m'a été communiquée par le général Dugua; elle a été dessinée d'après un fragment de granit près de Souès, et si naïvement, que je ne puis soupçonner la main qui en a fait le dessin d'être capable de la malice d'un faux. L'écriture persépolitaine, jointe au caractere bien prononcé de la tête d'un mage, telle qu'on la voit sur les médailles antiques de Perse, et le signe égyptien du globe ailé, ce rapprochement d'époques, ce mélange des arts de deux nations rivales, que je n'ai jamais rencontré qu'ici m'a fait penser que, malgré la loi que je me suis faite de ne présenter à mes lecteurs que ce que j'aurois vu ou dessiné moi-même, je ne pouvois me dispenser d'offrir ce fragment à la curiosité des observateurs.

N° 4. C'est une espece de chapelle ou d'ex-voto, ou temple votif et portatif, d'une seule pierre de grès : celui-ci a été trouvé à Saccarah ; il est du double de la grandeur du dessin ; il a été apporté en France par le citoyen Descotil, qui a bien voulu me le communiquer. Les n° 5 et 6 sont les côtés ; il falloit sans doute qu'il fût appuyé contre quelque chose, car il n'y a rien de sculpté derriere : la figure du milieu est la tête d'une divinité sur un corps de serpent ; aux deux côtés sont un homme et une femme faisant des offrandes.

N° 7. Ce tableau d'un genre particulier m'a paru être un jeu, et la représentation de tours de force que l'on fait faire à des ânes, dont je n'ai trouvé la figure dans aucun tableau hiéroglyphique ; ceux-ci sont sculptés dans une grotte à mi-côte de la montagne libyque, à l'ouest de Thebes. Ce tableau, travaillé sur le massif de la roche, sur la pierre calcaire, est si fin et si recherché pour le travail, qu'il ressemble plutôt à de la ciselure d'orfévrerie qu'à de la sculpture; ce sujet d'un genre tout-à-fait particulier a plus de souplesse dans les contours et plus de grace dans la pose qu'on n'en trouve ordinairement dans les bas-reliefs égyptiens. Ils avoient donc une école, et un style à part exempt des inconséquences des figures hiéroglyphiques. L'usage existe encore dans le pays de lever dans la même attitude les ânes qui viennent de faire une course, afin de les délasser et de leur déroidir les membres.

N° 8. Ce tableau est de même nature que le précédent, il existe dans la même grotte; il est encore plus évidemment un jeu: la figure du milieu va sauter sur la corde; elle a toute la naïveté de ce mouvement; les autres ne sont pas moins bien dans l'action, et prouvent que, lorsqu'ils en avoient une à exprimer, ils savoient prendre la nature sur le fait et en rendre l'expression. La roche sur laquelle tout cela est sculpté est friable, et s'est effeuillée d'elle-même, ce qui a fragmenté tout naturellement cette petite collection particuliere et très précieuse: j'en aurois dessiné tout ce qui en reste de détails, si je ne l'eusse découvert le soir et à l'instant où j'étois obligé de quitter ce lieu pour toujours.

N° 9. J'ai joint le développement de ce petit cippe persépolitain pour servir de comparaison avec l'écriture à clou du n° 3.

PLANCHE CXXV.

N° 1. Un manuscrit en toile ou bandelette de momie, trouvé dans un triage du magasin des curiosités de l'académie des sciences ; il est composé d'une suite de dix-neuf pages, séparées et encadrées avec autant de vignettes : la premiere a un titre écrit en rouge ; le premier mot de chaque colonne est écrit de même couleur ; la boule de la premiere vignette, n° 1, paroît être le soleil ; il est coloré rouge ; ce qui en sort est sans doute un faisceau de lumiere, composé alternativement de globules rouges, et de globules noirs ; ensuite viennent des pages, dont les vignettes sont des oiseaux : je n'ai figuré qu'une des pages d'écriture, parceque la totalité auroit tenu un grand espace, sans ajouter aucun intérêt à l'estampe tant que l'on n'aura pas découvert le moyen de lire ce manuscrit ; il suffit d'en voir quelques uns pour satisfaire la curiosité, et savoir où les autres existent en cas qu'on parvienne à pouvoir les lire ; jusque-là les tableaux ont un intérêt plus particulier ; comme ici, les temples monolithes n° 13, 17 et 18, qui prouvent évidemment que ces especes de monuments ont servi à tenir les oiseaux sacrés, ainsi que je l'avois pensé lorsque je trouvai le premier encore à sa place dans le temple de Philée (voyez le plan de cette isle, planche LXX, n° 22, la figure que j'en ai dessinée à part, pl. XLI, n° 1, et le journal, tom. II, page 94). Le n° 2 est un épervier avec une tête d'homme, une figure devant lui dans l'attitude de l'admiration. n° 3. Un épervier sur une cage. n° 4. Un épervier sur une dalle. n° 5. Un vanneau, oiseau très multiplié en Égypte, et dont il y a nombre d'especes. n° 6. Une demoiselle de Numidie. n° 7. Un serpent à tête d'homme. n° 8. La consécration d'une fleur de lotus. n° 9. Une même consécration devant une tête qui sort de la plante du lotus. n° 10. Un homme prosterné devant trois divinités qui semblent les mêmes. n° 11. Un corbeau perché sur une demi-circonférence toute marquée de points, qui peuvent être des étoiles; ce qui pourroit être l'emblême de la nuit. n° 12. Un bateau sur l'eau. n° 13. Un petit temple monolithe; deux éperviers dehors du temple, posés sur le stylobate; une figure d'homme assise, tenant un bâton, et qui semble être leur gardien; le siege, très élégant, est formé d'un corps d'animal, de ses jambes, de ses cuisses, et de sa queue. n° 14. Une figure, que j'ai toujours cru devoir être celle de la terre, posée et incrustée dans une dalle; un instrument tranchant semble la partager en deux parties. n° 15. Un homme à tête de loup, présentant à manger à une divinité en forme de terme; il porte en même temps la main sur la partie de la génération de cette divinité. n° 16. Un sacrifice; sous l'autel, sont des vases d'eau lustrale. n° 17. Une figure en admiration devant un tabernacle ou temple monolithe, dont la porte est fermée; la porte est un treillage. n° 18. Un temple monolithe, dont une figure ouvre la porte, et présente à manger à l'oiseau qui y est enfermé. n° 19. La même vignette que le n° 10. Après cela viennent quatre tableaux l'un dessus l'autre, et qui tiennent tout le diametre du manuscrit: celui d'en-haut est un bateau; le second, un homme à genoux fait une offrande de quatre vases, et d'autres choses, que je ne sais comment nommer, à une divinité assise; le troisieme, une autre offrande à deux figures qui paroissent être deux divinités; le quatrieme est à moitié déchiré. Parallèlement sont quatre autres tableaux, qui ne sont point terminés, parcequ'à cet endroit la bandelette a été déchirée: celui d'en-haut représente une offrande de la cuisse d'un animal à trois divinités accroupies, dont celle du milieu est rouge; un bateau conduit par un homme accroupi, tenant une rame à deux mains, et dans la même attitude pratiquée encore aujourd'hui en Égypte: le second tableau, une moisson en maturité, qu'un homme coupe avec une faucille; un autre homme qui soigne une plante, qui n'est plus du bled, mais du riz ou du doura: dans le troisieme, un homme qui laboure; il tient la corne de la charrue, et appuie le pied sur le soc; la charrue est traînée par un bœuf; il y a des arbres très mal dessinés, entre lesquels sont deux figures de la terre; la premiere bande est fort dégradée.

La derniere file, au bas de l'estampe, sont des bas-reliefs pris dans de petits monuments qui sont près des pyramides de Gizéh, représentant diverses actions de la vie privée, une suite d'occupations rurales, de transport de leurs productions aux marchés des villes, de pêche, de chasse, etc. On peut remarquer que, lorsque les figures ne sont plus hiéroglyphiques ou emblématiques, la sculpture perd la roideur de ses poses; que le mouvement indique parfaitement l'action, et souvent d'une maniere très gracieuse, comme on peut le remarquer, lettre D, dans le groupe de cette gazelle qui allaite son petit.

PLANCHE CXXVI.

Nº 1. Figure d'Isis sculptée sur la porte latérale d'une des plates-bandes du portique du temple de Tintyra : cette figure répétée trente fois de suite ne varie que par l'inscription, qui devient nulle par l'impossibilité d'en distinguer les caracteres, et l'éloignement où ils sont placés; inconséquence dont il est difficile de rendre compte, et qui est aussi ridicule qu'il le seroit de placer des livres sur des rayons de bibliotheque où on ne pourroit les aller prendre, inconvénient répété cependant à chaque instant dans les monuments d'Égypte; ce qui y est écrit ressemble à des dépôts d'archives qu'il suffit qui existent, et qu'on n'a jamais besoin de consulter.

Nº 2. Cette figure n'a de particularité que la tête d'Isis sur une gaine, ce que je n'ai vu que cette seule fois; elle est dans la troisieme piece du petit appartement sur le temple de Tintyra.

Nº 3. Une figure de divinité avec une tête de crocodile; elle est sculptée dans le petit temple qui est derriere le grand à Tintyra.

Nº 4. Tout ce numéro est sculpté sur la face intérieure de la principale porte du temple d'Hermontis : j'ai dessiné ce groupe de tableaux pour faire voir comment ces rassemblements se composent; les inscriptions ne pouvoient être distinguées tant à cause de l'obscurité du lieu que de l'élévation où elles sont placées; je ne les ai figurées ici que pour donner une idée de leur distribution et de leur nombre. Le tableau principal représente deux figures d'Isis en action de grace devant un emblème d'Osiris, sur un autel rayonnant de tiges de lotus, que de mauvais génies semblent vouloir couper; entre les cornes de la vache, qui est au-dessous, j'ai cru distinguer la figure du petit Orus, que l'on voit répétée sur les genoux des quatre divinités qui sont sur des autels; aux parties latérales sont des cochons, auxquels il semble qu'on fait la chasse.

N° 5. Ce tableau est sculpté dans le même temple, mais dans la partie secrète (voyez le plan, planche LI, n° 2, chiffre 5), d'autant plus secrete qu'elle n'est éclairée à présent que par une dégradation près du plafond, que la lumiere n'en arrive pas jusqu'au sol, et que pour appercevoir ce qui étoit sur le mur j'étois obligé de fermer long-temps les yeux, et d'aller dessiner dehors ce que j'avois pu entrevoir et ce que ma mémoire avoit retenu.

Les figures des vaches sont-elles des signes célestes, des constellations? est-ce Isis qui leur confie son fils Orus pendant que le soleil est dans le signe du lion, sur la peau duquel elles sont assises? au-dessous on voit le même petit Orus allaité par deux vaches; dans les figures de côté, Isis semble défendre son fils de Typhon en acte de couper les tiges de lotus.

N° 6. Figure sculptée dans le portique du temple de Latopolis, à Esné, où il y a tant d'autres figures de serpents.

N° 7. Figure sculptée dans le portique du grand temple de Tintyra.

N° 8. Figure d'Osiris dans la piece ouverte du petit appartement sur le grand temple de Tintyra.

N° 9, 10, 11, 12. Ces tableaux sont tous quatre sculptés dans la troisieme chambre du petit appartement qui est sur le grand temple de Tintyra (voyez planche CXXX, n° 1, lettre A); ils m'ont paru représenter l'état de la terre ou de la nature à certaines époques de l'année.

N° 12. Seroit-ce la nature endormie, et toujours vivante, protégée par des emblêmes de la divinité bienfaisante?

Dans le n° 11 la même figure endormie sur le signe du lion, représenté par la peau de cet animal; les quatre figures qui sont dessous pourroient être des constellations, ou les mois du repos de la nature; pendant ce temps une divinité protectrice semble veiller sur elle.

Dans le n° 10 la même figure couchée de même avec quatre nouveaux signes sous le lit de repos; elle paroît s'éveiller, et reçoit l'offrande d'un sacrifice; ce qu'explique peut-être l'inscription qui y est jointe.

Dans le n° 9 la même figure, tout éveillée, et prête à se lever, tient le signe du pouvoir et de l'abondance; elle reçoit la clef des canaux, l'emblême du débordement, qui est le temps où cesse le sommeil de la nature en Égypte.

PLANCHE CXXVII.

N° 1. Le tableau peint sur le plafond du portique du principal temple de l'isle de Philée.

N° 2. Le sacrifice d'un bœuf fait à Osiris; le sacrificateur en présente la cuisse et le cœur à la divinité. J'ai remarqué toutes les fois que j'ai rencontré l'image de ces sacrifices ou celle des offrandes, que c'étoient toujours ces deux parties qui étoient offertes de préférence; la différence des costumes est très remarquable entre le victimaire, les sacrificateurs, et celui qui offre le sacrifice, d'où il résulte que l'habit long auroit été l'habit noble, et le plus respecté. Ce tableau est sculpté dans la piece ouverte de l'appartement qui est sur le grand temple de Tintyra.

N° 3. Ce sujet est sculpté dans le grand temple de Karnak, à Thebes; Isis tenant Orus au milieu des lotus pourroit indiquer la terre couverte d'eau, le temps de l'inondation.

N° 4. Ce tableau m'a semblé représenter le lotus flétri, et ravivé par l'eau qui est versée dessus, ou les maux de la sécheresse réparés par l'inondation; il est sculpté sur le mur dans l'intérieur du portique du temple de Latopolis, à Esnè.

N° 5. Ce tableau est sculpté dans la partie intérieure du portique du grand temple de Karnak; c'est la seule fois que j'aie vu un arbre dans un tableau hiéroglyphique, et des offrandes au bout d'un bâton.

N° 6. Ce tableau extraordinaire est sculpté dans

le petit temple qui est derriere le grand, à Tintyra; la figure sur laquelle est le serpent m'a semblé dans le relief être une massue, qui paroît être au moment d'écraser le petit Orus, secouru par l'emblême d'Isis; les cornes de la vache, la mesure du Nil, le débordement, qui sauve la terre des atteintes de Typhon, du vent du désert.

N° 7. Isis portée par des éperviers et par des chakals, sous un portique formé de trois tiges de lotus. Ce tableau est sculpté dans l'intérieur du portique de Latopolis, à Esné.

N° 8. Vase sculpté contre le mur de la partie intérieure du portique de Tintyra.

N° 9. Orus faisant une offrande à Isis et à Osiris, ou la terre reconnoissante des bienfaits du ciel : quoiqu'il me fût impossible de distinguer les petits caracteres à l'éloignement où ils étoient placés, j'ai dessiné ce tableau avec toutes les inscriptions qui l'accompagnent, pour donner une fois l'idée du nombre de celles dont ordinairement sont surchargés les tableaux hiéroglyphiques, et qui doivent leur servir d'ampliatifs ou être leurs explications. Celui-ci est un des deux mille qui sont sculptés sur les murs du grand temple de Tintyra.

N° 10. La grande divinité du grand temple de Karnak, à Thebes; le sanctuaire de ce temple, construit en granit, a tout son intérieur couvert en compartiments de petits tableaux de cette forme, où cette divinité est toujours représentée dans la même attitude et recevant des offrandes de différents genres : il est probable que c'est dans ce sanctuaire que se faisoit l'étrange sacrifice dont une jeune vierge étoit la victime, et les prêtres les sacrificateurs ; c'est-à-dire la cruauté mêlée de tous les temps à la volupté, qu'il faut cacher et déguiser.

N° 11. Ce bas-relief hiéroglyphique, d'un dessin très agréable, est sculpté dans le sanctuaire du Typhonium d'Apollinopolis magna, à Etfu; c'est Isis au moment du débordement recevant les clefs des canaux du Nil.

N° 12. Deux divinités qui enfoncent une espece de pieu dans le calice de deux fleurs de lotus ; une étoile surmontée de cornes, le vêtement de la figure de la femme recouvert d'une peau de panthere, sont des particularités que je n'ai vues que cette seule fois.

N° 13. Je crois cette figure sans signification ; dans ce cas elle seroit très remarquable, et feroit voir combien les Égyptiens, lorsqu'ils n'étoient pas retenus par un usage sacré, savoient donner un mouvement gracieux à la pose de leurs figures; la souplesse et la gaieté sont répandues dans toute l'attitude de celle-ci ; on en feroit une statue sans rien changer à sa pose; bien exécutée, elle pourroit passer pour une production grecque : j'appelle à l'appui de cette opinion les deux tableaux faits dans le même esprit (planche CXXIV, n° 7, et n° 8); celle-ci est sculptée dans la troisieme chambre de l'appartement qui est sur le grand temple de Tintyra.

N° 14. Le crocodile sur le couronnement du portique d'un temple, un autel devant lui, et recevant une offrande ; ce tableau est sculpté dans la partie intérieure du portique du temple de Latopolis à Esnê.

N° 15. Un temple avec un fronton ; il est sculpté dans le portique du grand temple de Tintyra. Les édifices n'ayant pas besoin de toits en Égypte, où il ne pleut jamais, il en est résulté qu'il n'y a point de fronton dans l'architecture égyptienne ; la représentation de celui-ci est tenue par un personnage qui en fait une offrande : c'étoit donc un temple votif, un temple égyptien, à en juger par la porte, et peut-être érigé par un héros égyptien dans un pays éloigné de l'Égypte ? C'est la seule figure que j'aie vue de ce genre.

PLANCHE CXXVIII.

Toute cette planche a été dessinée d'après différentes parties du temple de Cneph, à Éléphantine (voyez planche LXVI, n° 2 et 3) ; les tableaux semblent représenter la consécration de ce temple par un héros, ou des sacrifices, pour se rendre les divinités propices et pour se mettre sous leur protection.

N° 1. La partie extérieure latérale nord dudit temple.

N° 2. La figure du héros prise à part, pour faire connoître les détails du costume, de la coiffure, du bandeau, du collier : j'ai vu un seul fragment de ce collier en nature ; il appartenoit à l'adjudant-général Morand ; il étoit en acier, damasquiné en or : des bracelets, une ceinture, avec une agrafe représentant une tête servant à relever le tonnelet, une queue, qui étoit une marque de dignité. Chaque fonction d'une même cérémonie avoit son habit particulier, comme on peut le remarquer même planche, n° 5, et mieux encore planche CXXXIV; quelquefois par-dessus l'habit, n° 2, il a une grande robe blanche de voile transparent, à travers laquelle on distingue les formes et même les couleurs des vêtements qui sont dessous, comme on peut voir à la figure à droite dans le bas-relief n° 5; une espece de frange qui partoit de la ceinture étoit terminée par sept figures de serpent; le brodequin étoit, comme on le voit, extrêmement simple.

N° 3. Un des petits côtés des piliers qui soutiennent la galerie extérieure qui est autour du sanctuaire du temple.

N° 4. Un des grands côtés des mêmes piliers.

N° 5. Un grand tableau en bas-relief, qui tient tout un côté de l'intérieur du sanctuaire du temple; il représente un sacrifice d'animaux domestiques, d'animaux sauvages, d'oiseaux, de poissons, de fleurs, de fruits; le héros qui présente les offrandes tient d'une main l'encens, de l'autre l'eau lustrale.

Sur un grand autel est un bateau, dans lequel est un temple qui paroît ne pouvoir pas contenir ce qui y est consacré.

A gauche, sous une espece de table de promission, sont des fleurs de lotus, des palmes, et des figures emblématiques d'Isis; et le groupe à droite, l'apothéose ou la protection accordée au héros par les deux grandes divinités : le tableau qui faisoit face à celui-ci n'a de différence que dans la figure qui offre le sacrifice, et qui, au lieu de tenir un vase d'eau lustrale, tient un groupe de pigeons par les ailes. J'ai pris toutes les inscriptions hiéroglyphiques avec une scrupuleuse exactitude.

PLANCHE CXXIX.

N° 1. Un mauvais génie, qui menace Isis, assise sur des fleurs de lotus qui ne sont pas encore épanouies : ne seroit-ce pas le vent du désert qui menace la récolte avant sa maturité ? Ce tableau est sculpté dans l'intérieur du temple d'Hermontis, qui m'a paru être consacré à cette divinité mal-faisante.

N° 2. Signes astronomiques sculptés sur le plafond de la partie sacrée du temple d'Hermontis (voyez le plan, planche LI, n° 2, chiffre 5); sur un fond d'étoiles, qui est le firmament, une grande figure, que je crois être celle de l'année, enveloppe l'écliptique; le soleil, sous l'emblème de l'épervier, a un de ses solstices au signe du scorpion, et l'autre à celui du taureau; la figure sur un bateau peut désigner la marche du soleil, ou le mouvement des astres.

N° 3. Tableau sculpté sur une des architraves du portique du grand temple d'Apollinopolis magna.

N° 4. Ce bas-relief fait partie du même plafond où est sculpté le planisphère céleste, dans la seconde chambre de l'appartement qui est sur le temple de

Tintyra (voyez planche CXXX, n° 1, lettre B); ce doit être encore un tableau astronomique : ces quatorze barques portant une boule ou un disque seroient-elles les mois lunaires? mais pourquoi quatorze? le nombre quatorze étoit consacré, comme on peut le voir, planche CXXXI, n° 2 et 3.

Quel est ce globe ailé devant la bouche de la grande figure? J'ai retrouvé le même emblême dans le même temple à une figure à-peu-près pareille (n° 1 et 2, planche CXXXII). Est-ce le départ du soleil en commençant son voyage pour parcourir les planetes?

N° 5. Tableau peint sur le plafond du portique du grand temple de Philée. Sur un fond bleu les trois figures en couleur naturelle : est-ce l'espace dans lequel le soleil et la lune enveloppent la terre, présentés sous les figures d'Osiris, d'Isis, et d'Orus?

N° 6. Tableau qui occupe la moitié du plafond de la troisieme chambre de l'appartement qui est sur le comble du grand temple de Tintyra (pl. CXXX, n° 1, lettre A). Il est difficile d'imaginer ce que ce peut être que ces trois figures de femmes dans de si singulieres attitudes, et qui étendent si étrangement leurs bras pour atteindre à cette petite figure d'Osiris : ce que l'on peut remarquer de plus positif c'est que les bras qui partent du cerveau prouvent bien évidemment que les Égyptiens avoient des conventions pour exprimer certaines choses, auxquelles ils faisoient céder les lois les plus sacrées de l'art et même de la nature; qu'il ne faut donc pas juger de l'art chez eux d'après les figures emblématiques;

qu'ils avoient un art à part, comme je l'ai fait voir ailleurs, mais qu'il étoit retenu dans des limites, et astreint à des usages consacrés par des réglements séveres; ce qui fait que les productions du genre gracieux sont si rares, qu'avant notre expédition on ne savoit pas s'il en existoit.

N° 7. Cette figure sans pieds est la seule que j'aie vue : ces figures, qui reparoissent si rarement, devoient apporter de grandes difficultés à la lecture des hiéroglyphes, et introduire dans cette écriture tous les inconvénients de celle des Chinois, si nombreuse et si pauvre.

Cette figure-ci est sur la frise du portique du grand temple de Tintyra; une autre, qui lui ressemble, est dans le zodiaque qui est sur le plafond du même portique.

N° 8. Ce tableau est sculpté sur le plafond de la seconde chambre d'un second appartement, parallele à celui dont nous avons si souvent parlé, bâti sur le comble du grand temple de Tintyra; cette vaste plate-forme, entourée de la corniche de l'édifice qui lui servoit de parapet, contenoit dans la seule partie de la nef un petit temple ouvert à l'ouest; et à l'est, en se rapprochant du portique, l'appartement où est le zodiaque, et celui dont il est question ici : ce dernier est si encombré des ruines des mauvaises maisons qu'on a bâties postérieurement sur ce temple, qu'il faut le chercher pour le trouver, et que ce n'est qu'après plusieurs voyages que je l'ai découvert. Ce tableau, qui couvre tout le plafond de cette chambre, donne 30 pieds de proportion à la grande figure de femme : c'est peut-être celle de l'année; toutes les petites figures qui sont sur son bras et sur son corps peuvent le faire penser : ce globe qui a des jambes pourroit être la marche de la terre dans la révolution de l'année; le même globe passant de la figure du soleil à une autre figure pourroit bien être la terre entre le jour et la nuit; dans le globe la figure pliée entre un homme et une femme ne seroit-elle pas celle de la terre, qui présente un côté au jour, tandis qu'elle offre la partie contraire à la nuit; Isis et Orisis, qui veillent sur elle, la gouvernent, en reglent les mouvements ? peut-être rien de tout cela, et peut-être toute autre chose ; c'est ce que tout-à-coup décidera la découverte de l'écriture, c'est ce qui servira peut-être aussi à la faire déchiffrer. Je croirois la figure qui est dessous, celle d'Orus ou de la terre, dont le mouvement est en rond et sur elle-même; les figures d'Osiris aux extrémités de ses bras, le soleil au tropique, s'approchant de chaque pole dans le cours de l'année; tous ces rayons, des divisions de l'année, ses influences sur la terre, une espece d'almanach : car il ne faut pas s'éloigner de l'astronomie dans les explications hypothétiques que l'on cherche à donner à ces sortes de figures, qui étoient sans doute des signes et des systêmes astronomiques. J'ai relevé avec exactitude toutes les divisions et toutes les figures caractérisées qui y restent tracées ; ce qui en manque a été emporté par une transsudation saline qui a détruit la masse de grès dans laquelle ils étoient pris.

PLANCHE CXXX.

Le n° 1 est le plan du petit appartement qui est sur le comble du grand temple de Tintyra : il est bien difficile de dire quel en a été l'usage : étoit-ce un oratoire, un observatoire, un sanctuaire, un appartement? à en juger par les sujets qui y sont sculptés, on pourroit croire que c'étoit un lieu d'étude, un lieu consacré à l'astronomie, ou consacré peut-être tout entier à la sépulture d'un personnage recommandable qui y auroit inscrit des découvertes, le résultat des études de sa vie; on y entroit par une petite porte, n° 4 : la premiere piece, C, est sans plafond, et a l'air d'une petite cour fermée, décorée avec le même soin que les autres pieces; contre le mur latéral de droite est représentée une momie couchée, sous laquelle est une longue inscription; une porte, n° 2, entroit dans la piece, B, éclairée de deux grandes croisées; sur le plafond de cette piece est sculpté le planisphere céleste, même planche, n° 2; une grande figure, planche CXVIII, n° 5, et un autre bas-relief, plance CXXIX, n° 4; la piece A, presque absolument obscure, ne reçoit d'air et de lumiere que par la porte, n° 1; son plafond est décoré de deux bas-reliefs, dont on peut voir le dessin d'une partie, planche CXXIX, n° 6 : je n'ai pas eu le temps de dessiner l'autre à part; il étoit moins intéressant et très fruste : celle esquisse en petit en est la masse sans détail.

N° 2. Lorsque j'ai fait le dessin de ce planisphere,

je n'ai pas espéré en donner l'explication, mais apporter une preuve que les Égyptiens ont eu un système planétaire, que leur connoissance du ciel étoit réduite en principes, que la seule image de leurs signes prouvoit évidemment que les Grecs avoient pris ces signes chez eux, et que par les Romains ils étoient arrivés jusqu'à nous ; j'ai cru enfin me mettre dans le cas d'offrir aux savants et aux antiquaires de l'Europe un hommage digne d'eux, et mériter leur reconnoissance.

PLANCHE CXXXI.

N° 1. Ce bas-relief est sculpté sur une des platesbandes du portique du grand temple de Tintyra (voyez le plan, planche XL, n° 8). Entre les deux bandes, n° 1, il y avoit des caracteres hiéroglyphiques, que je n'ai pas eu le temps de copier; tous les cartels qui accompagnent les figures sont exacts; ceux que l'on ne peut distinguer dans la gravure sont de même inintelligibles dans la vérité, soit qu'ils aient été rompus par l'impression des balles de fusil que l'on a tirées dans ce plafond, soit par des stalactites qui en ont couvert le relief : il en est de même de quelques figures que j'ai données dans le même état où je les ai trouvées; les étoiles qui accompagnent chaque figure et chaque cartel annoncent que l'objet de ces bas-reliefs est relatif à l'astronomie; toute la premiere bande est occupée par des figures de serpents, comme au plafond du portique du temple de Latopolis, à Esné.

Une particularité de la seconde bande est la figure du soleil sous l'emblème de l'épervier, au milieu de figures accompagnées d'étoiles, dont le nombre augmente progressivement d'un à douze, excepté la dernière, à laquelle il en manqueroit deux, qui auront sans doute été détruites. Seroit-ce l'année, et le soleil au milieu de sa course?

N° 2. Cette suite de divinités égyptiennes est sculptée dans cet ordre sur la frise de la porte qui est sous le portique d'Apollinopolis magna, à Etfu; j'y ai joint avec une sévère exactitude tous les caracteres qui paroissent être les noms, attributs ou qualités de chacune de ces figures : il est à remarquer que quatorze d'elles sont prêtes à monter quatorze marches vides qui aboutissent à un signe, qui est un œil sur une proue de vaisseau dans un disque de la lune, porté sur un support, terminé par une fleur de lotus, derriere laquelle est une petite divinité; que le même nombre de marches, le même nombre de divinités, le même signe, et le même petit dieu, sont sculptés sur chaque marche du plafond du portique de Tintyra (même plan, n° 3): j'ai encore une fois trouvé la même chose le long des marches de l'escalier qui monte de la plate-forme de la nef à la plate-forme du portique du même temple, et le même nombre quatorze dans le petit appartement sur le comble du temple (voyez le plan, planche CXXX, n° 1, lettre B, et la figure, planche CXXIX, n° 4). Dans le bas-relief d'Apollinopolis les figures ont les jambes engagées; dans celui de Tintyra il y a alternativement une figure d'homme, une figure de femme : j'ai cru devoir indiquer ces rapprochements et ces différences matérielles à ceux qui sauront y attacher des idées abstraites.

N° 3. Je préviens le lecteur que tous les signes des petits cartels intérieurs attachés aux figures sont exacts, mais que toute la bordure ne l'est que dans la forme des inscriptions, que je n'ai pas eu le temps de prendre, et qu'avec du temps je n'aurois pu donner que très imparfaitement, soit par la petitesse des caracteres, soit par l'éloignement où ils sont placés, soit enfin par leur état de vétusté, accélérée par la filtration des eaux à l'usage de ceux qui ont habité dans des temps plus rapprochés sur le comble de ce temple, et y ont bâti des maisons, dont les murailles en briques non cuites existent encore.

PLANCHE CXXXII.

Les deux parties d'un zodiaque sur les deux plates-bandes les plus opposées du plafond du portique du temple de Tintyra (voyez le plan, planche XL, n° 8) : les deux grandes figures enveloppantes paroissent être celles de l'année. Le signe ailé qui est devant leur bouche est celui de l'éternité ou le passage du soleil aux solstices : le disque qui est à la jointure des cuisses de la figure n° 1, le soleil, d'où il part un faisceau de lumiere qui tombe sur une tête d'Isis, qui représente ou la terre ou la lune ; le soleil, placé au signe du cancer, peut servir d'époque à l'érection du temple : les figures jointes aux signes, les étoiles fixes; celles dans les bateaux, les étoiles mouvantes, les planetes, et les cometes. Plus les objets de ces tableaux sont importants, plus ils me paroissent devoir être laissés aux savants à qui ils appartiennent; mes observations doivent porter plus particulièrement sur les petits objets isolés, auxquels les localités, les rapprochements, les circonstances, donnent de l'intérêt, auxquels les détails de mes observations peuvent quelquefois donner de l'existence.

Ces grandes plates-bandes sont sculptées et peintes; les personnages en couleurs naturelles sur un fond bleu semé d'étoiles jaunes : je n'ai marqué que celles qui sont en relief, les autres étant en nombre indéfini, et ayant disparu pour la plupart par la dégradation.

Les inscriptions sont exactes; j'ai marqué par de petits traits les endroits où la dégradation ne m'a pas permis de distinguer les figures; un grand éclat de pierre qui est tombé en a emporté plusieurs de la seconde bande.

PLANCHE CXXXIII.

Fragment de bas-reliefs historiques représentant diverses circonstances de l'expédition glorieuse d'un même héros; dans le fragment n° 1, il saisit par le bras son adversaire, déja blessé et terrassé; il est prêt à le percer d'un coup de lance; un calumet, signe de victoire ou de paix, est à côté de lui : ces bas-reliefs, sculptés sur les murs à l'extérieur du temple de Karnak, sont moins détruits par le temps que par des démolitions; c'en est une qui nous prive de la tête du héros, dont il cût été curieux de voir l'expression. Si ces bas-reliefs sont les plus anciens de ceux qui sont arrivés jusqu'à nous, à coup sûr il y avoit long-temps qu'on en faisoit lorsque ceux-ci ont été sculptés. Il y a une noble simplicité dans l'agencement des figures, du style, et de l'expression, dans la pose des deux personnages; on pourroit plus soigner les détails, mais on ne pourroit pas mieux composer un groupe.

N° 2. Le héros, remonté sur son char, poursuit l'ennemi, déja en pleine déroute, fuyant dans les bois et dans les marais pêle-mêle avec les habitants du pays, et les animaux de la campagne; plusieurs, réfugiés dans une forteresse, sont presque aussi effrayés que les autres, et paroissent même atteints des traits du vainqueur. Ce bas-relief-ci, plus barbare que l'autre, peche absolument par la composition, et plus encore par la perspective : mais la pose de chaque figure à part est vraie et expressive; elles sont toutes en fuite, blessées, effrayées, ou bien mortes; les animaux en sont beaux et pleins de style; les chevaux pleins de feu, de simplicité, et de noblesse : les Grecs n'ont pas fait autre chose pour ceux qu'ils ont mis sur leurs médailles.

La forteresse n'a l'air que d'un enclos palissadé; l'inscription qui est dessus, si nous savions la lire, nous en apprendroit peut-être le nom; la forêt est représentée par quelques branches, et le marais par quelques fleurs de lotus.

N° 3. Le vainqueur sur son char, conduisant ses chevaux, dont les têtes sont panachées en signe de triomphe; il est entouré de toutes ses armes, de sa lance, de son javelot, de sa hache, de son carquois, de ses fleches, et de ses masses d'armes; deux génies protecteurs l'accompagnent et le couvrent de leurs ailes; il ramene des captifs attachés ensemble par les bras et dans différentes attitudes; ces captifs portent une barbe entiere, un habit long, une plume sur leur casque, et ont tout une autre physionomie que les Égyptiens : l'une des inscriptions est peut être le nom du héros, et l'autre celui des peuples vaincus; un calumet marque la paix ou la victoire.

N° 4. Le même héros présentant ses captifs aux dieux : l'inscription est peut-être le nom des divinités; le génie protecteur est encore là.

Dans d'autres bas-reliefs du même genre le héros reçoit les armes des mains de la divinité, ou du prêtre qui la représente; ces rois, ces héros étoient très pieux, et jamais les prêtres n'étoient étrangers à leur fonction; ils recevoient les armes d'eux; c'étoit dans leurs mains qu'ils les remettoient; ils ordonnoient de la paix et de la guerre : c'étoit du temple que partoit le roi pour une expédition; c'étoit dans le temple qu'il en rapportoit les trophées.

PLANCHE CXXXIV.

N° 1. Triomphe d'un roi d'Égypte, de Sésostris, d'Ossimandue, de Memnon, d'un des rois conquérants qui ont régné à Thebes; ce bas-relief historique est sculpté sur le mur intérieur d'une des galeries d'une cour du temple, ou du palais de la partie sud-ouest de Thèbes, près le bourg de Médinet-Abou (voyez le plan, n° 4, planche XLVI, lettre Z).

N° 2. Ce bas-relief commence à la lettre V; les trois premieres figures de la ligne supérieure sont des soldats portant leurs lances et leurs boucliers; des prêtres, avec des habits longs, et des panaches, marchent devant eux, tenant de longues palmes; deux autres tiennent des tablettes, et des bâtons à fleurs de lotus; deux autres semblent faire des proclamations.

N° 3. Quatre personnages portent des gradins, pour monter sans doute à la chaise triomphale et en descendre.

N° 4. D'autres prêtres tiennent des plumes, et sont couverts de tuniques transparentes.

N° 5. Deux enfants tiennent des bâtons avec des fleurs de lotus.

N° 6. Douze personnages portent sur un brancard le triomphateur, assis sur un trône, couvert d'un baldaquin; le lion, le sphinx, l'épervier, le serpent, sont les emblêmes de la force, du mystere, de la vélocité, et de la prudence, qui caractérisent le héros; le calumet et les palmes sont ceux de la victoire et de la paix : de plus petits enfants que les premiers marchent à côté du siege, portant les armes du héros; le triomphateur est décoré des attributs de la grande divinité de Thebes; il a un collier, et sur son vêtement est une tunique transparente comme celle des prêtres ou des initiés; son nom ou ses victoires sont peut-être inscrits à côté de sa figure.

N° 9. Un prêtre en haut, un autre en bas, lui présentent l'encens.

N° 10. Deux autres en grand costume lisent et proclament ses victoires, et huit autres tiennent de grandes plumes; couverts de tuniques, ils marchent devant lui : ils arrivent au temple de la grande divinité; elle est sous un portique formé de deux tiges de lotus terminées par leur fleur, sur lesquelles pose une corniche, composée de serpents; le héros, en habit de guerre, recouvert d'une tunique sacerdotale, présente d'une main l'encens à la divinité, et de l'autre fait une libation sur les préparatifs d'un s'acrifice, coposé de vases, d'eau, de cœurs et de cuisses de victimes, et de fleurs de lotus : ensuite la marche recommence; deux personnages, n° 21, portent une espece d'autel, sur lequel sont cinq vases renversés; figure que j'ai souvent trouvée à côté de la grande divinité.

Au-dessus, n° 20, deux autres personnages portent une grande tablette, sur laquelle étoient peut-être écrites les victoires du héros; ensuite la grande divinité, portée par vingt-quatre personnages, est entourée de toute la pompe des cérémonies, de panaches, de calumets, de trophées, de fleurs; le triomphateur marche devant, coiffé d'un autre bonnet, et toujours accompagné de son génie tutélaire; il est précédé du bœuf Apis, décoré de bandelettes, portant le disque d'Isis entre ses cornes; un enfant lui présente l'encens; vingt-une figures tiennent chacune une divinité ou l'attribut d'une divinité, ou des oiseaux, et autres animaux sacrés. Arrivés à une espece d'autel, un prêtre paroît être au moment de sacrifier devant ce triomphateur une jeune victime humaine; un autre laisse aller un oiseau, qui semble être l'emblême de l'ame qui se sépare du corps de la victime; ce qui attesteroit l'usage, que les Grecs nous disent égyptien, de sacrifier après une victoire le plus jeune des captifs de l'un ou de l'autre sexe : l'inscription qui y est jointe en est peut-être la consécration; le personnage qui est au-dessus, n° 36, et qui tient une tige de lotus rompue dont la fleur n'est pas épanouie, est peut-être l'emblême de la mort prématurée de la victime.

Vient après, n° 40, un sacrifice moins barbare, fait par le héros lui-même, d'un faisceau d'épis au dieu Apis, porté sur les épaules des prêtres.

Dans une proportion plus petite, n° 41, le même héros tient une chaîne, supportée par neuf figures, qui pourroient bien être l'emblême des nations vaincues par lui; son génie protecteur tient le signe de la victoire : un personnage lui présente l'encens; l'autre, marqué 43, semble inscrire ou proclamer ses conquêtes.

Si je me permets de prononcer avec confiance sur des objets si importants et tellement perdus dans la nuit des temps, ce n'est pas par la prétention de convaincre mon lecteur de mes opinions, mais pour l'arrêter un moment par des idées quelconques, pour exciter sa curiosité, même sa contradiction : le voyageur observe, parcequ'il n'est occupé que de ce qu'il est venu chercher, de ce qu'il a payé de tant de peines et de soins ; le dessinateur, obligé de se traîner lentement sur les objets, est contraint d'en considérer tous les détails ; le curieux, qui le reçoit si commodément tout rédigé, glisse facilement sur eux, s'il n'y est ramené par des observations minutieuses, par des observations même qui le blessent, et lui en font souvent enfanter d'autres qui amènent des découvertes. C'est dans l'envie de satisfaire les questions de l'homme que tout intéresse que j'ai dessiné tant d'objets ; c'est pour aller au-devant de sa curiosité que j'ai encore fait à part, et dans une proportion plus grande, n° 42, la tête du triomphateur, qui est sans doute portrait, puisqu'elle est toujours la même dans toutes ses répétitions : si c'est celle de Sésostris, il est assez piquant d'en connoître les formes, et de s'assurer non seulement qu'il n'avoit rien du caractere africain, mais qu'il avoit toute la noblesse et l'élégance des figures grecques.

Après cette longue bande de bas-reliefs sans interruption, et qui appartient par conséquent au même sujet, suivent de grandes pages d'inscriptions, qui sont sans doute l'explication de cette cérémonie, ou l'histoire du héros qui en a été l'objet.

Après ces inscriptions viennent des tableaux fracturés, qui représentent des faits d'armes, des combats ; à travers les dégradations j'ai pu reconnoître le même héros poursuivant des ennemis qui fuient à la nage, n° 46; dans le fragment que j'ai pu dessiner j'ai rendu compte de la maniere d'atteler les chevaux, d'en attacher les rênes à la ceinture pour laisser les deux mains libres, et les conserver pour combattre; j'ai fait connoître la forme des chars, leurs petites proportions, la maniere d'y être placé, les carquois et la maniere d'en faire usage.

Dans le tableau qui suit et qui termine cette planche, le héros, après la bataille, assis en arriere de son char, dont ses pages ou archers tiennent les chevaux, fait compter devant lui le nombre des morts par celui des mains qu'on leur a coupées; le personnage qui les compte tient encore le coutelas sous son bras, un autre les inscrit, un autre, en grand habit, semble en proclamer le nombre : derriere lui sont des prisonniers à longues chevelures, qui servent quelquefois à leur lier les bras; leur coiffure, leur barbe, et leur costume, sont absolument étrangers à l'Égypte; une longue suite de ces derniers se perd dans les dégradations occasionnées par les différents usages que l'on a faits de ces temples à diverses époques (voyez le journal, tom. II, page 298).

PLANCHE CXXXV.

Cette planche ne contient que des objets peints pour la plupart dans les tombeaux des rois à Thebes, et particulièrement dans quatre petites chambres (voyez le plan, n° 3, planche XLII, lettre D); chacune de ces petites chambres est décorée d'objets particuliers; l'une étoit consacrée à la musique, l'autre aux armes, l'autre aux ustensiles et meubles, une autre à l'agriculture.

Dans celle des armes je dessinai, n° 1, un carquois, qui contenoit d'autres armes que les fleches, et qui dans les combats s'attachoit en-dehors des chars (voyez planche CXXXIII, n° 3, et planche CXXXIV, n° 46).

N° 2. Une des armes renfermées dans le carquois ci-dessus, et dont je n'ai pu deviner l'usage.

N° 3. Un bouclier : on peut voir dans les figures du bas-relief (planche CXXXIV, n° 1) la maniere dont il étoit porté; l'ouverture qui est à sa partie supérieure pouvoit servir à le suspendre, ou à laisser voir à celui qu'il couvroit les mouvements de celui contre lequel il avoit à combattre.

N° 4. Un sabre, à la poignée duquel est un cordon avec un gland en cuir.

N° 5. Un autre sabre.

N° 6. Une cravache.

N° 7. Une cotte de mailles.

N° 8. Un poignard dans la même forme que les poignards de ceinture dont on se sert généralement encore dans tout l'orient (voyez pl. XCV, n° 12).

N° 9. Une masse d'armes, avec une poignée à cacher la main.

N° 10. Un fouet.

N° 11. Un casque.

N° 12. Une hache d'arme, derriere la lame de laquelle est une masse, pour en rendre le coup plus lourd, et partant plus pénétrant.

N° 13. Un carquois à fleches.

N° 14. Pliant matelassé.

N° 15. Meuble à tiroir et à couvercle, avec des poignées pour lever l'un et tirer l'autre.

N° 16. Un fauteuil, d'une si excellente forme, qu'il n'en existe pas qui soit d'un meilleur goût; il est tapissé de la maniere la plus commode.

N° 17. Lit dont nous avons admis la forme depuis que les architectes président à l'ameublement, comme à la décoration des intérieurs des appartements.

N° 18. La chaise du fauteuil n° 16: dans la peinture on distingue très bien que l'étoffe qui le couvre est à fleurs, par conséquent brochée, peinte, ou brodée; le bois est de couleur de bois des Indes, et la sculpture est dorée.

N° 19. Un coffre à couvercle.

N° 20. Un pliant à trois matelas.

N° 21. Un pot à l'eau, et une aiguiere.

N° 22. Une espece d'armoire.

N° 23. Une charrue qui ressemble à celles dont on se sert encore à présent; derriere celui qui laboure est un homme qui seme en jetant le grain par-dessus sa tête: j'ai dessiné deux autres charrues (voyez planche CXXV, n° 26, et lettre E même planche).

N° 24. Un tabouret couleur de bois des Indes, et doré.

N° 25. Une corbeille d'osier d'une jolie forme, et tressée très agréablement.

N° 26. Une harpe à vingt-une cordes; le vêtement de la figure qui en joue est étrange et désagréable, mais il y a dans la pose de l'enthousiasme et de la vérité.

N° 27, 28, 29. J'ai trouvé ce groupe peint dans des tombeaux sur la montagne à l'ouest de Thebes; la carnation des musiciennes est rouge: celle n° 27 a une tunique juste, dont les manches sont amples; les tuniques des autres ne se distinguent qu'à la couleur, qui est blanche, et devient rose en ce qu'elle participe de la teinte de la chair que l'on voit à travers; la gorge de ces femmes est de la même forme que la gorge des Égyptiennes d'à présent. La figure n° 27 pince d'une espece de théorbe; celle n° 28, au mouvement du corps, de la tête, et des bras, joue d'un instrument à vent; il est à regretter qu'une lésion de l'enduit l'ait fait disparoître, car il nous auroit donné un troisieme instrument de la musique des Égyptiens: j'ai consulté les plus petits fragments au bas du mur, je n'ai rien trouvé qui ait pu m'en rendre compte.

La pose de celle n° 29 est très souple et très vraie; tout bonnement et tout parallèlement que sont posées ces trois figures, elles annoncent un sentiment très délicat et très juste dans celui qui les a dessinées: on peut y voir la différence de style que les Égyptiens adoptoient dans les figures hiéroglyphiques par le contraste de la roideur de celle qui vient immédiatement après n° 30. Elle est sculptée sur la frise du portique du temple de Tintyra.

N° 31. Cette quatrieme harpe, si ingénieusement composée, est sculptée dans la troisieme chambre du petit appartement qui est sur le comble de la nef du temple de Tintyra.

N° 32. Cette figure, et celle n° 36, sont peintes dans des tombeaux qui sont creusés dans la montagne qui borde Thebes au sud-ouest; ces porteurs d'eau, de pain, et d'autres victuailles, sont si souvent répétés dans ces sortes de monuments, qu'il est à croire que l'on portoit des comestibles dans les cérémonies funebres avec les vases, les trophées d'armes, et les images des dieux, et que ces especes de fonctions se faisoient avec le faste et la profusion proportionnés à la majesté du personnage qui en étoit l'objet.

N° 33. Ce vase, ainsi que les deux qui suivent, sont pris dans la représentation peinte des fonctions dont j'ai parlé à l'article ci-dessus, et copiés dans le même tombeau : ce premier est peint en couleur d'or; c'étoit sans doute de l'orfévrerie, et de la plus magnifique; si on a quelque chose à reprocher à la maigreur de la forme de ce vase, on peut admirer sa magnificence et la richesse de sa décoration : ce sont des plantes aquatiques qui en sont les principaux ornements, une fleur de lotus lui sert de couvercle; ce cheval passant, ces têtes de chevres et de chevreaux, sont d'un beau style : cela n'a donc pu être que la copie d'une belle ciselure.

N° 34. Un autre vase d'or, d'une forme ingrate et d'un style corrompu, comme celui dont nous faisions usage dans l'autre siecle avant que les vases étrusques fussent venus redresser notre goût en ce genre de magnificence; les branches de lotus indiquent que ce vase étoit destiné à contenir de l'eau du Nil, de celle du débordement, et le globe ailé, que son usage étoit sacré.

No 35. Ce vase d'une belle forme est peint dans le même tombeau, et de couleur d'argent; la richesse est distribuée avec une noble simplicité; la figure à genoux, et la tête de Jupiter qui lui sert de couvercle, annoncent qu'il devoit contenir quelque liqueur sacrée, et son gouleau qu'il servoit à des libations.

No 36. Cette maniere de porter est encore en usage en Égypte; les vases sont parfaitement composés.

PLANCHE CXXXVI.

Manuscrit trouvé dans l'enveloppe d'une momie.

La premiere observation que l'on peut faire sur ce manuscrit, c'est que le papyrus en est préparé de la même maniere que celui qu'ont employé les Grecs et les Romains, c'est-à-dire de deux couches de la moëlle de cette plante collées l'une sur l'autre, le fil de la moëlle se croisant, et par cela donnant plus de consistance à la feuille; on peut y voir aussi que l'écriture va de droite à gauche, en commençant par le dessus de la page; ce qui est constaté par l'alinéa de la sixieme page, qui termine à la moitié de la ligne, et qui est suivi d'un post-scriptum.

Le premier tableau à droite représente un sacrifice à quatre divinités, dont la premiere est celle de l'abondance, tenant un fléau tel qu'on l'a rencontré dans tous les temples de Thebes, et particulièrement dans le grand temple de Karnak, à laquelle ce temple étoit dédié : la seconde, une figure d'Isis, coiffée des cornes de la vache, du disque de la lune, et d'un serpent qui les traverse ; elle tient en main les clefs des canaux du Nil : la troisieme est Osiris, tenant d'une main le bâton à tête de huppe, et de l'autre une clef : la quatrieme divinité est coiffée d'un temple, tenant aussi une clef. A la partie droite un grand-prêtre vêtu de blanc, avec une fourrure, et des brodequins, comme je les ai décrits à l'explication de la planche CXXI, n° 7 et 9 ; il est dans l'acte de faire une offrande ; devant lui est un autel en forme de table, sur lequel est un faisceau que l'on peut croire être de fleurs de lotus ; le reste de ce qui est sur la table est figuré d'une maniere trop informe pour lui donner un nom ; sous cette table sont deux jarres à deux anses, terminées en pointe, d'une forme assez agréable, posées et soutenues sur des especes de trépieds : ce qu'il y a de remarquable à cet égard, c'est que la forme des jarres et la maniere de les asseoir est la même que celle qui se pratique encore en Égypte ; tant l'usage de ce qui est d'une absolue et continuelle nécessité franchit les siecles sans éprouver d'altération !

Tout le tableau est encadré d'un portique, composé de deux colonnes de forme bizarre, ressemblant au balustre, portant une courbe qui tient lieu d'architrave et de corniche : ce tableau, dont les couleurs et le contour ressemblent tout d'abord à nos cartes à jouer, n'a que quatre teintes de couleurs entieres ; une bleue, ressemblant à celle de l'azur, du rouge-brun, du jaune couleur de graine d'avignon, et un verd triste, qui sont les seules couleurs que j'aie trouvées employées dans les peintures les plus recherchées, dans les tombeaux des rois, et sur les hiéroglyphes sculptés. Le trait de ce tableau, quoiqu'infiniment négligé, avoit cependant été tracé d'abord avec une couleur rougeâtre claire, comme une premiere esquisse, dont on voit encore quelque repentir ; la tête d'épervier a un style et une fermeté qui prouvent qu'il y avoit des modeles bien faits de ces copies médiocres, et qu'en suivant des conventions reçues elles ont été mal dessinées dans des temps qui n'étoient déja plus barbares.

Le second tableau, à gauche du spectateur, est une offrande que fait un prêtre à Isis sous la figure d'une vache, dont on voit les mamelles : elle est coiffée comme les figures humaines de cette divinité, et a sur le cou une espece de joug, que j'ai trouvé à la figure du dieu Apis dans le bas-relief historique du temple de Médinet-Abou, à Thebes, et que l'on peut voir planche CXXXIV, n° 28 : ce qui est devant la figure de vache est peut-être un autel ; le tout est posé sur un portique sous lequel est une momie couchée, pareille à celle que j'ai cru être la nature endormie, que l'on peut voir pl. CXXVI, n° 11 ; au-dessus de la vache est un disque d'où descend un serpent: le prêtre est vêtu comme celui du premier tableau, c'est-à-dire avec une tunique blanche et croisée, qui l'enveloppe depuis la moitié des reins jusqu'à la moitié des jambes, soutenues par des bretelles qui passent sur son épaule droite, qui est nue ainsi que ses bras; sur la tête il a un capuchon juste, que l'on pourroit croire de mailles, qui tourne autour de ses oreilles, et les lui laisse découvertes; il tient à la main un vase, d'où sortent deux especes de fleurs, que j'ai trouvées souvent sans pouvoir déterminer ce qu'elles sont. Au-dessus du tableau est une inscription en sept colonnes verticales, et quatre horizontales : on peut remarquer que l'écriture de ces inscriptions est encore différente de celle qui compose les pages de ce manuscrit, et sembleroit être encore une troisieme écriture. On pourroit comparer à notre écriture majuscule les inscriptions sur les obélisques; celle qui est figurée par des objets, comme celles qui sont en colonnes, avec les figures qui ne sont que des diminutifs des autres, à notre écriture moulée ou ronde; la troisieme est une espece de cursive consacrée aux manuscrits : dans cette derniere le nombre des caracteres m'a paru infiniment nombreux et varié; on y reconnoît encore quelques uns des autres, tels que le serpent, les yeux et les oiseaux; mais ces caracteres sont mêlés avec d'autres qui sont conventionnels, et n'offrent plus aucune image. J'ai trouvé, en gravant le manuscrit, le retour de phrases tout entieres, et certains caracteres tellement répétés, qu'ils ne peuvent être autres que des articles, des conjonctions, ou des verbes auxiliaires : il sera facile à ceux qui font une étude particuliere de ce genre d'observations de composer des alphabets, ou des groupes de mots, des tableaux comparatifs, et par le rapprochement de ces trois écritures, de s'en aider pour l'explication générale, qui, d'un moment à l'autre, peut cesser d'être hypothétique : un seul de ces manuscrits devroit donner la totalité des caracteres, si chaque caractere n'étoit qu'une lettre.

La figure d'un 3, que l'on rencontre à chaque instant, ne peut être qu'un article ou la marque d'un pluriel; mais il y en a d'autres qui viennent si rarement, qu'on ne peut aussi les prendre que pour des substantifs appellatifs, ou penser qu'à eux seuls ils sont un mot tout entier, et dans ce cas l'alphabet seroit immense : au reste toutes mes opinions ne me sont dictées que par le zele et par le desir d'accélérer les recherches de ceux qui peuvent avoir déja sur cela des systêmes établis, et des connoissances acquises. Ce manuscrit appartient au premier consul, qui a bien voulu me le communiquer.

PLANCHE CXXXVII.

Ce second manuscrit, beaucoup plus petit, roulé de gauche à droite, a pour particularité un titre au revers, composé de neuf caracteres, que j'ai placés à la droite de l'estampe; le dedans représente un tableau de trois rangs de figures, parsemées d'inscriptions à colonnes toutes verticales, à l'exception d'une seule ligne horizontale : il n'y a aucune partie qui soit cursive, comme dans l'autre manuscrit; et tous les caracteres étant isolés, et l'un sur l'autre sans qu'il y en ait jamais deux d'accolés, cela peut faire croire que dans ces caracteres d'inscription chaque figure est un mot. Le tableau général semble être une cérémonie mortuaire ; dans la derniere bande on voit évidemment une momie dans une barque, passant un fleuve, le Styx peut-être : dans la partie droite la même momie est reçue dans les bras d'une figure d'Orus ou la terre; dans la bande du milieu il y a une autre barque portant un Jupiter Ammon, traîné par huit personnages alternativement masculins et féminins.

Il est à remarquer que la divinité qui est sur la barque est enveloppée d'un serpent, et quatre divinités de même forme dans la bande de dessous sont assises sur des serpents, et des jets de lumiere leur sortent de la bouche, et descendent jusqu'à leurs pieds; dans la bande de dessus et dans celle de dessous, huit figures humaines, qui semblent être des prêtres, marchent en avant les bras élevés dans l'attitude de l'exclamation : le nombre de huit semble être consacré dans ce tableau, puisqu'il se répete dans les trois bandes de figures.

Sur la bande du milieu, derriere la divinité en bateau, est un autel, sur lequel est accroupi un chakal ou loup d'Égypte; sur le panneau de l'autel sont deux vases d'eau lustrale, au milieu desquels est une figure représentant une mesure de l'accroissement du Nil, ainsi que j'ai pu le présumer pour l'avoir vue souvent mieux prononcée dans des figures sculptées avec soin : on doit dire cependant que la négligence avec laquelle tout cela est fait tient plus à la vélocité de l'exécution qu'à l'ineptie du dessinateur ; car on peut remarquer dans ces gros traits peu soignés une précision et un tact qui ne manquent ni de finesse ni de sûreté.

Ce manuscrit est dépourvu des couleurs des autres ; on n'y voit que du noir et du rouge : il seroit bien difficile de déterminer quelle est la raison qui a pu motiver cette variété ; mais comme il peut y en avoir une, j'ai pris le parti de faire graver par deux lignes fines tout ce qui est en rouge, et une grosse ligne pleine ce qui est en noir.

PLANCHE CXXXVIII.

Un troisieme manuscrit ; il m'a été communiqué par le citoyen Amelin : il n'a de particularité que le costume du sacrificateur, qui paroît être un guerrier ; sa coiffure surmontée, et traversée par un couteau ; sa robe transparente, par-dessus laquelle est une peau de tigre, qui indiqueroit un militaire ; il présente un vase dont il semble qu'il sort une flamme. On peut remarquer encore dans ce manuscrit, dont l'écriture est plus grosse et plus soignée, la différence des caracteres de l'inscription qui sont au-dessus du tableau, et le caractere cursif du reste du manuscrit. Pour rendre raison des couleurs de ces tableaux j'ai pris de même le parti d'exprimer dans la gravure les couleurs par les tailles, en avertissant le lecteur que la taille horizontale indique le rouge, la taille verticale le bleu; la taille inclinée le verd, et pour le noir une taille croisée.

PLANCHE CXXXIX.

Diverses antiquités, la plupart apportées par le citoyen Descotil.

Nº 1. Vase d'albâtre du quart de la grandeur de l'original; il a été trouvé dans des tombeaux grecs, à Alexandrie.

Nº 2. Vase égyptien du quart de la grandeur de l'original, contenant de la résine semblable à celle des momies.

Nº 3. Dé en pierre ollaire de la grandeur de l'original; il a plus l'air d'un poids que de toute autre chose.

Nº 4. Petite figure de grandeur naturelle, en gomme aromatique, trouvée dans des caisses de momie.

Nº 5. Un petit Anubis de bois de sycomore de la grandeur de l'original; il est dans l'attitude de tirer une fleche: c'est la premiere divinité égyptienne que j'aie vue dans cet acte; il a cela de particulier que dans ses deux grandes oreilles il y en a deux plus petites, comme on en voit à certaines chauves-souris. Ce morceau de sculpture, coupé dans un bois tendre, a toute la fermeté de l'ébauche d'une pierre dure taillée par méplat dans les plus graves principes; on pourroit y compter chaque incision de l'outil, et quoiqu'en très petite proportion pour une matiere aussi grossiere, tout y est ménagé avec autant de science que de dextérité.

N° 6. Morceau de porcelaine bleue de moitié de la grandeur de l'original, avec un creux incliné, absolument dans la forme des écritoires des Chinois ; les caracteres sont en émail noir.

N° 8. Bouchon d'un vase en terre, du même amalgame que le n° 10, avec une empreinte, n° 7, qui fait voir que l'imprimerie n'est pas une invention européenne, et que l'usage qu'on en devoit faire un jour n'attendoit depuis quatre mille ans que l'invention d'un papier facile à fabriquer.

N° 9 et 11 est une tête de femme, sculptée en bois, couverte d'une impression à la colle peinte et vernie ; elle a cette particularité très remarquable, que la chevelure en est laineuse, les traits africains, quoique délicats, et la couleur parfaitement européenne ; les yeux étoient sans doute en métal, et auront été arrachés par l'avidité des Arabes.

N° 10. Tête moulée en terre, peinte, et appliquée sur les planches des caisses des momies de Ssakharah. Il y a plusieurs particularités à observer dans ces antiquités ; premièrement c'est qu'elles sont en terre non cuite, pêtrie avec de la paille hachée très menue, ou de la fiente de vache : ce qui indiqueroit que les Égyptiens ont fait de toute antiquité usage de cet amalgame ; que les grandes murailles de Syene, certains monuments près des pyramides, d'autres à Thebes, à Chnubis, et à Hilaum, bâtis en briques de terre non cuite, sont des ruines égyptiennes ainsi que les temples; et que si les maisons particulieres, trop légèrement bâties avec les mêmes matériaux, ont absolument disparu, les grands monuments ainsi construits n'ont éprouvé d'altérations que celles produites par l'animosité et les efforts destructifs des mains ennemies.

Ces sortes de têtes, peintes en détrempe, sont de trois couleurs; il y en a de rouges, de couleur de chair blanche, et de vertes. Strabon a parlé d'hommes rouges; étoit-ce une espece d'hommes à part? Dans les tombeaux des rois, à Thebes, j'ai vu dans les peintures des hommes rouges et des hommes noirs; j'y ai vu des hommes rouges couper la tête à des hommes noirs, et jamais des hommes noirs couper la tête à des hommes rouges (voyez planche CXXIV, n° 2); j'ai vu des figures de divinités avec une teinte verte: étoient-ce des divinités aquatiques? car il n'a jamais été question nulle part d'hommes verds par leur nature. Il y a aussi de ces têtes entièrement dorées.

N° 12. Un petit tombeau de grandeur naturelle, en bois de sycomore, contenant un petit simulacre de momie en résine ou baume odoriférant et précieux: étoient-ce des tombeaux votifs? étoient-ce des cénotaphes de personnages morts dans des expéditions lointaines, et ajoutés aux sépultures des familles contenant toute une lignée?

N° 13, 14, 15, et 16. La serrure égyptienne : elle ferme la porte de la ville, celle de la maison, celle du plus petit meuble; je l'ai placée à travers les antiquités, parcequ'elle est la même que celle dont on se servoit il y a quatre mille ans; j'en ai trouvé une sculptée parmi les bas-reliefs qui décorent le grand temple de Karnak : simple de conception, facile d'exécution, aussi sûre que toutes les autres serrures, elle devroit servir à fermer toutes nos clôtures rurales; le n° 13 est la clef, qui peut se combiner de mille manieres différentes : n° 14, la serrure fermée, vue par l'intérieur, la clef dans l'acte de repousser les pointes, qui en tombant arrêtent le pêne; le n° 15, le pêne tiré, et la serrure ouverte; n° 16, la partie extérieure de la serrure fermée, le pêne arrêté dans la gâche.

N° 18. Lange de momie en toile brodée, et d'une broderie de même style que celle adoptée tout récemment par nos brodeurs, c'est-à-dire en emportant alternativement tantôt partie de la couverte, tantôt partie de la trame; les bouts des fils coupés sont crochetés, et tout ce qui est enlevé est remplacé par un tissu passé à l'aiguille, de sorte que la broderie remplace le fil emporté, et a le triple avantage de n'avoir point d'envers, d'être sans épaisseur, et de paroître par conséquent un broché double. Dans le morceau sur lequel je viens de faire la digression ci-dessus, la broderie est en laine, filée très fine, teinte de couleurs tellement solides, que, malgré l'impression de la liqueur corrosive de l'embaumement, et le laps d'au moins quarante siecles, les couleurs en sont encore très vives; il y a du verd, du jaune, du rouge, et de l'orangé. J'ai pensé qu'il seroit assez piquant de faire connoître le goût du dessin d'une bordure égyptienne; le fragment en question est suffisamment grand pour y distinguer un fond uni, trois bandes ouvrées dans le même tissu, et la bordure brodée: on peut remarquer dans la forme des fleurs le même goût de dessin qui existe encore dans les bordures des schals de l'Inde.

Le n° 17 est une bordure brochée en laine noire, composée dans le meilleur goût.

Ces morceaux ajoutent encore quatre articles nouveaux à l'industrie égyptienne; la filature de la laine, la teinture, la broderie, et la brochure, c'est-à-dire des manufactures perfectionnées. Peut-être quelque jour trouvera-t-on encore dans la dépouille de quelque momie de l'étoffe brochée en trois couleurs; dèslors il ne restera dans ce genre aucune invention à l'industrie européenne, et peu-à-peu on pourra se convaincre que les hommes sont toujours arrivés aux mêmes résultats par les mêmes moyens, et que les lacunes causées par les révolutions ont fourni à l'amour-propre l'illusion de créations qui ne sont que le retour des mêmes choses retrouvées sous la dictée du même besoin : ceux du superflu sont immenses, et l'on pourroit peut-être déterminer combien telle production industrielle donne de siecles à telle société sous tel climat, et par ce rapport présenter de nouvelles époques pour l'histoire des peuples.

PLANCHE CLX.

N'ayant aucunes nouvelles observations géographiques à présenter au public relativement à la haute Égypte, j'ai pensé devoir tracer sur la carte de Danville les marches de l'armée française dans cette partie de l'Afrique, et ces marches ont tout naturellement tracé celles de mon voyage; au lieu de répéter les erreurs qui ont existé jusqu'à présent dans la nomenclature des innombrables villages arabes qui sont situés le long du Nil, je n'ai inscrit que les villes antiques que j'ai reconnues, les lieux principaux de nos stations, les batailles, et quelques monuments épars; j'ai remplacé le reste par les numéro des dessins que j'ai faits; ces numéro, placés aux lieux dont ils indiquent les vues, pourront par leurs renvois satisfaire la curiosité du lecteur sur l'aspect que chaque point offre à la vue, et faire de l'ensemble une carte pittoresque de l'Égypte; quelque jour celle faite, sous la direction du général Andréossy, par les citoyens Nouette, Jacotin, le Pere, et toute la société des ingénieurs-géographes de l'expédition, offrira le plus beau résultat de l'opération la plus soignée qui ait jamais été faite en ce genre.

PLANCHE CLXI.

Autre manuscrit trouvé à Thebes, et rapporté au moment où j'achevois mon ouvrage: il a été donné au général Andréossy, qui a bien voulu me le communiquer; c'est le plus considérable de tous ceux que j'ai vus: il a douze pieds de longueur, et contient dix-neuf pages d'écriture, qu'il sera très intéressant de publier dès qu'on sera parvenu à lire ces especes de manuscrits: je me suis contenté de prendre la vignette, qui m'a paru assez intéressante pour mériter d'être ajoutée à douze autres estampes que je donne de plus que celles que j'avois annoncées à mes souscripteurs.

Ce dernier manuscrit a quelque analogie avec celui en toile (planche CXXV), qui a de même dix-neuf pages, un tableau, et une vignette ou espece de frise qui regne sur le dessus de toutes les pages; celle-ci est malheureusement trop fruste pour avoir conservé de l'intérêt, ainsi qu'on peut le voir dans la partie supérieure du tableau; j'ai remarqué dans les fragments qui restent, des crocodiles, un scorpion, une écrevisse: ce manuscrit, divisé par chapitres, le commencement de chacun d'eux est écrit en rouge; trois des pages semblent être la récapitulation ou le titre des chapitres: composés chacun d'une demi-ligne, le premier mot qui commence la ligne est le même tout le long de la page, et semble devoir être un article ou un pronom; il y en a un différent à chacune des pages: je les ai copiés fidèlement tous les trois (voyez lettres A, B, et C). Le papyrus de ce dernier manuscrit m'a paru plus fin, l'écriture d'un plus beau caractere, et la touche du dessin un peu plus ferme, et d'un style plus précis: je crois qu'il est de ces especes de dessins comme de ceux que nous voyons sur les vases étrusques, c'est-à-dire qu'il doit y avoir tout naturellement une grande variété dans la perfection de leur exécution, et qu'il est possible qu'il en existe d'aussi purs et d'aussi précieux que la sculpture de certains hiéroglyphes qui ont la précision de l'orfévrerie. J'ai gravé celui-ci moi-même, et j'y ai mis une grande imitation de la touche; ses couleurs se sont conservées très vives; elles sont posées à plat; je les ai blasonnées dans la gravure pour les faire connoître : la ligne verticale indique le rouge, la ligne horizontale le jaune, l'inclinée le verd, et la croisée le noir; la premiere disposition du tabeau avoit été tracée au crayon gris; il en paroit encore quelques traces près des colonnes (voyez les lignes ponctuées). En humectant le papyrus pour le dérouler, il a répandu une odeur si forte et si pénétrante, quoiqu'agréable, qu'il a fallu ouvrir les fenêtres pour ne pas en être incommodé. J'ai cru trouver dans les personnages une nouvelle raison de penser que ces coiffures étranges, présentant des têtes d'animaux sur des corps d'hommes, étoient des especes de masques, des signes extérieurs qui indiquoient la dignité attachée aux degrés d'initiations, et dont les initiés étoient revêtus dans les cérémonies. La figure n° 15, dans l'acte d'écrire, est un personnage vivant, dans un mouvement actif; ses jambes et ses bras sont rouges, de couleur animée, et sa tête, surmontée d'un bec d'oiseau, ne doit être qu'une figure superposée. La figure 3, entre deux divinités, est sans marques de dignité, sans barbe; elle a le simple habit sans couleur que portoient tous les Égyptiens ; sa chair est rouge ; elle est dans l'attitude d'un aspirant, et en est peut-être un : toutes les petites statues, trouvées étudiant sur des manuscrits, sont également sans marque de dignité, sans barbe, et paroissent toutes être jeunes. Les deux figures n° 10 et 13, qui sont sous le fléau de la balance, et qui semblent en régler l'équilibre, sont du genre de la premiere ; tandis que la petite, n° 5, vêtue d'une seule toile blanche, et qui met une divinité dans un des bassins de la balance, est de la classe de celle n° 3 ; elle paroît établir l'équilibre de l'autre bassin, dans lequel est l'emblême de la terre : les deux extrémités du fléau de la balance sont terminées par deux fleurs de lotus, peut-être signifiant l'équilibre des eaux, qui fait seul fleurir cette plante ; et la figure du chien ou du cynocéphale, n° 8, qui est au-dessus du support, qui est verte, qui a un gros ventre, et qui épanche de l'eau sur l'image de la terre, qui lui est présentée par l'initié à la figure d'Osiris, est peut-être le vent de la pluie, celui qui presse les nuages contre la chaîne des montagnes de la lune, celui qui produit le trop ou trop peu d'inondation ; cette figure d'Osiris, n° 10, paroit avec l'une et l'autre main en chercher l'équilibre. L'espece de lion, n° 17, avec des mamelles, qui est sur un autel, la gueule ouverte, la langue haletante, est aussi une particularité que je n'ai trouvée nulle part ailleurs ; l'offrande d'une fleur aquatique, et d'un vase transparent à moitié plein d'eau, n° 18 et 19, n'indiqueroit-elle pas l'invocation à la divinité pour obtenir l'entiere inondation dont la terre altérée sollicite le secours? C'est toujours pour obtenir de l'eau que l'on prie en Égypte, parceque c'est toujours l'eau qui y produit tout, qui est le principe de tout, l'objet de tous les vœux, la source de toutes les craintes, parceque c'est le premier besoin, le principe de la végétation et celui de l'abondance.

Chaque antiquité que l'on trouve fournit une assertion qui souvent ne vient qu'à l'appui d'une erreur: voulant donner une histoire à un grand peuple éclairé, puissant, qu'une longue suite de siecles a séparé de nous pendant nombre et nombre de siecles par une barriere mystérieuse, chacun a voulu voir dans les premiers fragments des monuments égyptiens apportés en Europe l'application d'un système prématuré; impatient, on a voulu y trouver l'explication du ciel, de la terre, les principes du gouvernement de ce peuple, et le tableau de ses mœurs; celui des cérémonies de son culte, de ses arts, de ses sciences, et de son industrie : les formes hiéroglyphiques se sont prêtées au délire de l'imagination; et, s'appuyant sur des hypotheses, chacun s'est avancé avec la même autorité par des routes différentes, et toutes également obscures et hasardées. Un auteur, trouvant un jour une suite de vignettes, s'avisa de parodier ces estampes; le roman se trouvant agréable, personne ne s'avisa de revendiquer sa conquête : mais ici que l'histoire peut protester contre la parodie chaque fois qu'on apporte une authenticité nouvelle, plus les objets de comparaison se multiplient, et plus on craint de hasarder des rêves, et moins par conséquent on ose écrire. Amasser sans système et rassembler des monuments qui offrent des rapprochements et des rapports, si ce n'est pas donner la lumiere, c'est battre la pierre dont s'échappe l'étincelle qui la produit. Bien pénétré de ce sentiment, j'ai trouvé en moi ce courage passif qu'il falloit avoir pour faire des dessins hiéroglyphiques, cette pieuse ardeur, ce zele aveugle enfin qui ne peut être comparé qu'à celui de nos vestales, qui, naguere, dans une langue étrangere, prioient, chjoient, adoroient, sans comprendre.

FIN DE L'EXPLICATION DES PLANCHES.

INDEX

DES PLANCHES ET DU JOURNAL.

N. B. Indépendamment du renvoi qui est indiqué dans cet Index, soit aux Planches, soit au Texte, le lecteur est invité à lire l'explication particuliere à chaque Planche, où il trouvera le plus souvent de nouveaux détails, et des développements qu'il est impossible de faire entrer dans le Journal sans en interrompre la narration.

	PLANCHES.	TOMES et PAGES.
Afrique	6	I. 37.
Abou-Mandour	13	Voyez l'explication.
Aboukir	15, 89, 90	I. 82, 102, 122, 130. II. 332.
Ajacio (en Corse)	1, 91	II. 341.
Alcan	18	I. 171.
Alexandrie	6, 8, 10	I. 37, 41, 47, 49, 61. II. 338.
Almés	101, 112	I. 153.
Antinoé	86	I. 275. II. 321.
Antiquités égypt.	97, 98, 100, 139	Voyez l'explication.
Aphrodilopolis		II. 265.
Apollinopolis magna	56, 57, 58, 61, 114	II. 47, 176, 257.
Apollinopolis parva, ou Kous	80	II. 119, 146, 195.
Arabes (assemblée d')	84	II. 246.
Arabes bédouins	54, 102, 109	I. 41, 43, 91, 138, 227. II. 282.
—cultivateurs	84, 105, 107	I. 139, 261, 290.
—cheikhs	84, 92, 104, 107, 108, 109, 110, 112	II. 231, 246.

	PLANCHES.	TOMES et PAGES.
— leurs contes..	....	I. 315.
— leur jalousie..	....	I. 70.
Armes des Mamelouks........	} 95..............	Voyez l'explication.
Arbres sacrés, tamarisque.....	} 25..............	I. 229, 231. II. 40.
Bathen-êl-Backara	87.............	II. 338.
Batailles d'Aboukir........	} 15, 89, 90......	II. 333.
— navales......	....	I. 102.
— Cophtos.....	....	II. 121.
— pyramides....	11, 12..........	I. 76.
— Syene.......	....	II. 219.
— Sédiman.....	29..............	I. 237.
— Birambarr....	78..............	II. 155.
— Samanhouth..	37..............	II. 2.
— Benhouth....	78..............	II. 124.
Bénésech.......	31..............	I. 268.
Bénisoef.......	30..............	I. 245.
Bas-reliefs histor.	133, 134........	II. 181.
Barabras.......	62, 101, 107....	I. 142. II. 82.
Bains chauds....	35..............	I. 318.
Bivouac........	28..............	I. 233.
Birambarr......	78..............	II. 155, 222.
Beibeth........	17..............	I. 171.
Bogaze.........	39..............	I. 83.
Caffarelli Dufalga.	....	I. 2, 266. II. 242.
Caire..........	{ 21, 22, 23, 24, 25, 88.......... }	I. 174, 189, 193, 196. II. 336.
Canope........	8..............	I. 124.
Carrieres de la h. Égypte......	} 55, 68, 76......	I. 290. II. 75, 107.
Caravanserail...	27, 34..........	I. 193.
Carte de la basse Égypte.......	} 7..............	Voyez l'explication.
— de la h. Égypte.	140.............	*Idem.*
Cataractes du Nil.	69..............	II. 76.
Château de Benouthak.........	} 78.............	II. 128.
Chapiteaux égypt.	59, 60..........	II. 177.
Chebreis.......	87..............	II. 338.
Cheikhs (assemb.).	78, 84..........	II. 246.

	PLANCHES.	TOMES et PAGES.
Chnubis	75	II. 112, 170.
Chameaux	109	II. 150, 220, 237.
Chaîne libyque	33	I. 286.
Chien d'Égypte		I. 52.
Citerne		I. 61.
Colonne de Pompée	9	I. 55.
Cophtes	105, 108	I. 136. II. 263, 279.
Cophtos		II. 119, 212.
Corse	1, 91	I. 6. II. 341.
Cosséir	81, 83	II. 231.
Couvent de la Poulie	86	II. 327.
Couvent Blanc	32, 93	I. 299.
Couvent p. Syene	73	II. 99.
Contra Latopolis	53	II. 169.
Costumes	92, 93, 101, 102, 103	I. 147.
Caractères de têtes des habitants de l'Égypte	104 jusqu'à 111	I. 135.
Crocodile		II. 24, 25, 111, 202, 258.
Djirdiéh ou Girgé	34, 77	I. 304.
Débarquement	6	I. 45.
Delta	87	I. 89, 90, 150, 248. II. 338.
Demichelat	18	I. 172.
Desaix		I. 233, 241, 315. II. 1, 9, 58, 120, 144, 145, 191, 268, 326.
Désert	73, 81, 82	I. 246, 268, 271. II. 49, 99, 110, 143, 148, 173, 224, 239.
Desouk		I. 158.
Divan militaire	85	Voyez l'explication.
Divinités égypt.	96	Voyez l'explication.
Dupuis		I. 203.
Duplessis (combat et mort de)	78	II. 157.

	PLANCHES.	TOMES et PAGES.
Éléphantine	61, 63, 64, 65, 66	II. 64.
Emblêmes et usages	122 jusqu'à 129	Voyez l'explication.
Esné ou Latopolis	52, 53, 54, 97, 114	II. 43, 168, 179, 257.
Etfu ou Apollinopolis	56, 57, 58, 61	II. 45, 258.
Femmes d'Égypte	74, 83	I. 148. II. 88, 137. 199.
Fontaine d'él-Adoute	81	II. 228.
— de Birambarr		II. 222.
— de l'Ambagi		II. 230.
— de la Kittah	82	II. 225.
Fours égyptiens	79, 85	I. 321.
Fragments d'architect. égypt.	61	Voyez l'explication.
Fréjus	91	II. 343.
Gibelin, ou les deux montagn.	52	II. 42.
Girgé ou Djirdjéh	77	I. 304.
Hermontis	51	II. 39, 114.
Hermopolis	33	I. 275.
Hiéraconpolis	54	II, 45, 179.
Hiéroglyphes	113 jusqu'à 132	II. 92, 178, 181, 195, 206, 208, 248, 275, 289, 294, 300, 308, 316.
Inscriptions grecques	80	II. 193, 212.
Jardin de l'institut du Caire	25	Voyez l'explication.
Karnak, Thebes	43, 93, 133	II. 165, 180, 182, 253,
Kamsin	47	II. 214.
Kéné		II. 139, 195. 212, 317,
Kournou, Thebes	41, 42	II. 26, 29, 117, 271, 287.
Kous ou Apollinopolis parva	55, 80	II. 119, 146, 193,
Latopolis, ou Esné	52, 53, 54, 97, 114	II. 43, 168, 179, 257.
Latournerie		II. 23, 145.

	PLANCHES.	TOMES et PAGES.
Licopolis, ou Siouth.	30	I. 286.
Luxor, Thebes.	47, 48, 49, 50, 118, 123	II. 166, 256, 316.
Maisons des Arabes de la haute Égypte.	77	I. 282.
Malte.	3, 4, 5, 8	I. 18, 26.
Mamelouks.	101, 105, 106.	I. 145, 264. II. 159.
Manuscrits.	136, 137, 138, 141.	II. 303.
Marabou.	6	I. 47.
Médinet-Abou.	41, 45, 46, 134.	II. 37, 269, 297, 305,
Memnon.	44	II. 36, 311.
Memnonium.	45, 93	II. 38, 271, 297.
Mekkains.	104, 111	I. 314. II. 7, 118, 139, 141, 154, 191, 231.
Métubis.	16	I. 96, 152.
Mockattam.	81	II. 229, 240.
Minyeh.	32	I. 274.
Momies.	98, 100, 139	II. 278, 296, 303, 314.
— d'ibis.	99	I. 207.
Monolithe.	41	II. 95, 307.
Mosquée de S.-Athanase.	9	I. 65.
— près de Rosette.	14, 21	Voyez l'explication.
Mourat-bey.		I. 300. II. 5, 200, 281, 325.
Musique.		I. 133.
Naourah, ou machine à monter l'eau.	27, 36	Voyez l'explication.
Nagadi (désert de).	73, 79	II. 144, 147, 150, 154,
Nécropolis de Thebes.	42	II. 29.
Nil; maniere de le passer.	78	Voyez l'explication.
— (bouches du).		I. 83, 107.
— Inondation.	88	II. 260.
Nubie.	69	I. 142.
Obélisque de Cléopâtre.	9	I. 62.

	PLANCHES.	TOMES et PAGES.
— de Luxor	50, 118	II. 166, 316.
— de Karnak	43	Voyez l'explication.
Ombos	75	II. 104.
Ophtalmie	54 *bis*	I. 244.
Ossimandue		II. 1, 34, 310.
Oxyrincus	31	I. 272.
Peintures antiq.	135	II. 276.
Pélerins	107	I. 145.
Philée	63, 70, 71, 72	II. 78, 85, 81, 98.
Planisphere	130	II. 23, 207.
Psylles	104	I. 209.
Pyramides d'Hilahoun	26	I. 253, 256.
— de Gjizéh	19, 20	I. 172, 179. 184.
— de Medoum	26	I. 221, 225.
— de Ssakharah	26	I. 219. II. 329.
Pyramide	61, 62	II. 45.
Quai antique	47, 48, 62	II. 166, 179.
Repas	84	I. 100.
Rochers	67, 68, 72, 74	II. 74, 82, 89, 171.
Rosette	13, 14, 21	I. 87, 88.
Salmie	28	I. 96.
Sann (ruines de)	17	I. 171.
Sardaigne	1, 2	I. 11.
Sauterelles	111	II. 218.
Schaabas-Ammers	16	I. 162.
Sépultures égypt. et arabes	20, 20 *bis*, 22, 23, 24, 30, 33, 42, 54 *bis*, 55, 76, 79	I. 183, 188, 196, 288.
Serpents	104	I. 209.
Sicile	2	I. 14, 16.
Silsilis (tombeau, carriere, rocher, gébel de)	52, 55, 76	II. 42, 107, 258.
Siouth	30	I. 286.
Soulèvement du Caire		I. 197.
Sphinxs	20 *bis*	I. 185.
Sulcowsky		I. 203.
Syene	63, 64, 66	II. 56, 63.
Temple monolithe	41, 125	II. 95.

(283)

	PLANCHES.	TOMES et PAGES.
Tente d'Arabes. .	54	I. 227.
Thebes	41 jusqu'à 50 . .	II. 26, 116, 160, 168, 181, 189, 269, 284.
Thebes-Kournou.	41, 42	II. 26, 29, 117, 271, 287.
Tintyra.	38, 39, 40, 130, 131, 132 . . .	II. 11, 206, 248.
Tombeaux près de Nagadi.	73, 79	II. 150.
— à Malte	4	I. 28.
— à Siouth . . .	33	I. 288.
— à Thebes . . .	113	II. 288, 312.
— des rois	42, 135	II. 271, 278, 297.
— des califes. . .	22, 23, 24 . . .	I. 196.
— dans les carrieres de Silsilis .	55, 76	II. 108.
Traversée maritime de l'armée allant en Égypte.	1, 2	I. 7, 8, 10, 11, 12, 31.
Tour des Arabes.	6	I. 39.
Ustensiles égyptiens.	94, 115, 139. . .	II. 280.
Usages	102	Voyez l'explication.
Vases	94, 115, 139 . .	II. 281.
Zaouyeh ou Zaoyé	25, 27	I. 221, 288.

ERRATA DU TITRE DES PLANCHES.

PLANCHE 24, N° 2, près les mures, *lisez* près les murs.
       83,   2, de la mer Noire, *lisez* de la mer Rouge.
       55,   2, tombeaux antique, *lisez* tombeaux antiques.

FIN DU TROISIEME ET DERNIER VOLUME.

NOMS DES SOUSCRIPTEURS

POUR L'ÉDITION IN-FOLIO.

	NOMBRE D'EXEMPL.	
	PAP. VÉL.	PAP. ORD.
BONAPARTE, général, Ier consul,	26	20
CAMBACÉRÈS, second consul,	1	
LEBRUN, troisieme consul,	1	
MARET, secrétaire d'état,	1	
ABRIAL, ministre de la justice,	.	1
TALLEYRAND, ministre des relations extérieures,	1	1
CHAPTAL, ministre de l'intérieur,	1	
GAUDIN, ministre des finances,	.	1
ALEX. BERTHIER, ministre de la guerre,	1	
DECRÈS, ministre de la marine et des colonies,	.	1
FOUCHÉ, ministre de la police générale,	1	1
BARBÉ-MARBOIS, minist. du trésor pub.,	.	1
PORTALIS, ministre, conseiller d'état,	.	1
BONAPARTE (Joseph), ministre, conseiller d'état,	1	
MARESCALCHI, ministre d'état de la République italienne,	.	1
S. M. l'empereur d'Allemagne,	1	
S. M. l'empereur de Russie,	1	

	PAP. VÉL.	PAP. ORD.
S. M. le roi d'Espagne,	1	
S. M. la reine de Prusse,	1	
S. M. la reine de Naples,	1	
S. A. R. l'archiduc Jean d'Autriche,	1	
S. A. R. le prince Albert de Pologne, duc de Saxe-Teschen,	1	
S. A. S. E. madame l'électrice régnante Bavaro-Palatine,	1	
S. A. S. Mgr le prince Frédéric de Hesse-Darmstadt,	1	
S. A. S. madame la Landgrave régnante de Hesse-Darmstadt,	1	
S. A. le prince régnant de Anhalt-Dessau,	.	1
S. A. le margrave d'Anspach,	1	
S. A. le prince régnant Reuss Lobeinsten,	.	1
S. A. le prince Lobkowitz,	.	1
S. A. le prince Schwerzenberg,	.	1
Le comte de Cobenzel, ambassadeur de S. M. l'empereur et roi,	1	
Le comte de Kalitscheff, ministre plénipotentiaire de S. M. I. de toutes les Russies,	.	1
Le chevalier d'Azara, ambassadeur de S. M. C.,	1	
Le marquis de Lucchesini, envoyé extraordin. de S. M. le roi de Prusse,	.	1

(287)

	PAP. VÉL.	PAP. ORD.
Jackson, ministre plén. d'Angleterre,	1	
Rufus-King, ministre plénipotentiaire des États-Unis d'Amérique,	.	1
Aberdeen (Earf of),	.	1
Ambrasone,	.	1
Anderson, major,	.	1
Andréossy, général,	.	1
Anker (chambellan),	.	1
Armefeldt (le général),	1	
Arnaud, chef de l'instruction publique au ministere de l'intérieur,	.	1
Artaria (Dom), libr. à Manheim,	13	13
Asserblad, secrétaire du roi de Suede,	.	1
Aubourg,	.	1
Auguié, administrateur des postes,	.	1
Baccioky (madame),	.	1
Barclay (sir Robert),	.	2
Barlow (J.), citoyen des États-Unis d'Amérique,	.	1
Barrillon, banquier,	1	1
Barrois l'aîné, libraire,	2	
Bastereche, banquier,	2	1
Becman,	.	1
Bekfort,	1	
Belanger, architecte,	.	1
Belliard, général,	1	
Bentinch (lord Williams),	.	1
Berard (madame),	.	1

	PAP. VÉL.	PAP. ORD.
Bergerot, commissaire de liquidation des émigrés,	1	
Berlin,	1	
Bibliotheque publique de feu le général Classen, à Copenhague,	.	1
Blake (W.),	.	1
Bonaparte (Lucien), ambassadeur en Espagne,	1	
Bonaparte (Louis),	1	
Borrel (l'adjudant-commandant),	.	1
Bottoy,	.	1
Boulongue,	.	1
Bourguignon, juge du trib. crim.,	.	1
Bourrienne, conseiller d'état,	.	1
Boyelleau, maire de Châlons-sur-Saône,	.	1
Bozerian, relieur,	1	2
Brunet, adj. au maire de Châlons-sur-Saône,	.	1
Burdett,	.	1
Cabarus, banquier,	.	1
Caillard, ex-ambassadeur à Berlin,	1	
Cambry, préfet,	.	1
Camus, garde des archives du corps législatif,	.	1
Camus Dumartroy,	1	
Carbonnet,	.	1
Catellan,	.	1
Chaltas,	.	1
Chatillon, artiste,	.	1

(289)

	PAP. VÉL.	PAP. ORD.
Chauvelin, tribun,	.	1
Cherb, banquier à Lyon,	.	1
Clarke (le chev.),	.	1
Cllaisse, commiss. du gouvern. près le trib. de Forcalquier,	.	1
Coclers, libraire,	.	3
Collot, banquier,	.	1
Coswai (madame de),	.	1
Courlande (princesse de),	1	2
Currie (Jam.), president of the athenaum of Liverpool,	.	1
Deboffe, libraire, à Londres,	1	15
Debure, libraire,	2	1
Dechancenay (madame),	.	1
Dedem de Gelder, envoyé extraord. et ministre plénipot. de la républiq. batave près S. M. le roi d'Étrurie,	.	1
Degen, libraire à Vienne,	3	3
Degotty, architecte,	.	1
Deharchies,	.	1
Dekreny (madame),	.	1
Delamardelle,	.	1
Delarue (madame),	.	1
Depillon, commiss. de préfecture,	.	1
Depontis,	.	1
De Praslin, sénateur,	.	1
Desgenettes, méd. en chef des armées,	.	1
Desmarets,	.	1
Desporck (son excellence le comte de),	.	1

3.   25

	PAP. VÉL.	PAP. ORD.
Destaing, général,	.	1
Déterville, libraire,	.	13
Deuros, conservat. de la bibliotheque de Grenoble,	.	1
Devoize, commiss. gén. à Tunis,	.	1
Didot l'aîné, imprimeur,	18	
Diwoff, née comtesse Boutourlin,	1	
Don Juan Maury,	.	1
Douglas (le marquis de),	1	
Doye (le major),	.	3
Dubreuil,	.	1
Dubuc,	.	1
Dufalga (le général),	.	1
Dugua (le général),	.	2
Dukermont, chef de la div. du secrét. de la guerre,	.	1
Durand, bibliothécaire de l'école centrale des Ardennes,	.	1
Duval (Amaury),	.	1
Duveyrier, tribun,	.	1
Edwards,	.	1
Egremont (mylord),	.	1
Erskine (monsignor),	.	1
Fauche,	.	9
Faucher (César), général,	.	1
Félix des Portes, secrétaire-général du ministere de l'intérieur,	.	1
Fontaine, libraire à Manheim,	.	13
Foster (M. Thom. esquire), à Londres,	.	1

	PAP. VÉL.	PAP. ORD.
Fouchet,	1	1
Frege, conseiller de la chambre des finances de S. A. E. de Saxe,	.	1
Fuchs, libraire,	1	25
Fulchiron, législateur,	.	1
Gampelrhairne,	.	1
Giguet, imprimeur-libraire,	1	2
Girard, ingénieur en chef des ponts et chaussées,	.	1
Gore, cit. des États-Unis d'Amérique,	.	1
Gouteau,	.	1
Graham, colonel,	2	
Gregory Watte,	.	1
Griffiths, littérateur,	.	1
Groen (M. W.),	1	
Gueigneux, administ. des postes,	.	1
Guillemart, citoyen des États-Unis d'Amérique,	.	1
Gurney,	.	1
Hainguerlot, banquier,	1	
Haller, banquier,	.	1
Harrington (Earl of),	1	
Harville, sénateur,	.	1
Henry (Mlle), artiste du théâtre des Arts,	1	
Herbouville, préfet des Deux-Nethes,	.	1
Hertault, inspect. des bâtiments des Tuileries,	.	1
Hoare, banquier à Londres,	.	1

	PAP. VÉL.	PAP. ORD.
Holland (Lady),	.	1
Holland (lord),	1	.
Hompten Rob,	.	1
Hoodford (chevalier),	1	.
Horgniet, libraire à Bruxelles,	.	1
Hudson Gournay,	.	1
Infantado (M. le duc del), à Madrid,	.	1
Izard, cit. des États-Unis d'Amérique,	.	1
Jeanson,	.	1
Joley,	.	1
Jones (Milady),	1	.
Jouty, banquier,	.	1
Junot, général,	1	.
Kairslinger,	.	1
Klostermann, libraire à Pétersbourg,	.	3
Laborde (Alexandre),	.	1
Laborde Mereville,	.	1
Labouchere, associé de la maison de Hope,	1	.
Lacase, banquier,	2	1
Lambert (le comte),	.	1
Langlès, membre de l'institut nat.,	.	1
Lavalette, commiss. du gouvern. près la poste aux lettres,	.	1
Lebegue Germiny,	.	1
Lecoq, jurisconsulte,	.	1
Lecoulteux de Canteleux, sénateur,	1	1
Lefevre Laroche, législateur,	1	.
Legrand, archit. des monum. pub.,	.	1

	PAP. VÉL.	PAP. ORD.
Lehoc, ex-ambassadeur,	.	1
Lenoir (Alex.), conservateur des monuments français,	.	1
Lenoir, banquier,	.	1
Lepere, ingénieur-direct. des ponts et chaussées,	.	1
Lepretre Château-Giron,	.	1
Leroy, ex-préfet maritime en Égypte,	.	1
Leroy, négociant,	.	1
Leroy, de l'institut national,	.	1
Leroux,	.	2
Levrault freres, libraires,	2	12
Loesch (le conseiller),	.	1
Lom,	.	2
Madden, major,	.	1
Majou, adjudant,	.	1
Mark-Davis (esquire),	.	1
Marmont (le général),	1	1
Masson, statuaire,	.	1
Maurice de Fries (comte),	.	1
Menou, général en chef,	.	1
Meuricoffre, banquier,	.	1
Metra, libraire à Berlin,	1	2
Metzger,	.	1
Michaux, ordonnat. en chef de l'armée d'observation,	.	1
Milingin,	.	1
Molini, libraire,	.	1
Montigny, receveur des rentes,	1	1

	PAP. VÉL.	PAP. ORD.
Montesson (madame de),	1	.
Morin,	.	1
Motteux,	1	.
Murat, général en chef,	1	1
Mycielschi (le comte Stanislas),	.	1
Naigeon, de l'institut national,	1	.
Neergaard (baron de), hom. de lett.,	.	2
Neny (Goswen de),	.	1
Nicolas, amateur,	.	1
Orselti de Luc,	.	1
Ossuna (M. le duc d'), à Madrid,	.	1
Osterwald l'ainé,	.	2
Otter (esquire), à Londres,	.	1
Ourches (d'),	1	.
Paris, architecte,	.	2
Payne et Mackinlay, libr. à Londres,	15	13
Perregaux, sénateur,	.	1
Petiet, ancien ministre de la guerre,	.	1
Pezet Corval, notaire,	.	1
Pilner, à Lisbonne,	.	1
Pommereul, préfet d'Indre et Loire,	.	1
Poncet, préfet du Jura,	.	2
Ponblom, marchand d'estampes à Anvers,	.	2
Portland (duchesse de),	1	.
Pougens, membre de l'institut,	.	4
Pourtalis,	.	1
Poussielgue, ministre des finances au Caire,	.	1

	PAP. VÉL.	PAP. ORB.
Prunelle Deliere, homme de lettres,	.	1
Pujet (Jn.), esquire,	1	
Quatremere de Quincy,	.	1
Rapp, aide-de-camp du premier consul,	.	1
Réal, conseiller d'état,	.	1
Renaud de S.-Jean-d'Angely, conseiller d'état,	.	1
Reina, législateur italien,	.	1
Renouard, libraire,	.	1
Rigo, de l'institut du Caire,	.	1
Riviere,	.	1
Rochefoucauld (madame de la),	.	1
Roittiers,	.	1
Romana (M. le marquis de la),	.	1
Ronus, banquier,	.	1
Rowley (Henri),	.	1
Salsburi,	.	1
Santacrux (madame la marquise de)	.	1
Sauzay, préfet du dép. du Mont-Blanc,	.	1
Savary, législateur,	.	1
Savoye Rollin, tribun,	.	1
Schoenborn (le comte),	.	1
Seguin, banquier,	1	1
Segur, législateur,	.	1
Seymour (le chevalier),	.	1
Smith, Allen de la Caroline,	.	2
Smith (Spencer), ministre plénipot. de S. M. B. près la Porte ottomane,	.	1
Smith (le commodore sir Sydney),	.	1

	PAP VÉL.	PAP. ORD.
Smith (Henri),	.	1
Sokolnicki (le général),	.	1
Sprengporten (le général),	1	
Suchet, général,	.	1
Suchet, chef d'escadron,	.	1
Talma, artiste du Théâtre français,	.	1
Talon,	1	
Taylord, libraire à Londres,	2	9
Tillard, libraire,	1	3
Traupract, à Bruges,	.	1
Treuttel et Wurtz, libraires,	.	6
Tronchin Labat, à Geneve,	.	1
Valence, général,	.	1
Vauborel (madame),	.	1
Volney, sénateur,	.	2
Wans, libraire à Londres,	.	13
Weis,	.	1
Wely,	.	2
Wilkins,	.	1
Whiltingham,	.	2
William Maclure, citoyen des États-Unis d'Amérique,	.	1
Winckter,	.	1
Woodford (le chev.),	.	1
Wycombe (lord),	.	2

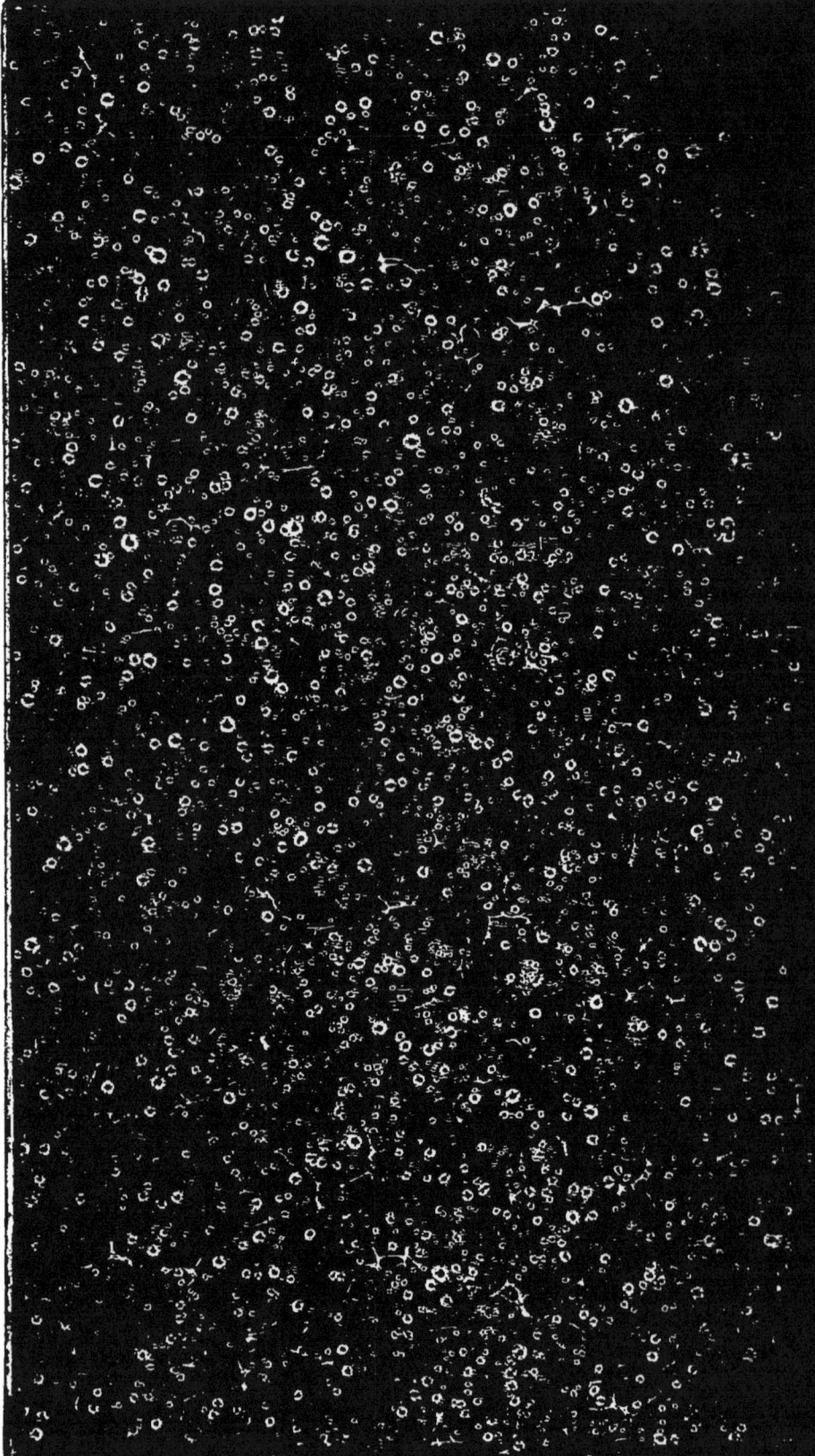

www.ingramcontent.com/pod-product-compliance
Lightning Source LLC
Chambersburg PA
CBHW071344150426
43191CB00007B/841